리더 訓

리더 訓

김홍국 지음

지도자가 가슴 깊이 새겨야 할 불후의 명언과 리더십 성패 스토리

좋은땅

머리글

변혁의 시대, 리더십 불변의 가치를 묻는다

21세기는 삶의 패러다임과 비즈니스의 프레임이 근원에서 재편되는 대변혁의 시대다. 빠르고 큰 변화는 강한 빛과 더불어 짙은 그림자도 동반한다. 물적 생활은 풍요롭지만 정신적 삶은 빈곤해졌고 지식은 폭증했지만 양식良識은 찾기 어려우며 소통의 채널은 넘쳐나지만 배려와 진정성은 메말라 버린 변혁의 역설이다.

사람들은 변화에 표류하며 이 혼란을 종식시켜 줄 리더를 찾는다. 변화의 원류를 성찰하고 소리 없는 저류의 지향을 깨달아 이상의 미래로 이끄는 진정한 리더는 어디 있는가? 넘치는 사이비를 탓하고 리더 부재를 한탄하기 전에 먼저 세 가지 질문 앞에 자신을 세워야 한다.

인도자 대신 스스로 리더를 자임하는 주인정신과 책임의식은 갖고 있는가?

변화의 원류와 저류를 꿰뚫어 본질을 낚아채는 능력은 제대로 연마했는가?

현재와 그 근원인 과거를 밝게 살피고 미래를 창조하려는 혜안과 의지는 투철한가?

내면에 잠들어 있는 리더의 본성을 깨우고 변화의 본질을 꿰뚫어 인과를 헤아리는 힘은 어떻게 기를 수 있을까? 그 길은 생각보다 가까이 있다. 이제 우리는 변혁의 난맥 속에서 마땅히 가야 할 바른길을 고전에 묻는다.

하루하루가 다른 대변혁의 시대에 왜 하필 고전인가? 고전은 시간을 이긴 책이다. 살아남은 시간의 두께만큼 시대를 넘어선 삶의 교훈과 지혜를 담고 있다. 위대한 선각자들이 쌓아 올린 인류 보편의 가치와 인간다움의 정수精髓가 오늘을 바로 살게 이끌고 마땅히 가야 할 미래의 길을 등불처럼 밝혀 준다.

하지만 모두가 알고 있어도 누구도 제대로 읽기는 쉽지 않은 책, 가까이 하기엔 왠지 버겁고 멀리하기엔 살아생전에 읽지 않으면 안 될 것 같은 강박으로 작용하는 책이 또한 고전이다. 그래서 분초를 쪼개 쓸 정도로 바쁜 현대인에게 고전은 늘 미뤄 왔던 숙제 같은 책일 수도 있다.

이 책은 비즈니스 리더를 위해 동양 고전을 대표하는 중국 고전 50여 종에서 리더와 리더십에 관한 교훈을 발췌하고 그와 연관된 동서고금의 명언과 일화를 해석한 글이다. 중국 고전은 한자문화권인 우리나라와 일본은 물론 인류의 정신유산에 지대한 영향을 미쳐 왔다. 더욱이 아주 오래전부터 동아시아 국가의 리더들에게 학문과 인격 수양의 교과서로 쓰여 왔기에 이해의 폭과 깊이는 다를지언정 오늘날까지도 매우 친숙하게 인용되고 있는 문장이 적지 않다.

그러나 워낙 방대하고 난해한 한문이라는 점이 걸림돌이다. 여기서는 고전의 전통적 해석방식을 넘어 비즈니스 리더가 리더십 국면에서 바로 활용할 수 있도록 현대적 해석을 부가하는 데 역점을 두었다. 그러면서도 핵심원문과 음훈 풀이를 곁들여 고전의 참맛을 직접 느끼고 각자가 보는 관점에 따라 재해석할 수 있는 여지도 담아 놓았다.

고전에 '리더십'과 같은 의미를 지닌 말로 장도將道가 있다. 이는 〈육도六韜 논장편論將篇〉에서 장수의 자질과 요건을 설명하면서 언급한 말이다. 여기서 도道라 함은 원리나 진리, 또는 추구하는 이상을 뜻한다. 또한 도는 오랜 시간에 걸쳐 사람들이 오가며 자연스럽게 만들어진 길처럼 서로 통할 수 있는 상식과 보편의 도리를 말하므로 '장도'는 곧 지도자가 가야 할 바른길이요, 마땅한 본분과 실현의 대강을 표현한 것이라 할 수 있다.

동양의 전통적인 리더관을 한마디로 하면 도의 실현을 위해 수기修己와 안인安人을 추구하는 것이다. 수기는 리더 자신의 성장을, 안인은 공동체의 발전을 구현하는 접근이다. 수기는 더 나은 내가 되기 위한 변화와 학습의 과정이고 안인은 사람들과 더불어 이상을 향해 가려는 의지이자 그 실천이다.

도의 실현은 간단치 않다. 넓고 옳은 길이지만 편하고 빠른 길은 아니다. 개인과 당장의 이해득실을 초월한 길이다. 그래서 편하고 빠른 데 익숙하고 이기利己利器에 길들여진 이 시대에는 많은 사람들이 외면하는 길인지도 모른다. 그러나 제대로 된 지도자의 길을 가려는 사람은 이 길에서 현재와 미래의 희망을 찾아야 한다. 지난한 길이지만 결국 모두에게 더욱 이롭고 사람으로서 마땅히 가야 할 바른길이기 때문이다. 그런 믿음으로 깃발을 높이 들고 앞장 서 이끄는 사람이 바로 이 시대가 요구하는 진정한 리더다.

국가 경영에서 비즈니스 국면에 이르기까지 이 시대의 리더로서 맞닥뜨리는 수다한 도전들은 대부분 미증유의 과제로서 그 해법을 찾기란 쉽지 않다. 그러나 당면한 문제가 무엇이든 그 귀결은 대부분 사람이 문제의 원인이고, 사람에 의해 해결할 과제들임은 분명하다. 리더십에 대한 논의 또한 수많은 변수 중에서 결국 성패의 열쇠는 리더에 초점이 맞춰진다. 더 구체적으로 말하면 리더가 지닌 능력과 품성이 핵심이다.

그중 능력은 서구의 합리주의와 능력 중심 사조가 주도하면서 날로 중시되는 반면, 품성의 소중함은 간과되고 잊혀 가고 있다. 동양은 전통적으로 리더의 능력보다 품성을 중시해 왔으나 능력과 품성은 궁극적으로 조화를 이뤄야 한다. 이를 위해 이성과 감성, 논리와 정리情理, 서구의 인간과 사회를 중심으로 하는 합리와 동양의 자연과 공동체를 준거로 하는 화리和理를 함께 채우고 균형을 이루는 데 고전이 주효하리라 믿는다.

고전에서 만나는 수많은 인물들, 세상을 앞서 이끈 선각자들이 고민하고 추구했던 가치와 성과들, 헤아릴 수 없을 정도로 반복된 치란흥망의 역사 속에서 그들이 보여 준 성공과 실패의 스토리는 더없이 훌륭한 리더십의 전범典範이 되어 이 시대 리더들에게 능력 연마와 품성 도야에 큰 깨달음을 선사한다.

이 책은 5개의 장으로 편성했으며 장별로 다음과 같은 주제를 다룬다.

1장 '수기훈修己訓'은 리더 자신의 수양과 성찰을 위한 교훈이다. 리더의 본분과 삶의 과제, 성장과 학습, 인간의 품격 등을 탐구한다.

2장 '안인훈安人訓'은 사람들 특히, 구성원과 함께 공동체의 가치를 실현하는 요체를 돌아본다. 훌륭한 리더의 덕행, 화육과 상리공생, 신뢰자산과 덕능의 축적, 소통론 등을 생각한다. 1장과 2장은 주로 〈논어〉, 〈맹자〉, 〈순자〉, 〈예기〉 등의 유가경전에서 리더론을 발췌했다.

3장 '지략훈智略訓'은 경영과 조직 관리에 관한 리더 역량 증진을 연구한다. 경쟁의 본질, 승리의 요건, 형세의 구축, 전략의 핵심, 경영의 참뜻, 사람과 시스템의 조화 등을 다룬다. 주로 〈손자병법〉, 〈오자병법〉, 〈육도삼략〉 등의 병법서에서 지혜를 얻는다.

4장 '경세훈經世訓'은 험한 세파에서 살아남고 세상과 공존하며 이상을 실현하는 방법을 생각한다. 바른 다스림의 추구, 치세의 조류와 도덕률, 화합과 공리, 치도의 핵심 등을 논한다. 주로 〈한비자〉, 〈묵자〉의 논설과 〈서경〉, 〈춘추좌전〉, 〈사기〉, 〈십팔사략〉, 〈전국책〉, 〈후한서〉, 〈자치통감〉 등의 역사서에서 교훈을 새긴다.

5장 '통찰훈洞察訓'은 리더의 혜안을 밝히고 변혁을 추구하여 미래로 나아가고자 하는 의지와 그 방법론을 담았다. 리더십 불변의 가치, 혁신의 실현, 리더의 국량과 자성, 발상 전환과 초월, 지족과 심모원려 등 관리자의 껍질을 벗고 리더로 재탄생하는 패러다임 전환을 추구하는 내용이다. 주로 〈역경〉, 〈대학〉, 〈중용〉, 〈노자〉, 〈장자〉, 〈열자〉, 〈회남자〉, 〈채근담〉 등의 고전에서 깨달음을 구했다.

편의상 장절의 형식을 취했으나 반드시 순서에 따라 읽을 필요는 없다. 또 주제에 따라 인용한 원전도 장절에 국한되어 있지 않으므로 차례의 내용을 참조해서 관심 있는 글부터 읽을 수도 있다.

어떤 시대, 어느 분야든 리더에게는 늘 무거운 짐이 지워지게 마련이다. 이러한 책임을 감당하고 현재의 난제를 해결하여 바른 미래를 준비하는 데 이 책이 디딤돌이 되었으면 한다. 인류가 남긴 위대한 유산인 고전에는 시공을 초월한 불변의 교훈이 살아 숨 쉬고 있다. 오랜 세월에 걸쳐 온축된 인류의 큰 스승들이 남긴 교훈과 참된 삶의 길을 고전에서 체득하여 인격과 실력을 갖춘 제대로 된 지도자로 성장하시길 기원한다.

2025년 봄 김홍국 金鴻國

〈일러두기〉

1) 고전의 원문을 그대로 인용한 부분은 『　』로 표기하였음
2) 고전의 책명과 편, 장명은 〈　〉로 표기하였음
3) 한문과 한자는 앞 또는 뒤에 한글로 음을 병기하였음
4) 설명 또는 해설은 괄호에 표기하거나 각주에 부기하였음
5) 1급 이상 한자와 통상음훈이 아닌 한자는 각주에 설명하였음

차례

머리글 - 변혁의 시대, 리더십 불변의 가치를 묻는다   5

1. 수기훈修己訓   15

1-1. 리더란, 리더다움이란   16
1-2. 다시 만날 수 없는 인생의 이정표   22
1-3. 진정한 인생의 즐거움   28
1-4. 고난이 성장을, 역경이 위대함을 만든다   35
1-5. 리더는 당당함으로 자신을 지탱해야   41
1-6. 리더와 학습은 이음동의어   47
1-7. 인생을 젊고 품격 있게 사는 비결   54
1-8. 리더는 타고나는 게 아니다   61
1-9. 논리와 정리가 조화로운 세상이기를   67
1-10. 리더라면 반드시 지켜야 할 두 개의 도리   74

2. 안인훈安人訓   81

2-1. 훌륭한 리더는 사람의 근본에 힘쓴다   82
2-2. 훌륭한 리더가 추구해야 할 세 가지 가치   88
2-3. 서로 가르치고 배우며 함께 성장한다   93
2-4. 시중의 리더, 시중의 리더십   100
2-5. 신뢰는 사람의 바탕, 나라의 근본   105

2-6. 자신의 능력과 덕성을 헤아려 보라	112
2-7. 강점에 집중하고 숨겨진 가치를 발견하라	119
2-8. 들어라 그리고 마음까지 헤아려라	125
2-9. 지위가 오를수록 머리와 마음을 수고롭게 하라	131
2-10. 원한은 맺지 말고 은혜는 잊지 말라	138

3. 지략훈智略訓　143

3-1. 다투기 전에 승산 여부를 따져 보라	144
3-2. 리더가 지녀야 할 자질과 역량	151
3-3. 승리하는 조직이 지닌 다섯 가지 특성	158
3-4. 백 번 싸워 모두 이기는 것이 능사가 아니다	164
3-5. 상대를 알고 나를 안다는 것	170
3-6. 승부는 형세에 의해 결판난다	175
3-7. 조직 운용의 성패는 도와 법에 달려 있다	182
3-8. 무엇이 조직의 사기를 드높이고 헌신하게 하는가	188
3-9. 전략의 핵심은 기회 포착이다	194
3-10. 경영의 진정한 의미는 더불어 하는 것	200

4. 경세훈經世訓　205

4-1. 백성의 마음을 따르는 정치를 꿈꾸다	206
4-2. 경세의 으뜸은 사람답게 살게 하는 것	212

4-3. 법질서의 반석 위에 도덕률이 넘실거리길   218
4-4. 세상을 바로잡는 처방은 너른 사랑뿐   225
4-5. 이익을 좇는 인간의 실상을 파헤치다   231
4-6. 윗사람을 거스르지 않는 설득의 요체   238
4-7. 바른 인재가 바른 인재를 부른다   244
4-8. 잠시 칭송받기보다 오래 잊히지 않기를   250
4-9. 마치 작은 생선 삶듯, 어린 나무 심듯   257
4-10. 공자가 존경하고 사마천이 흠모한 경세의 사표   263

5. 통찰훈洞察訓   271

5-1. 세상이 바뀌어도 변하지 않을 리더십의 원천과 가치   272
5-2. 어제의 성취를 내려놓고 새날을 맞이하라   279
5-3. 시세 추이를 간파하고 먼저 변화하라   285
5-4. 세파에 휘둘리지 않는 국량을 키워라   291
5-5. 더 큰 세상과 진리를 만나려면 나를 버려야   297
5-6. 거닐듯 노닐듯 살아가는 것이 최고의 삶   302
5-7. 외물에 미혹됨 없이 참되게 살라   308
5-8. 족함을 알고 그칠 줄 알면 삶이 평화롭다   314
5-9. 바른 결정을 하려면 넓고 깊게 봐야   320
5-10. 지도자를 지도자답게 하는 세 가지 보물   326

1. 수기훈 修己訓

리더의 수신은
그가 지고 있는 막중한 책무를 이행할 수 있는
펀더멘털이다.
생각과 몸가짐이 바른 사람은 그 반듯함으로
자신의 삶을 제대로 이끌어 가기 때문이다.
자신을 바르게 하지 못한 사람이 존경 받는 자리에 서면
그 자리도 잃고 몸도 잃게 되는 경우를
역사는 수다한 증거로 웅변한다.

1-1
리더란, 리더다움이란

세상이 복잡하고 고도로 발달할수록 해결해야 할 과제는 더욱 빠른 속도로 증가한다. 삶의 양식은 다원화하고 분출하는 다양한 욕구와 갈등은 넘쳐난다. 경쟁은 더욱 치열해지고 비즈니스 환경은 짙은 미로 속이다. 어느 영역이건 리더가 앞장서서 길을 열어 가는 인도자여야 한다. 그러나 리더 역시 향도嚮導의 완장을 찼을 뿐 가 보지 않은 길은 매한가지다.

2천7백 년 전 춘추시대 제나라의 뛰어난 재상 관중은 변화의 소용돌이에 빠져 있는 현대인에게 이렇게 충고한다.

『오늘을 잘 모르면 과거를 살펴보고, 갈 길을 알지 못하면 온 길을 돌아보라.』

疑今者察之古의금자찰지고 不知來者視之往부지래자시지왕

〈管子관자 形勢篇형세편〉

〈명심보감明心寶鑑〉에도 같은 맥락의 교훈이 있다.

『미래를 알고 싶으면 먼저 지난 일을 살펴보라.』

欲知未來욕지미래 先察已然[1]선찰이연 〈省心성심편〉

　혹자는 말한다. "지난날을 돌아보는 것은 흘러간 물로 물레방아를 돌리려는 것과 같다." 일견 그럴듯한 말이나 놓친 게 있다. 지난 일을 돌아보라는 것은 단순히 과거를 회상하라는 말이 아니다. 지난 일의 발단-전개-귀결을 통해 교훈을 얻으란 뜻이다. 오늘날 물질과 기술은 넘쳐흘러 일하는 방식과 생활양식은 하루가 멀게 달라지고 있지만 인간은 더욱 소외되고 자연은 크게 망가졌다. 그 옛날에도 그랬다. 힘 있는 자의 탐욕과 권세가 강역을 바꾸고 법령과 계급을 만들어 사람이 사람답게 살 수 없는 세상을 만들었다. 모두가 힘을 지닌 자가 초래한 것이다. 옛날에는 권좌가 힘의 원천인데 오늘날에는 권좌와 더불어 지식이 힘이라는 게 다를 뿐이다. 세상은 이렇게 변해 왔지만 사람이 사람답게 살고 싶어 하는 것은 변함없는 바람이다. 이렇듯 지난 일을 통해 '시대는 고금이 다르지만 인간성은 고금이 한 치도 다르지 않더라'는 인류의 체험을 통한 교훈을 새긴다는 점이다.

　우리는 과거를 안다 해도 현재를 알 수 없는 격변의 시대에 살고 있다. 하물며 지난 일의 교훈을 제대로 알려 하지 않으면서 오늘의 현상을 어떻게 이해하며 앞날은 또 어떻게 준비할 수 있겠는가? 암흑 속에서 한 줄기 빛을 찾아 나서듯 선인들이 걸어온 발자취에서 나아갈 길을 모색한다. 역사를 이끈 신각사들이 남긴 고전에서 리더의 바른길을 함께 찾아보자.

---

1) 已然-이왕 있었던 일

바람직한 리더는 어떤 사람인가.

첫째, 세상을 이롭게 하는 사람이다. 인류의 등불이 되어 미몽에서 길을 안내하는 영적 지도자부터 자유와 평등과 정의를 향해 인류가 전진할 항로를 제시한 정치 지도자, 학문이나 경영 분야에서 인간과 세상을 이해하고 발전하는 데 기여한 수많은 학자와 기업가들, 어디 그뿐인가. 문화, 예술, 스포츠 등 인간의 감성을 흔들고 도전정신을 불태워 인류사에 큰 족적을 남긴 인물들이 여기에 해당한다. 우리가 고전을 통해 만나는 선각자들이 그랬듯이 이들은 당대는 물론 미래 세대의 훌륭한 스승이자 표상이 되는 리더들이다.

그러나 그렇게 위대한 역사적 인물이 아니더라도 세상을 이롭게 하는 길은 얼마든지 있다. 크고 작은 공동체를 이끄는 리더들도 자신과 내부만의 일시적 이로움을 넘어서 더 큰 공동체의 지속적인 이로움을 향해서 나아간다면 이는 분명 바람직한 리더의 길을 가고 있는 것이다.

'세상을 이롭게 하겠다'는 뜻을 세우는 것만으로도 리더는 바른길로 접어 든 것이다. 뜻을 바르게 세우면 길은 많다. 길을 따라 목적지에 도착하려는 사람은 그 길이 장애에 의해 가로막히면 목적지도 사라지지만, 가고자 하는 웅지를 품고 목적지에 도달하려는 사람에게는 가고자 하는 의지가 곧 길이다.

『뜻이 있는 자 마침내 일을 이룬다』하였다.

有志者유지자 事竟成사경성 〈後漢書후한서 耿弇[1] 傳경엄전〉

---

1) 耿弇-빛 경, 덮을 엄. 광무제 유수를 도와 후한을 건립하는 데 기여한 장수

또 명나라 유학자 왕수인王守人은 『사람이 뜻을 세우지 않으면 키가 없는 배와 같고 재갈을 물리지 않은 말과 같다』하였다.

志不立지불립 如無舵¹⁾之舟여무타지주 無銜²⁾之馬무함지마 〈왕수인 敎條교조〉

둘째, 바람직한 리더는 구성원을 따르게 하는 사람이다. 리더Leader는 말 그대로 '이끄는 사람'이다. 이 말은 간명하지만 리더의 본질을 품고 있다. 이끄는 리더에 의해 구성원은 '따르는 사람Follower'이란 호응관계가 맞아떨어진다. 그러나 이끌되 자발적으로 따르고, 따를 수 있는 여건을 섬세하게 마련해야 한다. 또한 따르게 하기 위해서는 이끄는 사람의 말에 신뢰와 마음을 움직이는 진정성과 몸에 밴 바른 모범이 있어야 한다. 신뢰와 진정성과 모범의 함축은 '사랑'이다. 사랑이란 말에 담긴 의미가 너무 크기에 '아끼는 마음', '소중히 여기는 마음'이라 해도 좋다. 어떤 표현이든 그것이 바른 지도자의 마음 바탕이다.

"사랑의 마음을 흡수한 모든 생명체는 생명력을 활성화하는 긍정적 반응positive feedback을 일으킨다." 일본 파동물리학자 에모토 마사루江本勝의 연구 결과다. 그래서 리더십의 궁극의 요체는 사랑이라 하는 것이다. 사람과 사람 사이를 연결하는 감정의 이음줄이 있어야 사람은 움직인다. 단지 지위가 지시하는 입장과 지시 받는 처지로 규정되어 있는 것으로는 조직에 인생을 온전히 맡기고 일에 몰입하게 하지 못한다.

---

1) 舵-키 타
2) 銜-재갈 함

셋째, 바람직한 리더는 일을 이루는 사람이다. 세상을 이롭게 하겠다는 뜻을 세우는 것은 훌륭한 생각이다. 그러나 멋진 설계도가 있다 해서 집이 저절로 지어지는 것이 아니듯이 그것을 성과로 연결하지 않으면 무의미하다. 일을 이루는 것은 리더의 강한 신념과 실행의 구체성을 전제로 한다. 리더는 자신의 목표를 홀로 이루는 사람이 아니다. 함께 일하는 사람들의 성공을 도움으로써 더불어 이루는 사람이다. 그러므로 리더는 현상을 냉철히 살펴 일과 사람의 조화를 추구하고 바른 결과를 얻도록 준비해야 한다. 하지만 실행이 계획처럼 순탄할 리 없다. 고난의 과정에서도 앞장서서 함께 가자고 이끌며 개개인의 열망을 집단의 성공으로 시현해야 한다. 그러한 리더의 지혜와 사랑과 용기가 사람들을 움직이게 하여 끝내 일을 이루는 것이다.

이렇듯 바람직한 리더는 1) 세상을 이롭게 하는 뜻을 세워 2) 구성원을 따르게 하여 3) 일을 이루는 사람이다.

이를 실현하는 데 세 가지 요건이 필요하다. 품성과 능력과 실천이다. 이 세 가지를 축약한 표현으로 미 육군의 리더십 슬로건을 꼽을 만하다. 아주 심플하다. 되라Be, 알라Know, 하라Do다. Be는 리더다움을, Know는 능력을, Do는 실행의 함축이다.

시대의 고금과 양의 동서를 넘어 리더십 보편의 요건은 서로 통한다.

동양 고전에서 능력은 재才 또는 능能으로 표현하고 품성은 덕德 또는 격格이라 부른다. 덕은 됨됨이 즉 사람다움의 실현이자 내면의 가치요, 닦을 대상이다. 재는 변화를 구현하는 힘이며 드러나는 가치요, 키울 대상이다. 이 두 가지를 두루 갖추기가 쉽지 않다. 물론 이를 행동으로 옮기는 것은 더욱 어렵다. 부단한 학습과 정성과 신념과 인내를 통해 단련하는 것이 리더의 가야 할 마땅한 길이다.

이제 우리는 고전의 숲에서 인류의 위대한 선각자들이 남긴 금강석과 같은 불멸의 교훈을 배우고 가슴 깊이 새겨 리더십 현장에서 실현하는 방안을 함께 찾아 나선다.

1-2
다시 만날 수 없는 인생의 이정표

 인생은 공평하면서도 모난 것이다. 누구나 단 한 번의 삶을 살고 마음껏 원하는 대로 살 수 없다는 게 공평함이라면, 일견 비슷해 보이지만 모두의 삶이 다 다르다는 게 모난 점이다. 인생이 이러함을 깨닫고 단 한 번의 삶을 제대로 살기 위해 이정표를 짚어 볼 즈음이면 안타깝게도 인생의 반을 훌쩍 넘기고 만 상태다. 마흔 고개를 넘으며 뜻대로 되지 않는 삶을 어떻게 살 것인가를 고민할 때, 고전이 의미 있게 다가온다. 세월을 이긴 진리 속에서 그 답을 찾을 수 있을까 하는 간절함일 수도 있고 선인들에게 길을 물을 만큼 알 수 없는 인생의 한복판에 서 있다는 막막함일 수도 있다.

 기원전 5~6세기를 인류 문화의 창발기創發期라 이른다. 중국의 춘추 말기는 철기 문명과 문자 보급과 함께 왕권과 봉건제후 간의 세력이 역전되면서 사士, 대부大夫 계급이 새롭게 성장하는 격변의 시대였다. 서양의 아테네 도시국가 역시 철기 문명과 문자 보급이 문화의 꽃을 피우고 종교와 철학이 탄생한 시대였기에 동서양의 구분을 뛰어넘는 인류의 대변혁기였다. 이 무렵에 인류의 스승이자 수퍼리더인 붓다, 공자, 소크라테스 등이 등장하여 위대한 말과 글과 족적을 남기고 그것이 불후의 고전으로 전해진다. 그 가운데 우리는 공자의 삶에서 자신의 현주소와 인생 여정旅程을 점고하는 것으로 시작해 보자.

『나는 열다섯에 학문에 뜻을 두었고 서른에 자립하였으며 마흔에 미혹됨이 없었다. 쉰에 천명을 알았고 예순에 통달하였으며 일흔에 마음이 하고자 하는 바를 좇아도 법도를 넘지 않았다.』

吾十有五而志于學오십유오이지우학 三十而立삼십이립
四十而不惑사십이불혹 五十而知天命오십이지천명
六十而耳順육십이이순 七十而從心所欲不踰[1]矩칠십이종심소욕불유구
〈論語논어 爲政篇위정편〉

공자가 인생 말년에 이르러 자신의 삶을 회고하며 일생을 요약한 말이다. 학자들은 이 구절을 학문의 단계 또는 덕에 나아간 순서라고 풀이하기도 한다. 그러나 우리는 혼란한 세상, 불우한 환경에 굴하지 않고 스스로 위대한 삶을 만들고 후인들에게 바른 삶의 눈금이 된 큰 어른의 인생여정으로 새겨 보도록 하자.

어려서 아버지를 여의고 무속인 출신의 어머니 슬하에서 어깨너머로 예악을 배우는 한편, 생계를 꾸리기 위해 창고지기와 축사 관리 등 거친 일을 마다 않으며 어렵게 살아온 젊은이가 열다섯 어린 나이에 인생의 목표를 학문에 뜻을 둔다. 참 가상한 일이다.

그렇게 고대 유산을 배우고 익히기를 십여 성상에 이르러 그 분야

---

[1] 踰-넘을 유

의 전문가로 우뚝 선다. 그 위에 다시 십여 년 적공積功으로 세상에 없던 유도儒道라는 길을 일구며 자신이 가는 길에 대한 확신으로 그 어떤 것에도 마음이 흔들리지 않는 경지에 이르렀다. 깊이 있는 자기 연찬의 결실이다. 그러나 여기까지는 자신을 위한 매진이요, 성취다.

공자의 진정 위대한 모습은 그 이후에 자신을 초월하여 교육과 정치를 통한 세상의 변화를 추구한 것이다. 그런 변신의 삶이 오십에 이르며 자신의 학설을 정치에 적용하고 부단히 후진 교육에 매진하며 삶의 의미와 목적을 그 속에서 깨달은 것이다. 깊은 삶의 성찰이며 온전한 투신이다.

세상이 점점 혼란에 빠져드는 가운데 인仁의 정치를 실현하기 위해 십수 년 주유천하를 했으나 끝내 현실정치의 벽을 넘어서지는 못한다. 하지만 하늘이 준 명을 알기에 사람이 가야 할 바른길을 열어 간다. 정치 참여 대신에 자신의 도덕적 이상을 이어 갈 후진 양성과 집필에 전념한다.

육십에 이르러 앎은 더욱 지극하여 귀에 거슬리는 것이 없는 통달을 이뤘고, 칠십 노년에 이르러선 그저 마음 내키는 대로 편안하게 해도 원융무애로 도에 어긋나지 않았다니 그야말로 성인의 경지에 이른 것이다.

예순을 일컫는 이순耳順은 앎의 궁극을 의미하지만, 말 그대로 어떤 거슬리는 말을 들어도 역정 내지 않음을 뜻하기도 한다. 아집을 내려놓아야 가능한 달관의 최고봉이자 '다름'을 초월하는 관용의 절정을 이르는 표현이다. 나이를 먹을수록 인격적 성숙을 이루어 낸 훌륭한 리더의 표상을 이보다 더 훌륭하게 묘사한 말을 찾기 어렵다.

  현대인에게 나이 마흔, 쉰은 인생의 중요한 변곡점이다. 가정을 이루어 가족을 형성하고 보금자리를 장만하며 일터에서 중견의 위치에서 책임자의 역할을 맡을 정도의 연륜이다. 일과 생활의 안정을 이루면서 자칫 관성에 젖어 새로운 변화에 소극적인 자세를 취하기 쉬운 때이기도 하다. 〈논어〉에 이 시기에 이른 사람이 새겨들을 내용이 담겨 있다.

『나이 사십에 이르러서도 다른 사람에게 미움의 대상이 된다면 그 사람은 인격적으로 끝장난 사람이다.』

年四十而見[1]惡焉년사십이견오언 其終也已기종야이

〈陽貨양화편〉

『나이 사오십이 되어도 그 이름이 세상에 알려짐이 없다면 족히 두려워할 만한 인물이 못 된다.』

四十五十而無聞焉사십오십이무문언 斯亦不足畏也사역부족외야

〈子罕자한편〉

비즈니스 세계에서 십수 년 밥을 먹어 왔다면 그 업계에서는 이름 석 자만으로도 존재를 인정받을 수 있을 정도의 공력을 이뤄야 한다. 특화된 한 분야의 전문가로 이름이 기억될 만한 업적을 세워 후배들에게 부끄럽지 않고, 연륜의 무게에 합당한 '이끄는 삶'을 살아왔는가

---

1) 見-당할 견

에 대해 스스로 답할 수 있어야 한다.

〈장자莊子〉에도 중견으로서 사회적 역할과 책임에 대해 언급한 구절이 있다.

『나이가 많으면서도 일에 대한 이치와 본말을 뒤에 올 사람들에게 보여주지 못한다면 그는 선배가 아니다. 사람으로서 선배가 될 수 없다면 사람으로서의 도가 없는 것이다. 사람으로서의 도를 지니지 않고 있다면 그런 사람을 일컬어 진부陳腐한 사람이라 한다.』

年先矣년선의 而無經緯本末以期來者이무경위본말이기래자 是非先也시비선야 人而無以先人인이무이선인 無人道也무인도야 人而無人道인이무인도 是之謂陳人시지위진인 〈雜篇잡편 寓言우언〉

나이를 먹으면 몸은 굳어지게 마련이다. 그리고 몸보다 더 빠른 속도로 정신도 고착되어 간다. 몸의 굳음은 몸이 먼저 알아채고 시그널을 주지만, 정신의 굳음은 자각증상도 없이 관성과 신념이라는 갑옷으로 무장하고 더욱 완고해지기 쉽다. 정신에 대해 더욱 철저하게 그 국량을 키우고 호기심과 학구열을 유지하고 아집에 갇히지 않아야 진부한 사람을 면할 수 있다.

인생의 이정표는 흘러간 강물처럼 다시 만날 수 없다. 생로병사, 생주이멸生住異滅[1]은 자연의 이치다.

『사계절의 순서는 번갈아 오지만, 제철의 공을 이루면 다음 철을 위해

---

1) 生住異滅-모든 사물이 생기고 머물고 변화하고 소멸하는 네 가지의 단계와 모양

떠나야 하는 법이다』

四時之序사시지서 成功者去성공자거 〈사기 범저채택范雎蔡澤열전〉의 명구다.

새순이 돋고 꽃 피는 봄이 가야 생장과 성취의 여름이 오고, 여름이 가야 결실과 수학의 가을이 오는 법이다. 가을이 가야 한 살음을 안으로 삭이고 겨울의 침잠 속에서 또 다른 세대를 위한 봄을 준비하는 것이 대자연의 순리다.

고전은 이렇듯 선각자의 언행을 새기고 자신을 비추어 보며 반성하고 실천하는 훌륭한 삶의 교과서다. 성현의 삶을 그대로 따를 수도, 감히 그에 견줄 수도 없겠지만 잠시 멈춰 서서 나다움의 길을 올바로 가고 있는가를 겸허히 돌아보게 하는 밝은 거울이다.

1-3
진정한 인생의 즐거움

살다 보면 '왜 사는가'라는 근원적인 질문을 하게 되는 경우가 있다. 많은 경우는 좋은 일이 있을 때보다 뜻하지 않은 큰 어려움에 봉착하거나, 인생이 의지대로 안 되어 막막한 심정일 때 탄식처럼 이렇게 자문하게 된다.

그러나 '왜 사는가'라는 말은 의미 없는 물음이다. 산다는 것은 그냥 주어진 것이기 때문이다. 즉 존재가 왜에 앞서기에 왜 사는가를 물을 게 아니라 어떻게 살 것인가를 생각해야 옳다. 주어진 삶을 '어떻게 살 것인가' 이 물음은 생명을 받고 이승의 삶을 살아가는 모든 사람들이 삶을 마치는 순간까지 평생을 안고 가야 할 중심 화두話頭다. '어떻게 사는가'는 사람마다 다르겠지만 공통으로 소망하는 것을 꼽으라면 즐겁게 사는 것이 아닐까? 선현들이 전하는 '인생의 즐거움' 속에서 우리 자신이 평생을 두고 즐거움으로 삼고자 하는 것이 무엇인가 그 원願을 세워 보자.

먼저 맹자孟子가 말하는 사는 즐거움이다.

『군자는 세 가지 즐거움이 있다. 천하의 왕 노릇 하는 즐거움은 여기에 들지 못한다. 부모, 형제 모두 평안하여 가정에 근심, 걱정이 없는 것이 첫 번째 즐거움이요,

하늘을 우러러 그리고 사람들에게 부끄럽지 않은 삶을 살아가는 것이 두 번째 즐거움이다.

그리고 천하의 훌륭한 인재를 얻어 이들을 가르쳐 키우는 것이 세 번째 즐거움이다.』

君子有三樂군자유삼락 而王天下不與存焉이왕천하불여존언 父母俱存부모구존 兄弟無故형제무고 一樂也일락야

仰不愧於天앙불괴어천 俯[1]不怍於人부부작어인 二樂也이락야 得天下英才득천하영재 而敎育之이교육지 三樂也삼락야 〈맹자 盡心章句上진심장구상〉

첫 번째 즐거움으로 가정의 평안을 꼽은 것은 성인의 반열에 드는 맹자만의 즐거움은 아닐 것이다. 건강히 사는 기쁨도 일하는 보람도 가족의 안녕과 무탈함이라는 일상이 있기에 가능한 만큼, 특별하지는 않지만 삶의 뿌리가 되는 즐거움이라는데 이견이 없다. 그러나 두 번째 하늘을 우러러봐도, 사람들 앞에 서서도 '나는 한 점 부끄럽지 않은 삶을 살고 있노라' 당당하게 말할 수 있음은 보통 사람에게는 범접하기 어려운 즐거움이 아닐까 싶다. 그 거친 전국시대를 관통하며 호연의 기상으로 세상과 타협하지 않았던 맹자의 강골 기개가 서려 있다.

훌륭한 인재 양성의 세 번째 즐거움은 어떤가. 당대의 탁월한 교육

---

1) 俯-구부릴 부

자였던 맹자만의 전유물은 아닐 것 같다. 이 시대의 비즈니스 환경에서도 싹수 있는 젊은이를 부하 혹은 후배로 맞이해서 핵심인재로 성장시켜 가는 중견 리더의 즐거움도 이와 크게 다르지 않을 것이다. 그것을 즐거움이 아니라 경계심과 두려움으로 성장을 가로막는 인물도 있기는 하지만 말이다.

맹자의 즐거움에 비해 공자의 즐거움은 격이 다르다. '이렇다면 좋지 않겠는가'라며 마음의 일단을 은근히 비치지만 성인다운 기품이 있다. 공자는 인생의 즐거움을 〈논어〉 첫머리에서 이렇게 말한다.

『배우고 그것을 항상 익히면 기쁘지 않겠는가.
동지가 있어 멀리서 찾아온다면 즐겁지 않겠는가.
사람들이 알아주지 않더라도 서운해하지 않는다면
덕을 이룬 이가 아니겠는가.』
學而時習之학이시습지 不亦說乎불역열호
有朋自遠方來유붕자원방래 不亦樂乎불역낙호
人不知而不慍[1]인부지이불온 不亦君子乎불역군자호
〈논어 學而학이편〉

평생을 학생으로 살 수 있다면, 그러면서도 식구들 먹여 살릴 걱정을 하지 않아도 된다면 정말 인생이 즐거울 것 같다. 물론 하고 싶지 않은 공부 억지로 떠밀려서 하는 학동이 아니라 어른으로서 말이다.

---
1) 慍-성낼 온

정말 오래전부터 배우고 싶어 하다가 낯설고 어렵지만 꾸준히 공부하여 나날이 실력이 늘어 스스로도 대견한 수준에 이르렀을 때, 그 즐거움을 경험한 이는 배우는 기쁨을 공감하리라 본다. 성현처럼 평생을 배우고 익히며 열호하기까지는 언감생심이겠지만 말이다.

학창 시절 뜻이 잘 통하던 친한 벗이 멀리 떨어져 살고 있어 간혹 소식만 전해 듣다가 오랜만에 찾아오겠다는 연락을 받았을 때, 그 만남이 얼마나 기대되고 즐겁겠는가. 돌이켜 보면 전화도 여의치 않아 열흘씩이나 기다려야 편지를 주고받던 때가 친구에 대한 그리움이 더 애틋했다. 서신도 인편을 통해 서너 달씩 걸려야 가능했던 그 옛날은 오죽했을까.

안으로 덕을 기르고 밖으로는 세상을 변화시킬 역량을 이룬 사람이 그것을 펴 세상을 이롭게 할 수 있기를 바라는 것은 인정人之常情이다. 그럼에도 세상이 알아주지 않음을 서운해하지 않고, 세인의 평가에 연연해하지 않는다면 이런 사람을 진정 덕을 이룬 사람이라 할 수 있지 않겠는가?

그러나 공자의 가르침은 여기서 그치지 않는다. 서운해하지 않는 것을 넘어 다음과 같이 행하기를 세 차례나 거듭 권한다.

『남이 자신을 알아주지 않음을 걱정하지 말고, 내가 남을 알지 못함을 걱정하라.』

不患人之不己知불환인지부기지 患不知人也환부지인야

〈학이편, 憲問헌문편, 衛靈公위령공편〉

이런 경지에 이르기가 쉬운 일은 분명 아닐 것이다. 하지만 이럴 수 있는 대인이라면 남이 알아주지 않음을 서운해할 리 없음은 자명하다. 수기의 길은 이렇게 요원함을 일깨우는 말씀이다.

〈논어〉 전반에 걸친 공자의 언행은 참으로 온유하다. 인생에 대한 즐거움 또한 담담하면서도 울림을 준다. 당신은 어떤 인생의 즐거움으로 자신의 삶을 채워 가고 있는가?

조선 중기의 문신이자 서예가인 신흠申欽의 세 가지 인생의 즐거움도 의미 있다.

『문을 닫고 마음에 드는 책을 읽는 즐거움,
문을 열어 마음에 맞는 손님을 맞이하는 즐거움,
그리고 문을 나서 마음에 끌리는 세상을 찾아 유람하는 즐거움』이다.

閉門閱會心書폐문열회심서 開門迎會心客개문영회심객
出門尋會心境출문심회심경 〈象村集상촌집〉

문은 세상과의 경계다. 하루 일과를 마치고 조용한 시간에 불을 밝히고 선인들의 글을 읽으며 마음을 가다듬는 모습이 선하다. 문을 활짝 열어 반가운 손을 맞이하여 차나 술을 권하며 그간의 이야기를 주고받는 즐거움은 공자와 통한다.

그리고 세 번째, 여행은 예나 지금이나 그리고 누구에게나 즐겁겠지만 쉽게 나설 수 없는 일이다. 여행을 작심하고 오랫동안 기다렸던 만큼 설레는 맘과 즐거움은 비례하여 커지게 마련이다.

추사 김정희의 즐거움도 살펴보자. 추사의 즐거움 또한 많은 사람들이 공감하는 내용이다. 아주 간결하다.

一讀일독 二色이색 三酒삼주

독은 독서와 글쓰기를 의미한다. 항상 배우고 익히는 선비의 명징한 모습이 보인다. 두 번째, 색은 사랑하는 사람과 변함없는 애정을 나누는 것이다. 원초적인 열락悅樂의 즐거움을 오래 나눌 수 있는 것은 건강과 행복을 남녀가 함께 만드는 것이니 이 얼마나 좋은 일인가. 세 번째는 홀로 달그림자를 동무 삼을 수 있어도 좋고, 서로를 알아주는 사람과 함께라면 더 좋은 게 술이다. 술잔을 들며 흥취에 젖고 정과 세상 이야기를 나누는 것은 살아가며 느낄 수 있는 한가로운 일상의 즐거움임에 틀림없다.

선현의 세상살이의 즐거움을 압축해 보면 공통점이 있다. 자기 성장을 위해 공부하는 즐거움이 빠지지 않는다. 특히 학업이나 일을 위해 하는 젊은 시절의 공부가 아니라 중년 고개에 자기 자신을 위해 하는 공부는 스스로를 위로하고 존중하는 공부라는 데 의미가 있다. 배우는 게 진정으로 즐겁고 참나를 찾아가는 기쁨도 담겨 있기 때문일 것이다.

가족, 친구처럼 서로를 이해하고 아끼는 사람들과 함께하는 관계의 소중함도 소소하지만 살아가는 즐거움의 하나다. 하루 일을 마치고 가속과 또는 지인과 함께 담소하는 시간은 가장 느긋하고 평화로운 일상의 풍경이다.

그리고 세상 곳곳을 여행하며 자연과 문명과 낯선 삶의 모습들을 호흡하는 것도 동경하는 삶이 아닐 수 없다. 여행은 일상을 벗어나는 파격이자 활력소다. 떠났다 다시 삶의 근거인 일상으로 돌아올 수 있다는 믿음이 있기에 또한 즐거운 것이다.

그 밖에도 자기다움을 만들고 가꾸고 꽃피우려는 인생의 즐거움들은 십인십색이요, 백인백태일 것이다. 그것이 무엇이건 팍팍한 세상을 살아가는 데 힘이 되고 의미가 있다면 삶이 더욱 다채롭고 즐거울 수 있을 것이다.

당신이 평생을 두고 즐거움으로 삼고자 하는 것은 무엇인가. 쫓기듯 종종거리는 발걸음을 잠시 멈춰 서서 여생 동안 그 서원을 이뤄 가는 구체적인 도정道程도 함께 짚어 보길 바란다.

1-4
고난이 성장을, 역경이 위대함을 만든다

지위는 오를수록 힘이 들고 학문은 깊어질수록 어렵기 마련이다. 어디 지위와 학문의 길만 그렇겠는가. 세상 만사가 높이 오를수록 힘겹다 못해 위태롭기까지 하고, 깊이 들어갈수록 짧은 인생으로 다 담을 수 없는 진리의 두터움과 지혜의 광막함을 깨닫게 된다. 리더가 가는 길도 마찬가지다. 리더의 행로가 꽃길인 줄 알고 열망했다가 막상 그 역할의 어려움을 뒤늦게 깨닫고 가시밭길임을 절감한다. 어쩌면 그런 통절함에서 진짜 리더의 길이 시작되는 것이리라. 리더가 자신의 역할을 힘들고 어려워할 줄 모른다면 개인에게도 불행이고 구성원은 물론 조직에도 큰 폐를 끼치게 마련이다.

〈서경書經〉에 『임금이 임금 노릇을 정말 어렵게 여기고, 신하가 신하 노릇을 정말 어렵게 여긴다면 나라의 정사가 잘 다스려질 것이고 백성이 덕행에 민첩할 것이다』라고 했다.

后克艱厥后후극간궐후 臣克艱厥臣신극간궐신 政乃乂정내예 黎民敏德여민민덕 〈禹書우서〉

1. 수기훈修己訓

〈논어 자로子路편〉에도 한마디 말로 나라를 흥하게 하는 요체로서 『임금의 역할이 어려움을 알며 신하의 역할이 쉽지 않음을 깨닫고, 반드시 두려워하고 조심하길 깊은 연못에 임한 듯이 엷은 얼음을 밟는 듯이 해야 한다』고 했다.

知爲君之難지위군지난 知爲臣之不易지위신지불이
則必戰戰兢兢[1]즉필전전긍긍 臨深履薄임심이박

또 〈주역〉의 〈건위천괘乾爲天卦〉에도 『군자는 종일토록 최선을 다해 일하고 저녁이 되어서도 자신의 일에 대해 걱정하고 내일의 일을 준비해야 한다』고 일에 임하는 마음가짐을 밝히며 그리함으로써 어렵고 험한 일에도 허물이 없으리라 했다.

君子終日乾乾군자종일건건 夕惕[2]若厲[3] 无咎석척약려무구

리더는 그 자리가 어렵다는 것을 느낄 때 본분에 충실할 수 있다. 어렵지만 지그시 이겨 내며 주어진 임무를 해내야 한다. 쉽다고 느껴진다면 익숙해졌다는 의미고, 스스로 경계하지 않으면 그 순간부터 매너리즘의 덫에 빠져들게 된다. 리더의 자경自警만이 개인의 일탈과 조직의 불행을 예방하는 가장 확실한 방책이다.

리더의 어려움은 구성원들의 어려움과 차원이 다르다. 구성원이 겪

---

1) 戰-두려워할 전, 兢-조심할 긍
2) 惕-두려워할 척
3) 厲-갈 려, 힘쓸 려

는 어려움은 실행의 어려움이다. 물론 실행의 어려움이 가볍지 않으나 리더는 대부분 그 실행의 어려움을 겪어 내고 더 큰 역할을 부여받은 사람이다. 당연히 실행보다 높은 차원의 어려움에 당면할 수밖에 없다. 간혹 리더의 어려움을 헤아리지 못하는 구성원이 '리더는 실무진의 어려움을 헤아릴까' 하고 서운함을 드리내는 경우가 있다. 실제로 헤아리지 못해서가 아니라 선험자로서 그 어려움을 이해하고 있다면 좀 더 밝히 알아주기를 바라는 인정의 갈증이리라. 리더는 그렇게 실무자의 어려움을 알고 있음을 좀 더 적극적으로 소통의 노력을 기울이면서도 정작 자신의 어려움은 토로하기 어려운 입장에 있다. 아니, 리더라면 구성원에 이해되기를 구하는 나약함을 지녀선 안 된다. 리더는 구성원에게 이해를 요구하는 입장이 아니기 때문이다.

　구성원에게 모두 이해를 구하려 애쓰지 마라. 리더는 구성원의 이해보다 결과로서 과정의 정당성을 입증해야 한다. 그리고 구성원의 어려움은 헤아리더라도 나약함을 부추겨서는 안 된다. 공자는 『사랑한다면 어찌 힘들게 하지 않을 수 있겠는가. 진심으로 생각한다면 깨우쳐 주지 않을 수 있겠는가』하였다.

　　愛之애지 能勿勞乎능물노호 忠焉충언 能勿誨乎능물회호 〈논어 憲問헌문편〉

　이는 리더가 아랫사람을 진정한 사랑으로 대하는 모습이다. 이 대목을 북송의 소식蘇軾은 이렇게 해석한 바 있다. "예쁘다고 사랑하기만 하고 수고롭게 하지 않는다면 짐승이 그 새끼를 사랑하는 것에 지나지 않는 것이다." 진정 아낀다면 삶의 올바른 도리를 일깨워 주는 것이 윗사람의 역할이다.

또한 송대의 명신 장영張詠도 무릇 윗사람은 아랫사람에게 『너그러우면서도 두려워하게 하고, 엄하면서도 마음으로 따를 수 있게 해야 한다』하였다. 〈송명신언행록宋名臣言行錄〉

寬而見畏관이견외 嚴而見愛엄이견애

이 같은 처신은 상하 간에만 국한되지 않을 것이다. 크고 작은 조직 관리 전반에 걸쳐 추구할 관엄상제寬嚴相濟, 이정상융理情相融의 원칙이다.

사람들은 대부분 고난을 싫어하고 안락을 추구하려 한다. 그러나 쉽고 편안한 것은 좋은 결실을 맺기 어렵다. 고난과 시련을 극복하는 과정에서 비로소 참다운 발전을 이룰 수 있는 것이다. 맹자는 리더에게 고난은 하늘의 큰 뜻임을 다음과 같이 이야기한다.

『하늘이 어떤 이에게 장차 큰일을 맡기려 할 때는 반드시 먼저 그 마음을 수고롭게 하고 그 근육과 뼈를 괴롭게 하여 그 몸을 굶주리게 하고 생활을 곤궁하게 해서 행하는 일이 뜻대로 되지 않도록 가로막는데, 이것은 그의 마음을 분발시키고 그 성질을 참게 하여 예전에는 도저히 할 수 없었던 일을 더 잘하도록 하기 위함이다.』

天將降大任於是人也천장강대임어시인야 **必先苦其心志**필선고기심지 **勞其筋骨**노기근골 **餓其體膚**아기체부 **空乏其身**공핍기신 **行不亂其所爲**행불란기소위 **所以動心忍性**소이동심인성 **增益其所不能**증익기소불능 〈맹자 告子章句下고자장구하〉

'고난은 포장된 축복'이라고 한다. 고난을 통해 단련된 인내와 의지가 내공으로 승화되어 어려운 일을 끝내 이루게 한다. 살을 파고드는 아픔을 감내해야 진주가 얻어지고 폭풍의 시련과 가뭄의 고통을 이겨 내야 호두의 알맹이가 영글며, 혹한과 모진 눈보라를 견뎌 내야 봄꽃을 피울 수 있는 법이다. 청나라의 학자 적호翟灝도 리더의 어려움을 이렇게 위로했다. 〈통속편通俗篇 경우境遇〉

『고통 중의 고통을 받지 않고서는 다른 사람의 윗사람이 되기 어려운 법이다』

不受苦中苦불수고중고 難爲人上人난위인상인

사마천은 죽음보다 못한 형벌인 궁형宮刑[1]의 수모를 딛고 〈사기史記〉라는 전무후무한 역사서를 완성했다. 그가 남긴 글에서 19번이나 궁형의 수모를 들면서 "그 일을 생각할 때면 창자가 아홉 번이나 끊어지는 듯하고回腸九折, 등줄기에 서 말의 식은땀을 흘렸다冷汗三斗"며 한탄했다. 그런 역경 속에서도 그는 52만 6천5백 자에 이르는 방대한 저술을 완성한 것이다.

역경은 위대한 인간의 힘을 발현하게 하는 숨겨진 하늘의 뜻일 수도 있다. 순조로운 환경이었다면 결코 탄생할 수 없는 불후의 걸작이 역경 속에서 탄생했다. 사마천은 〈사기〉를 마무리하는 〈태사공 자서〉에서 이렇게 증명하고 있다. "서백西伯(주문왕)은 주왕紂王에 의해

---

1) 宮刑-거세의 형벌 후에 치유과정에서 생존확률이 20%밖에 안 됐을 뿐아니라 그 형벌의 모멸감 때문에 차라리 죽는 게 낫다 한 것임

유리羑里[1]에 갇혀 〈주역〉을 저술했고, 공자는 진陳과 채蔡나라 사이에서 곤경을 겪으며 〈춘추〉를 지었으며, 좌구명左丘明은 실명하여 〈국어國語〉를 남겼다. 손빈孫殯은 두 다리를 잃은 후에 병법을 완성하였고, 여불위呂不韋는 촉蜀에 좌천되어 〈여씨춘추〉를 전했으며, 한비는 진秦나라에 유폐되어 〈세난說難〉과 〈고분孤憤〉을 남겼다. 이런 사람들은 모두 어려운 가운데 지난 일을 회고하며 앞날을 생각한 것이다" 하였다.

 역경이 위대한 인간을 만들고 영혼의 간절함으로 빛나는 결실을 일군 것이 위대한 작품이다. 어찌 보면 역경은 인간을 단련하고 더욱 강인하게 자신을 입증하게 하는 운명의 장치인지도 모른다.
 고난 없이 맑아지는 영혼이 어디 있는가? 시련 없이 강해지는 조직이 어디 있겠는가? 리더는 고난과 역경 속에서 조직의 결실을 일궈 내고 공동체의 역사를 만드는 사람이다.

---

1) 羑-착한 말할 유. 유리, 지금의 하남성 안양시 남쪽의 지명

1-5
리더는 당당함으로 자신을 지탱해야

공자가 위衛나라의 대부 왕손가王孫賈를 만났을 때의 일이다. 내부적으로 권력 다툼이 진행되는 가운데 어떻게 처신해야 좋을지 은유적으로 공자에게 조언을 구했다.

"사람들이 말하길 '아랫목신을 잘 모시기보다는 차라리 부엌신을 잘 모시라' 하는데, 이게 무슨 말인지요?"

여기서 말하는 아랫목신은 집의 중심부를 상징하므로 지위가 높은 사람을 의미하는 것이고, 부엌신은 밥을 짓는 곳이니 실속을 챙기는 자리를 말하는 것이다. 즉 지위가 높은 사람에게 아부할 것인가, 아니면 지위는 낮지만 실권을 쥔 자에게 아부할 것인가에 대해 자신은 실속이 있는 쪽에 아부하는 것이 더 낫다고 생각하면서 공자의 의견은 어떤지를 에둘러 물은 것이다.

공자의 답은 이러했다.

『어느 쪽도 아니오. 하늘에 죄를 얻으면 빌 곳이 없는 법이오.』

不然불연 獲罪於天획죄어천 無所禱也무소도야

〈논어 八佾[1]팔일편〉

하늘은 아랫목신이나 부엌신에 비할 수 있는 것이 아니다. 이치를 거스르면 하늘에 죄를 짓게 되니, 다만 마땅한 이치에 따라야 하고 어느 쪽이 더 이익이 될 것인가를 저울질할 일이 아님을 지적한 것이다.

조직의 리더는 때로 정치적 고려를 해야 하는 상황에 직면할 수 있다. '어느 라인을 탈 것인가, 직속 상사를 따를 것인가, 아니면 명령권자를 따를 것인가' 등의 선택의 기로에서 이익을 기준으로 가늠하려 하기 쉽다. 이익을 앞세우면 눈치를 보게 되고, 눈치를 살핀다면 결국 당당함을 잃게 된다. 리더는 당당함으로 자신을 지탱해야 한다. 그게 리더가 가져야 할 마땅한 자세다. 작은 이익 앞에서 좌고우면으로 살아남기에 급급한 모습은 스스로를 부끄럽게 할 뿐이다. 인간으로 태어나서 인간답게 살아간다는 것은, 특히 리더를 자처하며 산다는 것은 이해득실의 계산보다 도리를 저버리지 않는 것이다.

유가儒家에서 처세의 표본으로 삼는 명구가 있다.

『등용되어 쓰이면 도리를 행하고, 버려지면 은둔하여 수양한다』라는 문장이다. 〈논어 술이述而편〉

用之則行용지즉행 捨之則藏사지즉장

〈맹자〉에도 소위 '대장부론'이라는 활연豁然[2]의 기가 넘치는 글이

---

1) 佾-춤줄 일, 팔일은 천자 앞에서 추었던 사방 여덟 줄로 펼치는 춤을 뜻함
2) 豁然-가로막힘 없이 환하게 터져 있는 모양. 뚫린골짜기 활

등장한다.

『천하의 넓은 곳에 떳떳이 거처하는 사람

居天下之廣居거천하지광거

바른 자리에 떳떳이 서는 사람

立天下之正位입천하지정위

가장 큰 길을 떳떳이 가는 사람

行天下之大道행천하지대도

세상이 내 뜻을 알아주면 더불어 뜻을 펼치고

得志與民由之득지여민유지

내 뜻을 알아주지 않는다면

不得志부득지

나는 홀로 나의 길을 가리니

獨行其道독행기도

부귀영화도 음란케 하지 못하고

富貴不能淫부귀불능음

가난도 절개와 포부를 버리게 하지 못하리라

貧賤不能移빈천불능이

위협과 협박도 지조를 굴복시키지 못하니

威武不能屈위무불능굴

이러한 사람을 대장부라 이른다

此之謂大丈夫차지위대장부』〈맹자 藤文公등문공장구하〉

나를 알아주고 그래서 쓰임을 받는다면 세상을 위해 도리를 행할 것이고, 그렇지 않다면 홀로 도리를 수양하는 길을 묵묵히 가겠다는 태산과 같은 의기를 느낄 수 있다.

"그래, 마음으로야 그 의기에 동의한다. 그러나 생활인으로서, 조직의 위아래에서 압박을 받고 근근이 절충하며 역할을 수행해야 하는 단위조직의 힘없는 관리자가 실제로 그렇게 살 순 없지 않은가"라며 현실론을 제기하는 사람도 있다. 물론 쉽지 않은 일이다. 그러나 그렇게 눈치를 보며 근근이 살아남는 길에서 무엇을 얻고자 하는가? 아니, 그렇게 함으로써 무엇을 잃게 되는지도 생각하라. 그토록 두려움에 떨며 작은 관리자 지위에 목을 매는 자신이 초라하지 않은가? 어쩌면 그런 옹졸한 마음이 스스로를 더욱 위축되게 하고, 결국은 그저 그런 사람으로 직장에서 힘없이 밀려나는 위기를 자초하는 것은 아닌지 생각해 보라.

리더는 부단히 배우고 연구하며 자신을 향상시키고 시행착오를 겪으면서도 바른길을 잃지 않으려는 사람이다. 처음부터 완벽하게 잘해 낼 수는 없다 해도 끊임없이 반성하고 구성원에게 올바른 길을 제시할 수 있어야 한다. 그것이 단지 자신만을 위하는 길이 아니기 때문이다. 더 나은 세상을 위해 바른 뜻을 세워 사람들과 더불어 일을 이루는 사람이 리더라 하지 않았는가. 부족함을 인정하고 더 분발하면 된다. 완벽하지 않아도 적어도 옳은 방향으로 나아가고 있다는 자신에 대한 믿음이 중요하다. 그리고 미숙하지만 함께 가면서 배우자고 구성원을 독려하며 어려움을 묵묵히 이겨 나가는 의연함을 보여라.

그게 곧 리더다움이다.

〈중용中庸〉에 "자득장自得章"이라 불리는 구절이 있다. 자득이라 함은 '스스로 만족한다'는 의미다. 오늘날 중간관리자의 위치처럼 위아래에서 압박을 받는 상황에서 어떻게 처신해야 하는가에 대한 가르침을 준다.

『훌륭한 리더는 서 있는 곳마다 스스로 만족하지 않음이 없다. 윗자리에 있어서는 아랫사람을 능멸하지 않으며 아랫자리에 있어서는 윗사람을 잡아당기지 않아야 한다. 자기 몸을 바르게 하고 남에게 요구하지 않으면 원망하는 이가 없을 것이니, 위로는 하늘을 원망하지 않으며 아래로는 사람을 원망하지 않는다.』

君子無入而不自得焉군자무입이부자득언 在上位不陵下재상위불능하 在下位不援上재하위불원상 正己而不求於人則無怨정기이불구어인즉무원 上不怨天下不尤人상불원천하불우인 〈중용 14장〉

후한의 마원馬援 장군은 개국공신으로 그 당시로선 매우 드물게 이순을 넘긴 고령으로도 전장을 누비며 혁혁한 전공을 세워 이른바 '노익장老益壯'이라는 말을 세상에 남겼다. 마원은 평소 "대장부가 뜻을 품었으면 어려울수록 더욱 굳세어야 하고 나이가 들수록 더욱 기백이 넘쳐야 한다"고 말하며 당당하게 전장에서 갑옷을 입은 채 생을 마감하였다.

大丈夫爲者대장부위자 窮當益堅궁당익견 老當益壯노당익장

〈後漢書후한서 馬援傳마원전〉

　　훌륭한 리더는 스스로 최선을 다하는 사람이다. 몸담은 곳에서 헌신을 다하여 일하라. 그러다 자리를 내려놓게 되면 자신의 덕성과 능력을 더욱 닦을 기회로 삼고 또 다른 쓰임의 기회에 더 헌신할 수 있도록 준비하라. 위아래의 눈치를 보며 살아남는데 연연해하지 말라. 자신이 처한 상황에서 의무를 다하고 물러나 내면의 성장을 위한 수신에 정진하면 그것으로 당당하게 사람의 길을 가고 있는 것이다.

1-6
리더와 학습은 이음동의어

〈논어〉의 첫 구절이 "학이시습學而時習"으로 시작한다는 것을 앞서 살폈다. 이 첫 구절에 공자 자신의 삶에 대한 철학을 극적으로 압축하여 술회하고 있는데, 이를 줄여 오늘날 현대인의 삶에서 뗄 수 없는 '학습'이라는 말이 태어났다.

그리스 철학자 아리스토텔레스도 〈형이상학metaphisica〉의 첫 문장을 "인간은 배우기를 원한다"라는 말로 시작한 것을 보면 선각자들의 학습에 대한 공통된 견해가 우연히 나온 것이 아님을 짐작할 수 있다. 인간을 인간답게 하는 것이 배움에서 비롯하고, 인간의 삶을 변화시키는 본능적 갈망과 기쁨이 배움에 담겨 있음을 지구 반대편에서 함께 역설한 것이다.

"나는 아직도 배우고 있다Ancora imparo!" 르네상스 시대의 천재 예술가 미켈란젤로가 87세에 시스티나 성당의 천장화 '천지창조'를 완성하고 나서 스케치북에 적은 글이다. 이 한마디 속에 거장의 삶의 자세와 열정이 담겨 있다.

학습은 공자와 아리스토텔레스 시대보다 오늘날 더욱 절실한 말이다. 우리는 죽을 때까지 학생으로 살지 않으면 정체가 아니라 빠르게 퇴보하는 시대에 살고 있다. 변화가 빠르고 클수록 새로운 것을 배우고 익히는 것은 이젠 옵션이 아니라 생존을 위한 맨더토리다.

배움이란 '더 나은 내가 되기 위한 과정'이다. 물론 부차적으로 더 좋은 직업이나 출세, 부, 권력을 얻기 위한 배경으로 작용하기도 함을 부인하지 않는다. 그러나 보다 우선하는 것은 더 나은 내가 되는 것修己이 먼저고 더 유익한 세상을 만드는 것安人은 그다음이다. 수기가 안 된 사람이 리더의 역할을 맡고 안인에 나서는 것은 개인에게도 불행이고 조직에도 비극이 될 수 있다. 물론 수기는 끝이 없기에 완전하게 준비된 사람을 기대할 순 없다. 하지만 적어도 부족함을 겸허히 인정하고 부단히 배우려는 마음가짐은 책임이 크고 무거운 지도자의 지위일수록 더욱 절실하다. 특히 리더에게는 숙명과 같은 것이 학습이다. 리더와 학습은 이음동의어synonym라고 해도 과언이 아니다. 케네디J. F. Kennedy도 '리더십과 학습은 서로 뗄 수 없는 관계Leadership and Learning are indispensable to each other'라고 강조한 바 있다.

학문學問이란 말은 〈주역周易〉과 〈중용中庸〉에서 취한 말로 알려져 있다. 〈주역〉 십익十翼의 하나인 〈문언전文言傳〉의 『군자는 배움으로 덕능을 쌓고 의문을 물어 이치를 가리고 너그러운 마음으로 살며 어질게 행동한다(君子군자 學以聚之학이취지 問以辨之문이변지 寬以居之관이거지 仁以行之인이행지)』에서 학문을 취한 것이라는 설과, 〈중용 20장〉에서 배움에 뜻을 둔 선비가 수행해 나가는 다섯 단계인 『博學박학, 審問심문, 愼思신사, 明辯명변, 篤行독행』 중에서 박학과 심문을 한 글자씩 조합한 것이라는 설이 있다. "박학심문"은 '널리 배우고 자세히 묻는다'는 말이다. 어디에서 취했건 공문孔門의 유가儒家에서 비롯된 문헌에서 취해진 것은 분명한 것 같다.

학문이란 글자에 담긴 의미는 지식을 배우는 것이 아니라 물음問을 배우는學 것이다. 물음을 배우는 것이 답을 배우는 것 보다 제대로 배우는 것이다. 답은 이미 누군가가 찾아서 기준으로 제시한 것을 그냥 암기해서 옮기는 것인 데 비해, 물음은 스스로의 생각을 거쳐 자기의 문제를 해결하려는 창조적인 접근이기에 본질적인 배움에 가깝다.

흔히 '아는 만큼 보인다'고 말하는데, '묻는 만큼 안다'가 먼저다. 그 앎은 물음에서 온전해지기 때문이다. 배운 것을 '왜 그런가?' 하고 스스로 묻는自問 생각의 경로思索를 통해 자기 이해의 과정을 거쳤을 때 비로소 진정한 배움이 이루어진다. 정보통신 기술에 힘입어 손바닥 위에서 세상 곳곳의 소식을 접하고 온갖 정보를 손가락 몇 번 움직이면 찾아볼 수 있는 시대다. 그러한 정보접근방식을 '검색'이라 한다. 이미 누군가 정리해 놓은 내용을, 그것도 정확한 검증의 과정 없이 개인의 의견이 가미된 매체를 접한 것을 '안다'고 착각하기 쉽다. 검색의 결과는 인스턴트 지식에 불과하다. 그래서 제대로 알기 위해서도 검색이 아닌 물음을 바탕으로 한 '사색'의 과정이 뒷받침되야 한다. 그것이 진정한 지식인의 배움에 대한 자세다.

〈논어 위정편〉에도 배움과 사색의 조화를 추구해야 함을 이렇게 이야기하고 있다.

『배우되 사색의 과정을 거치지 않으면 얻음이 없고, 사색의 과정을 거치더라도 제대로 배우지 않으면 위태로워진다.』

學而不思則罔학이불사즉망 思而不學則殆사이불학즉태

배움은 체험뿐만 아니라 선배, 선생님 같은 선험자나 책을 통해서 이루어질 수 있다. 특히 책은 인류의 위대한 지식의 보고다. 책은 시공을 뛰어넘어 언제 어디서든 만날 수 있는 큰 스승이기에 리더는 반드시 리더reader여야 한다고 트루먼Harry S. Truman은 강조한 바 있다.

배움은 이치를 배우고 타인의 관점을 이해하고 객관적인 기준을 습득하는 과정이다. 반면에 사색은 현실에서 직면한 의문을 스스로 깨우치려는 주관적이고 개별적인 사유의 과정이다. 학學이 보편의 바탕이라면 사思는 물음問을 통해 개인적인 특수성을 반영하여 내 것으로 만드는 과정이다. 그러나 사에는 한계가 있다. 혼자의 생각에 갇혀 도그마에 빠질 수 있다. 남에게서 배우고 그 배움을 사색을 통해 심화하여 그것을 또 남들과 나누는 선순환을 이룰 때 개인도 성장하고 세상도 발전한다.

이렇듯 배움과 사색은 균형과 조화를 이뤄야 온전한 것이 된다. 이러한 생각은 서양의 도덕철학자 임마누엘 칸트의 인식론에도 비슷한 함의로 등장한다.

『직관 없는 개념은 공허하고, 개념 없는 직관은 맹목적이다.』

중국 사람들이 칸트를 접하고는 공자가 근대 독일에서 다시 태어났다고 평한 말이다. 이와 같이 배우는 것과 내면화의 과정인 사색을 함께 하는 것이 배움의 첫 단계다.

배움의 두 번째는 배운 것을 적극적으로 익히는時習 단계다. 배우는 것으로 그치는 것이 아니라 늘時¹⁾ 시간과 정성을 들여, 마치 새끼 새가 첫 비상을 위해 수 없이 날개를 퍼득이듯 완전하게 몸에 익히는習 과정을 거쳐 앎이 비로소 자기의 일부가 되는 것이다.

학습이란 이렇게 배우는 것을 출발로 해서 사색하고 익히고 실천함으로써 완성되는 것이다. 제대로 배움으로써 열린 마음을 갖게 되고 아집을 버릴 수 있으며, 학습하기 이전의 나를 버리고 유연해질 때 진정 배운 것이라 할 수 있다.

學則不固학즉불고 〈학이편〉

〈논어〉에서 학문하는 모습을 이렇게 묘사하고 있다.

『마치 까마득히 앞서가는 사람을 쫓아가듯 해야 한다. 조금만 방심해도 놓치고 말 듯한 마음으로 해야 한다.』

學如不及학여불급 猶恐失之유공실지 〈泰伯태백편〉

청나라 말기의 정치가이자 군인이었던 좌종당左宗棠은,

『학문을 한다는 것은 물을 거슬러 오르는 배와 같아서 나아가지 않으면 곧 퇴보하고 만다』하였다.

學問猶如학문유여 逆水行舟역수행주 不進則退부진즉퇴

〈左文襄公全集좌문양공전집〉

이를 '학여역수學如逆水'라는 성어로 줄여서 표현하기도 한다.

---

1) 時-항상 시

조선 후기의 문인이자 실학자인 박지원朴趾源도 『학문의 길은 다른 길이 없다. 모르는 것이 있으면 길 가는 사람이라도 붙들고 물어야 한다』 하였다.

學問之道無他학문지도무타 有不識유불식
執塗之人而問之집도지인이문지 可也가야
〈嚥巖集연암집 北學議序북학의서〉

배움은 수양과 능력 향상만을 위한 것이 아니다. 순자荀子는 아주 현실적인 배움의 효용을 말한다.
『내가 미천하지만 고귀해지고 어리석지만 지혜로워지고 지금 가난하지만 부유해지고 싶다면 그게 가능하겠는가? 오직 배우는 것만이 그 답이다.』

我欲賤而貴아욕천이귀 愚而智우이지 貧而富빈이부 可乎가호 曰其唯學乎왈기유학호 〈순자 儒效유효편〉

자신을 수양하기 위해서, 나아가 세상을 더 낫게 만들려는 리더로서 그리고 한세상 살면서 더 지혜롭고 가치 있는 삶을 살기 위해서도 배움은 평생 멈출 수 없는 과업이다. 공자는 그 배움의 즐거움으로 해서 먹는 것까지 잊고 세상살이의 근심도 잊었을 뿐만 아니라, 장차 늙음이 다가오는 것조차 알지 못하는 사람이라고 자신을 표현하지 않았던가.

發憤忘食발분망식 樂而忘憂낙이망우 不知老之將至云爾[1]부지노지장지운이 〈述而술이편〉

호학의 마음가짐이 공자와 같은 성인의 경지까지는 아니더라도 리더라면 배움을 잠시라도 내려놓아선 안 된다. 배움의 마음가짐을 저버린 리더는 자신과 세상을 변화시키는 추동력을 지닐 수 없다.

현대 농구의 아버지라 불리는 존 우든Joan Udeun UCLA 농구팀 감독은 모든 리더를 향하여 배움의 자세가 리더의 기반이라고 강조하며 다음과 같은 말을 남겼다.

"리더는 늘 배우는 자세를 잃지 않아야 한다. 지식이란 절대로 고정되거나 완결된 것이 아니다. 배우기를 끝내면 리더로서의 생명도 끝장난다. 리더는 결코 자신의 능력이나 지식 수준에 만족해선 안 된다."

---

[1] 爾-너 이. 초나라 섭공葉공이 자로에게 공자의 인물됨을 물었는데 자로가 답을 않았다는 말을 공자가 듣고는, "왜 너는 나를 이런 사람이라 말하지 않았느냐?"고 했던 대목

1-7
인생을 젊고 품격 있게 사는 비결

아리스토텔레스는 〈니코마스 윤리학〉에서 인생의 목적을 '삶의 향상'이라 보았다. 이는 배우고 익히는 지적활동이 더 나은 삶을 향한 인간의 본성이자 원초적 행복이라는 선언이다. 그것 만이 아니다. 지적 활동이 삶의 향상뿐 아니라 생명체의 자연현상인 노화까지 늦춘다는 연구결과가 발표된 바 있다.

하버드 의대의 수명혁명 프로젝트 〈노화의 종말〉 중 '학습과 노화의 상관관계 연구'에 의하면 인간의 지적 능력은 25세 전후로 최고에 이르며, 차츰 뇌세포가 파괴되어 40세 이후로는 노화의 단계에 진입하는 것이 일반적인 패턴이라고 한다. 그러나 노화의 시작을 70세까지 늦출 수 있는 길이 있다고 하는데, 그것은 '지속적인 학습'이라고 연구결과는 말하고 있다. 지속적 학습은 뇌세포를 활성화하고, 그 결과 신체 나이까지도 젊어질 수 있다고 하니 인간의 지적활동이 자연의 법칙까지 거스를 수 있다는 놀라운 얘기다.

송나라 유학자 주희朱熹도 학습활동과 노화의 상관관계를 간명하게 『배우지 않으면 쉽게 늙고 쇠약해진다』고 했는데 이 역시 앞의 연구결

과와 맥을 같이한다. 〈近思錄근사록 爲學類위학류〉

不學便老而衰불학편로이쇠

또 미래학자 앨빈 토플러도 노화를 학습과 연관하여 "사람은 배우기를 멈추는 순간부터 늙기 시작한다"고 했는데, 이 말은 '배우는 사람은 누구나 젊은이다'라는 말로 환원할 수 있다. 사람은 나이가 많아서 늙는 것이 아니라, 호기심을 잃고 공부하기를 멈추고 안주하는 순간부터 늙기 시작한다는 경구다.

인간은 세상을 통틀어 가장 특별한 존재다. 그 이유는 자신의 삶뿐만 아니라 다른 삶에 의미를 갖게 할 수 있는 존재이기 때문이다. 인간의 인간다움의 핵심을 두 가지로 요약할 수 있는데, 그것은 이성을 통한 예지 학습 능력과 도덕적 실천 능력이다.

순자荀子는 사람이 귀한 존재임을 다음과 같이 정의한 바 있다.

『물이나 불은 기氣를 지녔으나 생生이 없고, 풀과 나무는 생은 지녔으나 지각이 없으며, 새와 짐승은 지각은 지녔으나 의義를 모른다. 사람은 기와 생과 지각능력과 더불어 의를 지닌 도덕적 존재다. 그러므로 천하에서 가장 귀한 존재인 것이다.』

水火有氣而無生수화유기이무생 草木有生而無知초목유생이무지 禽獸有知而無義금수유시이무의 人有氣有生有知인유기유생유지 亦且有義역차유의 故最爲天下貴也고최위천하귀야〈순자 王制왕제편〉

프랑스 철학자 샤를 드부엘Charles de Bouelles도 인간을 다음과 같이 나눴다. 첫째, 돌처럼 그냥 존재하는 인간, 둘째, 식물처럼 살아가는 인간, 셋째, 동물처럼 느낄 수 있는 인간, 넷째, 사람답게 이해하는 인간인데, 사람답게 이해한다는 말에 사람다움을 압축하여 표현한 점이 눈길을 끈다.

〈논어 계씨季氏편〉에 배움과 인간형을 네 가지로 구분하여 그 품격의 차서次序를 이렇게 말한다.

첫째는 생이지지자生而知之者다. 타고나서 배우지 않아도 아는 사람이다. 아마 세상에 존재했던, 그리고 앞으로 태어날 전 인류를 통틀어도 극소수에 지나지 않을 천부적 재능을 갖고 나온 사람이다. 이들을 '위대한 리더'라 말하고 싶다. 그야말로 하늘이 천재성을 부여한 크나큰 영광을 입은 동시에 인류를 위해 그 능력을 써야 할 큰 짐을 지고 세상에 온 것이다. 인류사에 이름을 남긴 위대한 인물들이 여기에 해당하는 인간형일 것이다. 물론 천재성만으로 위대한 업적을 남긴 것은 아닌 듯하다. 그런 천재성과 더불어 그 재능과 균형을 이루듯 커다란 핸디캡을 동시에 부여받은 경우를 볼 수 있다. 범상치 않은 괴팍성을 지녀 세상과 유리되기도 하고 천형天刑과도 같은 장애에 갇히기도 하는 경우다. 아마도 천재성과 더불어 그런 어려움을 극복하는 지난한 과정이 더욱 찬연한 인간 승리의 꽃을 피우게 했는지도 모른다.

둘째는 학이지지자學而知之者다. 타고나지는 않았지만 배워서 아는 사람이다. 배우는 것을 좋아하거나 남다른 학습능력을 발휘하여 후천적으로 큰 결실을 맺은 '훌륭한 리더'라 할 수 있다. 그러나 학이지지자도 인류 전체를 놓고 볼 때 단지 몇 퍼센트 정도에 지나지 않을 정도로 흔치 않은 능력이라 할 수 있다. 물론 학습 능력이 뛰어나다는 것만 해도 대단한 능력이 아닐 수 없다. 어느 시대이건 그 시대를 이끌고 업적과 이름을 남긴 사람들은 대부분 학이지지자일 것이다.

공자는 스스로를 『나는 생이지지자가 아니다. 옛것을 좋아하여 그것을 부지런히 구한 사람일 뿐이다』하였다.

我非生而知之者아비생이지지자 **好古敏以求之者也**호고민이구지자야 〈述而술이편〉

하지만 그의 생애와 업적을 통해 보면 공자는 양지良知와 양능良能을 타고났을 뿐 아니라 스스로를 완성하여 불멸의 빛을 남긴 위대한 지도자임에 틀림없다. 지나온 2천5백 년뿐 아니라 인류의 미래에 길이 인간이 살아갈 바른 도리를 일깨운 정신유산을 남긴 성인이기 때문이다.

학이지지자는 자발적으로 배운 사람이다. 그리고 배우는 것을 즐거워하는 축복을 받은 사람일 것이다. 과거도 그랬고 우리가 살고 있는 이 시대 역시 남보다 앞서 배운 사람이 세상을 이끌어 가고 있다. 하지만 변화의 진폭이 크고 주기가 짧은 미래에는 배운learned 사람보다 계속 배우는learning 사람이 변화에 능동적으로 대응할 수 있기에 세상을 앞서 이끄는 역할을 맡게 될 것은 자명하다.

그런데 학이지지자가 훌륭한 리더로 불리기 위한 조건이 하나 있다. 그것은 배우는 재능을 세상을 위해 써야지 자신만의 이익을 위해 써서는 안 된다는 것이다. 좋은 머리로, 또는 배울 수 있었던 좋은 조건을 이기적 목적에만 사용한다면 세상은 더욱 어지러워질 것이다. 그런 지식인은 간교한 지식을 앞세운 탕아蕩兒일 뿐이다. 그래서 학이지지자로 자처하고 사회 지도층에서 그 역할을 수행하는 사람이라면 자기중심성을 넘어 세상을 위해 그 능력을 쓰고 있나를 스스로 돌아볼 수 있어야 한다. 이른바 '자계自戒와 자정自淨'을 요구하는 것이다.

그다음 차서는 곤이학지困而學之다. 살아가며 현실의 삶 속에서 곤란함을 겪고 난 다음에 비로소 배워서 아는 사람이다. 아마 대부분의 리더를 포함한 보통의 사람들이 여기에 해당하리라 생각한다. 세상살이의 어려움을 겪고 나서 뒤늦게 배우거나, 부여된 일을 수행하면서 부족함을 절감하고 몸으로 부딪쳐서 터득한 사람이다. 어렵다고 주저앉거나 회피하지 않고 곤란함을 이겨 낸 성장하는 삶이라는 데 의미가 있다. 오히려 머리가 아니라 몸으로 깨우친 것이라 더욱 진실되고 우직하게 배워 가는 삶이라고도 할 수 있다. 곁눈질 않고, 부지런히 살아가는 견실함이 굳은살처럼 삶에 배어 있음을 감지할 수 있다. '배운다'라는 말의 어원이 '배다'라고 하는데, 자연스럽게 스며들어 어느 결에 단단히 자신의 것을 만든다는 어감과 통하기에 곤이학지와 배움의 속뜻이 잘 어울리는 말이라 생각한다. 곤이학지자는 어렵게 배워 몸으로 터득한 만큼 자신과 같이 시행착오의 길을 가는 후진들을 위해 기꺼이 나누었으면 하는 바람이다.

〈중용〉에도 위의 세 가지 배움과 인간형에 대한 언급이 있다.

『나면서부터 그것을 알기도 하고, 배워서 알기도 하고, 어려움을 겪고

서 알기도 하지만 그 앎에 다다름은 같다.』

或生而知之혹생이지지 或學而知之혹학이지지 或困而知之혹곤이지지 及其知之一也급기지지일야 〈중용 20장〉

앎에 다다름이 같다는 말의 의미는 타고난 재능의 반짝임보다 스스로 힘쓰고 쉬지 않는 진실된 삶의 자세를 권면하는 것이 아닐까 한다. '세상은 커다란 학교, 인생은 배움의 여정旅程'이라는 세언世諺이 곤이학지의 인간적 삶을 느끼게 한다.

가장 낮은 순위는 곤이불학困而不學이다. 곤란함을 겪고도 끝내 배우려 하지 않는 사람이다. 잘못된 아집을 백절불굴의 신념으로 내세우고 더 이상 배울 게 없다는 고집불통stereotype을 말한다. 어떻게든 해 보고자 하는 의지는 저버리고 핑계와 변명과 남의 탓으로 일관하며 자포자기로 주변에 폐를 끼치는 인물이다. 이런 사람은 리더로서 결격이다. 자신만 망치는 것에서 끝나지 않고 공동체까지 궤멸시키는 구제불능의 인사다.

당신은 어느 인간형에 가까운가? 대개의 경우 학지學知나 곤학困學에 해당하리라 본다. 그런데 인간형은 고정불변의 낙인은 아니다. 살면서 자각과 환경에 따라 인간형이 바뀌기도 하고 새롭게 만들어지기도 한다. 어쩌면 이 네 가지 인간형은 우리 안에 모두 존재하는 특성인지도 모른다.

선천석으로 타고난 재능이 생이지지요, 타고나지는 않았지만 남다른 관심을 가지고 누가 시키지 않아도 몰입하는 영역이 학이지지고,

1. 수기훈修己訓

부단한 노력과 굳건한 의지로 결실을 이룬 영역이 곧 이학지요, 타고난 기질과 거리가 멀어 외면하고 담을 쌓게 되는 영역이 곧 이불학의 대상이라 할 수 있다. 생지生知를 깨닫고 학지를 추구하고 곤학으로 삶을 단단하게 하고 불학不學의 영역을 경계하는 삶이 지혜로운 삶이리라. 단, 제대로 해 보지도 않고 불학으로 포기하지 않아야 곤학이 된다는 것을 놓치지 마시라.

    타고난 천재성이든, 자발적 배움의 결과이든, 곤란함을 이겨 내며 몸으로 이뤄 낸 결실이든 수기와 안인을 위해 간단없이 학습하는 삶이 아름답다. 그렇게 부단히 배우고 익힐 뿐 아니라 그것을 기꺼이 나누는 리더가 절실한 세상이다.

1-8

리더는 타고나는 게 아니다

태고시대엔 리더라는 존재는 신탁神託에 의해 하늘이 내리는 것으로 알았다. 그러다 권력이 세습되면서는 핏줄을 받고 태어나는 것이라 했다. 신분에 따라 이미 운명이 결정되는 구조다. 아직도 입헌군주제를 유지하고 있는 몇몇의 나라의 왕실과 소위 셀러브리티 가문에서 금수저 문 귀한 자제가 태어나기도 한다. 이런 예외적인 사항을 빼고는 오늘날의 리더는 타고나는 것이 아니라 만들어진다는 것이 보편의 상식이다.

어떻게 만들어지는가? 익히 알고 있듯이 의료인이나 법조인 등 대부분의 전문가 집단처럼 체계화된 교육과 엄격한 수련과정을 통해 육성되는 것이다. 그 교련의 출발점이 춘추전국시대다. 봉건제도에 균열이 생기며 신흥계급으로 떠오른 사대부士大夫[1]라는 리더 그룹이 형성되면서 교육과 수련에 의해 리더를 육성하는 체제가 만들어진 것이다. 그중에 가장 두각을 보인 곳이 공문孔門의 유학당儒學堂이었는데,

---

1) 士大夫-士는 학자, 大夫는 관리임. 학자 출신의 관리를 통칭하나 후에 계급으로 분리됨

주된 학습내용은 육예六藝와 육경六經[1] 등이다.

그런데 리더는 학습으로만 만들어지지 않는다. 그 보다 더 큰 몫을 차지하는 것이 인격의 수양이다. 그 당시엔 오늘날에 비해 학습보다 인격 수양을 더욱 중시하였다. 게다가 학습과 인격의 수양은 리더가 생을 마칠 때까지 추구해야 할 평생의 과업이었다. 그 구체적인 수행 방법이 절차탁마切磋琢磨다. 이 익숙한 성어는 〈시경詩經〉에 등장한다.

『저 기수淇水 물굽이 언덕을 보니 푸른 대나무 우거졌네
훤칠한 군자 같은 모습은
마치 자른 듯, 썬 듯, 쪼은 듯, 간 듯하구나
엄숙하고 너그러우며 훤하고 의젓하고 잘생긴 군자의 모습이여 끝내 잊을 수 없구나!』

······有斐[2]君子유비군자 如切如磋여절여차 如琢如磨여탁여마······
〈衛風위풍 淇澳[3]기욱편〉

기수는 황하黃河의 지류인데 대나무가 자랄 수 있는 천혜의 조건을 갖추고 있어 강기슭에 푸른 대나무綠竹가 울창하다. 그곳의 대나무는 늠름하면서도 윤기가 배어나오며 힘차면서도 단정한 모습이 자연이 빚은 최고의 작품이었나 보다. 그 모습이 마치 신선의 기품과 같고 잘생긴 군자의 풍모를 닮은 양하여 절로 탄성이 터져 나오는 듯한 묘사

---

1) 六藝-예禮, 악樂, 사射, 어御, 서書, 수數의 수련. 六經-詩, 書, 禮, 樂, 易經 및 春秋의 교육
2) 斐-문채날 비
3) 淇澳-물이름 기, 후미 욱(물가나 산길이 휘어져 굽어진 곳)

가 압권이다.

대나무는 동양의 이상적인 인간상인 군자를 상징하는 식물이라 할 수 있다. 그래서 옛날에는 선비가 거처하는 뒤꼍에 대를 많이 심었다.

『대는 사시사철 푸르고 常綠不變상록불변

폭설과 폭풍에도 부러지지 않고 不撓不屈불요불굴

우뚝하게 곧게 서고 獨立不羈[1]독립불기

절제된 마디가 있고 節槪節度절개절도

줄기의 속이 비어 있기에 虛心坦懷허심탄회

선비가 닮고자 하는 표상이다.』

〈중용〉에도 선비의 기상을 『안 하면 안 했지 했다 하면 반드시 끝장을 본다』는 표현이 등장한다. 〈20장 朱子註주자주〉

不爲則已불위즉이 爲則必要其成위즉필요기성

우리말에도 '대쪽 같은 선비'라고 하듯 대와 선비는 여러모로 유비類比된다.

'절차탁마'는 명품을 정성 들여 다듬어 가는 과정이다. 보옥寶玉의 탄생 과정은 이렇다. 먼저 원석으로부터 옥을 망치, 톱 등으로 크게 잘라 내는 과정이 절切이다. 그다음엔 좀 더 좋은 질의 옥을 취해서 만들고자 하는 크기와 모양에 맞게 줄로 써는 차磋의 과정을 거친다.

이를 더욱 완성된 모양에 가깝게 정, 끌 등으로 쪼아 정교하게 다듬어 가는 과정을 탁琢이라 부른다. 그리고 가장 많은 시간과 정성이 요

---

1) 羈-굴레 기

구되는 완결의 과정이 숫돌, 마포 등의 도구로 갈고 닦는 마磨의 단계다. 이 모든 과정을 거쳐야 비로소 보옥으로서의 가치를 지니게 된다.

이 과정을 상상해 보면 마치 청옥 원석을 다듬어 천하의 명품名品으로 완성해 가는 섬세한 세공사의 모습이 그려진다. 특히 마지막 단계인 마는 최고의 옥 세공 장인이 평생을 바쳐 익힌 기술과 심혈을 쏟는 정성, 그리고 오랜 시간에 걸친 마무리로 이뤄지는데, 이 과정을 제대로 거친 옥을 '완벽完璧'이라 표현한다.

〈대학〉에도 절차탁마의 과정이 재론된다.『자른 듯, 썬 듯하다는 절차는 학습을 말함이고 쪼은 듯, 간 듯하다는 탁마는 스스로를 수양하는 것이다』했다.

如切如磋者여절여차자 **道**[1]**學也**도학야 **如琢如磨者**여탁여마자 **自修也**자수야

절차탁마를 절차와 탁마의 두 단계로 구분하여 그 등위의 차이를 논한 것이다. 절차를 학습의 과정으로 본 것은 선현의 교훈과 스승의 가르침을 통해 큰 틀에서 거칠게나마 배우고 익힌다는 뜻이다. 요즘식으로 말하면 학교에서 정규교육을 받는 것이라 할 수 있다.

학습에도 순서가 있다. 먼저 경전의 이치를 배우고 역사적 사실을 뒤에 배운다. 이른바 선경후사先經後史다. 근본과 이치를 분명히 하고 유동적 현실을 알아야 하기 때문이다.

수신의 길은 거기서 출발하여 탁마라고 하는 고차원의 자기 수양 과정을 거쳐 완성된다는 의미다. 이는 마치 학교를 졸업하는 것으로

---

1) 道-말할 도

학업을 마치는 것이 아니라 학업을 기초로 실제의 일터에서 직분을 수행하며 진정한 자기맞춤형의 정진 수양을 실현하는 것으로 비유할 수 있다.

절차탁마는 〈논어〉에서도 언급되고 있다.

『자공子貢이 "가난하지만 남의 비위를 맞춰 아첨하지 않고, 부유하면서도 교만하지 않다면 어떠합니까?" 하고 공자에게 물으니 "그런대로 괜찮지만 비록 가난하지만 이치를 따라 사는 것을 즐거워하며, 부유하면서도 예의를 좋아하는 것만은 못하다"라고 가르쳤다. 이에 자공이 말하길 "시경에 자른 듯, 썬 듯하며 쪼은 듯 간 듯하다는 말이 스승님의 말씀을 이르는 듯합니다"라고 하니, 공자가 이에 "자네와 더불어 비로소 시를 말할 만하구나! 지나간 것을 알려 주니 말해 주지 않은 것을 아는구나".』

子貢曰자공왈 貧而無諂빈이무첨 富而無驕부이무교 何如하여

子曰자왈 可也가야 未若貧而樂미약빈이락 富而好禮者也부이호례자야

子貢曰자공왈 詩云시운 如切如磋여절여차 如琢如磨여탁여마 其斯之謂與기사지위여

子曰자왈 賜[1]也사야 始可與言詩已矣시가여언시이의

告諸往而知來者고저왕이지래자 〈학이편〉

자공은 스스로 아첨함이 없고 교만함이 없음을 지극하다고 여겼는데 스승의 말씀을 듣고는 즐거이 살며 예를 좋아하는 것만 못하다는 것

---

1) 賜-자공의 이름(줄 사)

1. 수기훈修己訓　　　　　　　　　　　　　　　　　　　　　　65

을 깨닫고, 절차 위에 탁마가 있듯이 의리가 무궁함에 감복한 것이다.

절차의 작은 성취만으로 학문을 완성한 것으로 타협하지 않고 탁마라는 궁극의 수련을 거듭하는 마음가짐이 진정한 전문가 여부를 가름한다. 특히 마지막 단계인 마磨는 전문성의 극치를 완결하는 과정이다. 이 과정을 소홀히 하면 앞의 절차탁의 과정은 의미를 잃고 만다. 또한 절차탁의 과정을 건너뛰고는 아무리 훌륭한 마의 정성이 따르더라도 제대로 된 가치를 지닐 수 없음을 일깨우는 것이다.

〈예기禮記〉에도 보옥을 다듬는 과정과 사람으로 배움을 거듭하는 것의 중요성을 강조하는 구절이 등장하기에 함께 새겨 본다.

『옥은 다듬지 않으면 명품이 되지 않고 사람은 배움에 정진하지 않으면 도리를 알 수 없다..』〈學記학기편〉
玉不琢옥불탁 不成器불성기 人不學인불학 不知道부지도

절차탁마를 두고 이렇게 여러 경전에서 거듭 거론되는 것은 흔치 않은 일이다. 그만큼 절차탁마라는 글귀는 학습과 인격 수양을 평생의 과업으로 삼는 리더에게 철칙과 같은 자기훈自己訓으로 새겨야 함을 시사하는 것이다.

리더는 이와 같이 태어나는 것이 아니라 만들어 가는 것이다. 옥은 보옥으로 완성되겠지만 사람의 인격은 완성이라는 끝이 있을 수 없기 때문이다.

1-9

논리와 정리가 조화로운 세상이기를

　인간의 본성을 이성과 감성으로 나눈다. 서양 사상의 큰 흐름은 이성 중시에서 감성의 재발견으로 전개되어 왔다. 반면 동양 사상은 이성보다 감성이 인간의 본질에 더 가깝다는 관점을 일관되게 보여 왔다. 이성이 인간의 독특함이라 하지만 인간은 원래 이성보다 감성에 더 지배를 받는 존재라는 것을 일찍이 간파한 것이다. 합리 추구의 이성이 과학문명을 발전시키고 사회시스템을 이루는 데 크게 기여한 것은 틀림없다. 그러나 선악, 호오, 미추를 가르고 그중에서 좋음을 지향하고자 하는 근원적 감성이 인간에게 있었기에 흔들림 속에서도 인간다움을 잃지 않고 오늘의 문화를 창달한 것이다.
　이성을 논리logos라 한다면 감성은 정리pathos라 할 수 있다. 논리와 정리가 균형을 이룬 세상이 이상사회일 텐데, 이때의 균형은 비율이 아니라 표리의 조화다. 논리의 난난한 기반 위에 정리가 도도히 흐르는, 그런 세상이 좋은 세상의 모습에 가까울 것이다.
　〈논어〉에 논리와 정리의 선후관계와 조화를 다음과 같이 논하고 있다.

『안다는 것은 좋아하는 것만 못하고, 좋아하는 것은 즐기는 것만 못하다.』

知之者不如好之者지지자불여호지자
好之者不如樂之者호지자불여낙지자〈雍也옹야편〉

안다는 것은 머리로 아는 것이다. 어떤 대상이나 이치를 이해하고 있다는 의미다. 안다는 것도 쉬운 일이 아닐뿐더러 그 구분이 간단치 않다. 어떤 사물이나 개념에 대해 용어의 워딩 수준의 인식에서 사계의 전문가 수준의 학문적 탐구와 역사문화적 통섭에 이르기까지 앎의 깊이와 폭은 다양할 것이다. 사람을 안다는 것도 마찬가지다. 그저 몇 번 마주쳐서 얼굴을 아는 사이부터 간담을 서로 비출 정도의 깊이까지도 안다는 범주에 둘 수 있기 때문이다.

세상의 변화가 너무나 빠르기에 내가 알고 있던 지식이 쓸모 없는 과거의 지식으로 전락하기도 하고, 사람을 안다는 말도 나 자신도 잘 모르면서 감히 타인을 안다고 할 수 있을까? 그래서 안다는 것만 해도 쉽게 표현할 수 없는 차원의 말이다.

안다는 것은 그 아는 수준을 차치하고 일단은 지각의 영역이고 논리적 이해를 배경으로 하는 지적 활동이다. 그에 비해 좋아한다는 것은 머리가 아니라 가슴이 이끄는 것이다. 대상과 주체 사이에 의미 있는 관계가 형성되어 정리가 통한 것이다. 사람들은 단순히 머리로 아는 것보다 가슴이 좋아하는 것에 더 끌리게 마련이다. 논리적 판단을 앞세운 앎보다 정리에 따라 절로 움직인 좋아함이 그래서 더 높은 경지라는 뜻을 납득할 수 있다.

리더로서 그 역할을 수행함에 있어 일과 사람에 대해서 당연히 많이 알아야 한다. 세상도 변하고 사람도 한결같지 않기에 앎의 폭과 깊이를 더해 가도록 꾸준히 노력해야 할 것이다. 그러나 아는 것으로 그쳐서는 안 된다. 일은 논리로 될지 모르겠으나 사람을 움직이는 것은 논리만으로 되지 않기 때문이다. 사람을 따르게 하여 일을 이루는 것이 리더의 본분이라 하지 않았던가. 사람을 따르게 하는 것은 정리다. 호감이 있어야 하고 마음의 끌림이 인식과 판단을 넘어서야 한다. 일의 논리와 사람에 대한 정리가 조화를 이루고, 일의 논리보다 사람을 향하는 정리가 우선할 때 리더십이 제대로 발휘될 수 있다.

어떤 대상을 좋아하는 감정을 갖게 되면 그 대상을 향해 스스럼 없이 다가가게 된다. 그러나 좋아한다는 것은 한결같지 않을 수 있다. 더 좋아하는 대상으로 옮겨 갈 수도 있고 좋아하는 감정이 식기도 한다. 좋아한다는 것은 이처럼 유동적이기에 오히려 딱딱한 앎의 세계보다 인간적인 숨결과 체온이 느껴진다.

즐긴다는 것은 좋아하는 것보다 한 차원 더 높은 상태다. 즐김은 대상과 주체가 불가분의 상태, 즉 일체화된 상태를 의미한다. 마라돈 애호가들이 경험하는 '런닝 하이running high'가 한 예다. 코스를 달리다가 일정한 단계에 이르면 몸이 가벼워지고 호흡도 안정되며 뛰고 있다는 느낌마저 잊은 채 무아지경에 빠지는 상태를 경험한 사람은 그

희열감 때문에 마라톤과 한 몸이 된다.

일을 하거나 놀이를 할 때도 이런 기분을 느낄 때가 있다. 그야말로 시간 가는 줄도 모르고, 주변에 누가 있는지도 모르게 푹 빠져 있는 몰입flow의 상태다. 이런 상태에 이르면 뇌파가 안정되며 의도적인 집중을 하지 않아도 최고의 퍼포먼스를 낼 수 있다.

그러한 수준을 즐김의 단계라 한다. 논리와 정리의 완벽한 조화를 이루고 주체와 객체의 혼연일체의 단계이니, 그 의미를 깨닫고는 즐긴다는 표현을 남발하는 것은 말에 대한 예의가 아닐 것 같다.

이상적 가치척도로 진선미眞善美를 꼽는다. 참되고 좋고 아름다움은 어느 분야를 막론하고 최고의 가치를 표현할 때 등장한다. 지호락의 개념이 진선미와 통한다. 옳고 그름을 논하는 냉철한 진의 세계가 지의 추구라면 선함을 따르는 마음의 흐름이 호의 지향이며 진과 선을 넘어 조화의 아름다움으로 승화된 진선진미盡善盡美의 아우름을 락의 경지라 할 수 있다. 그렇기에 좋아하는 것보다 즐기는 것이 상위의 개념이라는 데 수긍이 간다. 그리고 보면 콘테스트 무대에서 최고의 상은 진이 아니라 미여야 격에 맞을 것 같다.

그런데 즐긴다는 것은 자칫 그 선을 넘어서기 쉽다. 즐김이 도를 넘으면 대상, 즉 객체가 주체를 이끄는 상황에 이르게 된다. 그러한 상태를 탐닉耽溺이라 한다. 즐김이 지나쳐 대상이 주인을 쥐고 흔드는 상황이니 최고의 경지에서 나락으로의 급전직하다. 그래서 〈예기 곡례曲禮〉에 『즐거움은 그 극단까지 이르러서는 안 된다』고 하였다.

樂不可極낙불가극

또 공자는 〈시경〉의 첫 편인 〈관저關雎〉를 일컬어 『즐거우면서도 지나치지 않고 슬프면서도 해치지 않는다』며 중화中和의 절창絶唱으로 평가했다. 〈논어 팔일편〉

樂而不淫낙이불음 哀而不傷애이불상

즐긴다는 말은 절제미節制美를 내포하고 있는 절대고수의 표현이다. 즐기는 단계에 이른다는 것은 자기중심의 아집을 넘어서 공동의 선을 추구하는 것이기 때문이다.

당신은 이 시대의 리더이자 전문가로서 자신의 일에 어떤 수준으로 임하고 있는가? 아는 것은 있으나 아직 좋아하지 못하는 유지미호有知未好의 수준이라면 충분하지 않다. 적어도 좋아하지만 아직 즐김에 단계까지 이르지는 못한 유호미락有好未樂을 자처할 수 있었으면 한다. 즐김의 수준은 지극하기에 이루려 애쓰기보다 필생畢生의 목표로 삼아 쉼 없이 다가가려는 정진의 영역으로 두는 것이 마땅할 것이다.

이상적인 일은 어떤 모습일까? 훌륭한 리더는 현재의 상태에 머물지 않고 궁극의 비전을 추구한다. 구성원들도 자신이 하는 일이 더 주도적이고 즐겁고 보람차기를 바란다. 당장은 아니라 할지라도 구성원의 일이 점차 그렇게 될 수 있도록 여건을 조성하고 동기를 유발하며 가슴 실레는 미래상을 꿈꾸게 하는 사람이 리더다.

이상적인 일의 첫 번째 조건은 배움을 통한 성장이다. 기계적으로 반복하는 일은 창조적인 인간이 다룰 영역이 아니다. 일을 통해 주체인 사람이 성장할 수 있어야 한다. 배움은 장애를 극복하는 과정에서 자신이 더 높은 수준으로 향상되고 있다는 실감을 통해 이루어진다. 일을 하면서 더 잘할 수 있도록 궁리하며 더 높은 목표에 도전할 수 있도록 독려하고 그럴 수 있는 여건을 만들어 줄 때 성장이 따른다.

두 번째, 그 과정이 즐거워야 한다. 일이 장 즐거울 수는 없을 것이다. 장애가 있고 난관도 늘 따르게 마련이다. 그래서 일하는 방법과 물리적 환경의 안전성, 편의성이 연구되어야 한다. 일하는 과정에 이보다 더 크게 영향을 미치는 것은 동료와의 협력적인 관계나 상하 간의 명확한 역할기대와 인식, 그리고 조직에 대한 신뢰 등 사회적 관계다. 안으로는 질서 정연한 원칙이 엄정하게 작용하지만 밖으로는 자유롭고 창조적인 분위기가 있을 때 개인은 즐겁게 일할 수 있고 그 결과로 조직과 개인은 함께 발전할 수 있다.

세 번째는 조직이 원하는 성과를 창출하는 것이다. 조직은 성과를 통해서 조직의 존재 이유와 계량화된 목표 달성 여부를 평가받는다. 성과가 있어야 존립이 가능하고 목표를 달성해야 지속적인 성장이 가능하다. 성과는 일하는 보람이기도 하다. 조직의 일원으로서 자신이 수행한 일의 결과로 세상을 좀 더 살 만하게 만든다는 자부심이 작용해야 한다.

리더인 당신에게 부여된 임무가 결코 가볍지 않을 것이다. 끊임없이 터져 나오는 문제의 처리와 대내외의 크고 작은 회의와 조율 등으로 눈코 뜰 새도 없을 것이다. 그러나 모래 무덤처럼 헤어나올 수 없는 악순환의 고리를 끊기 위해서라도 구성원의 파트너십은 절실하다. 배움을 통한 구성원의 성장과, 과정이 즐거울 수 있는 여건과, 결과로서 성과를 창출할 수 있도록 이상적인 일을 구축해 가야 구성원도 당신도 그리고 조직도 존속하고 발전한다. 리더는 현안 해결과 더불어 이상을 실현할 수 있는 새로운 시스템을 만들어 갈 책임을 지닌 사람이다.

1-10

리더라면 반드시 지켜야 할
두 개의 도리

『춘추 오패의 세 번째 패주인 초楚나라 장왕莊王이 어느 날 현자로 소문난 첨하詹何에게 치국에 대해 물었다. "나라를 잘 다스리려면 어떻게 하는 것이 좋겠소?"

첨하가 답하길, "저는 저 자신을 닦는 것은 알고 있으나, 나라를 다스리는 일은 잘 모르겠습니다".

그러자 장왕은 "나는 나라를 다스리는 방법을 알고 싶다고 물었소"라고 거듭 말했다.

이에 첨하도 거듭 답하였다. "저는 군주가 자기 자신을 잘 다스렸는데 나라가 어지러워졌다는 얘기를 들어 본 일이 없습니다. 또한 자신을 잘못 다스렸는데 나라가 잘됐다는 얘기도 들어 보지 못했습니다. 근본은 자기 자신에 있는 것이니 본말을 바꿔 말씀드리지 못하는 것입니다."

밝은 군주인 장왕은 "훌륭한 말이오!" 하고 고개를 끄덕였다.』

臣未嘗聞身治而國亂者也신미상문신치이국난자야 又未嘗聞身亂而國治者也우미상문신난이국치자야 故本在身고본재신 不敢對以末불감대이말

〈列子열자 說符설부편〉

치국의 바탕은 군주의 수신이라는 뼈 있는 진언進言이다.

장왕에 대한 이야기를 하나 더 보자. 어느 날 영윤令尹(초나라의 재상) 자패子佩[1]가 자신의 사저인 경대京臺를 완공한 기념 연회에 장왕을 초대하자 장왕은 조용히 수락의 고갯짓을 하였다. 잔칫날, 자패는 모든 준비를 마치고 장왕이 당도하기만을 기다렸다. 하지만 날이 저물도록 장왕은 끝내 나타나지 않았다.

다음 날 자패는 장왕을 찾아뵙고 혹시 옥체가 미령하시기라도 한지 문안을 드렸다.

장왕은 미소를 지으며 말했다. "과인은 건강하니 걱정하지 마시오. 실은 경이 성대한 연회를 베푼다기에 가지 않은 것이오."

자패는 의아해하며 "전하, 경대는 천하절경이라 많은 사람들이 보고 싶어 하는 곳입니다."

"과인도 잘 알고 있소. 그곳은 너무나 아름다워 경치에 취해 죽음의 고통까지 잊어버린다고 들었소. 과인은 수신이 부족한 사람이라 그처럼 큰 즐거움은 감당할 수가 없다오. 과인은 쾌락에 빠져 정사를 소홀히 할까 두려워 일부러 연회에 가지 않은 것이오."

장왕은 군주의 자리에 올라 3년 동안 국정을 팽개치고 방탕한 생활을 꾸미며, 안으로 인물과 세태를 파악하여 웅비를 준비한 일화로 널리 알려진 임금이다. 그때는 이한과 내우가 없었던 상황이니 그럴 수 있었지만 지금은 향락풍조가 만연하고 대신들이 사치에 빠져 나랏일에 소홀한 것을 우회적으로 꾸짖은 것이다. 장왕의 조용한 질책에 기

---

1) 佩-찰 패. 佩物-몸에 차는 장식물, 노리개

강이 바로 서고 그 후 초나라의 국력은 더욱 신장하였다.

〈맹자〉에 이르기를 『대인은 스스로 바르게 함으로써 만물을 바르게 하는 사람』이라 했다. 〈진심盡心 장구상〉

有大人者유대인자 **正己而物正者也**정기이물정자야

훌륭한 리더는 이처럼 자신의 몸을 올바르게 다스림으로써 일과 사람을 바르게 이끌며 조직의 임무를 다한다. 나라가 융성할 때는 반드시 훌륭한 리더가 스스로를 바르게 다스리는 모습을 예외 없이 보게 된다. 뛰어난 대신이 보좌를 했다든지, 국운융성의 대외여건도 작용했겠지만 리더가 그런 사람을 중용하거나 융성의 기운을 타고 헌신할 수 있는 리더 자신의 몸가짐이 준비되어 있었기에 가능했던 것이다.

리더의 수신은 그가 지고 있는 막중한 책무를 이행할 수 있는 펀더멘털이다.

설혹 리더의 직분이 아니더라도 수신은 평생의 과업으로 삼아야 할 화두다. 생각과 몸가짐이 바른 사람은 그 반듯함으로 자신의 삶을 제대로 이끌어 가기 때문이다. 자신을 바르게 하지 못한 사람이 존경받는 자리에 서면 그 자리도 잃고 몸도 잃게 되는 경우를 역사는 수다한 증거로 웅변한다.

〈논어〉에 노魯나라의 실권자로 국정을 전횡하던 계강자季康子와 공자의 대화가 나온다.

『계강자가 공자에게 정사에 대해 묻자, 공자가 답하길 "정사란 바름을 행한다는 뜻이니, 그대가 바름으로써 솔선한다면 누가 감히 바르지 않겠

소?" 하였다.』

季康子問政於孔子계강자문정어공자 孔子對曰공자대왈 政者正也정자정
야 子帥[1]以正孰敢不正자솔이정숙감부정

『계강자가 도둑이 많음을 걱정하며 자문을 구하자, 공자가 대답하길, "그대 스스로 탐욕을 부리지 않으면 상을 준다 한들 아무도 도둑질을 하지 않을 것이오".』

季康子患盜계강자환도 問於孔子문어공자 孔子對曰공자대왈 苟子之不欲구자지불욕 雖賞之不竊수상지부절 〈顔淵안연편〉

계씨는 막강한 권력을 행사하며 감히 천자의 춤을 즐기고 제후의 정사를 농단한 가문이다. 계강자는 아버지의 유언에 따르지 않고 대부의 직을 강탈한 무도한 인물인데, 국노國老인 공자에게 감히 정사에 대해 묻기에 촌철살인의 답을 한 것이다.

또『공자가 말하길 "자기 자신이 바르면 명령하지 않아도 행해지고, 자신이 바르지 못하면 비록 명령을 한다 하더라도 따르지 않게 된다"』하였다. 〈자로편子路篇〉

子曰자왈 其身正不令而行기신정불령이행 其身不正雖令不從기신부정수령부종

〈예기〉에도『아랫사람이 윗사람을 섬길 때는 그 명령하는 바를 따르지 않고, 그 행동하는 바를 따른다』라고 하였다.

下之事上也하지사상야 不從其所令부종기소령 而從其所行이종기소행

---

1) 帥-거느릴 솔, 인도할 솔

1. 수기훈修己訓 77

구성원은 리더의 말을 따르기보다 행동을 따른다. 말도 옳아야 하고 행동도 반듯해야 리더의 영이 선다. 언행의 일치와 솔선하여 모범을 보이는 것이 리더십의 기초다. 평소 구성원을 대하는 말이 얼마나 품격 있고 신뢰로운가를 돌아보라. 그리고 행동은 분명하고 반듯한지 되새겨 보라.

구성원은 명령에 따라 움직이는 수동적인 부하 입장이기를 원하지 않는다. 인격적으로 존중받고 파트너로서 주체적인 역할을 수행할 수 있기를 바란다. 그리고 훌륭한 리더로부터 바른 지도를 받으며 리더처럼 성장하기를 바란다는 점을 잊지 말아야 한다.

리더라면 반드시 지켜야 할 수신의 바탕으로 솔선과 더불어 청렴을 꼽을 수 있다. 이 두 가지는 능력 이전에 기본 자질의 문제다. 특히 오직汚職은 리더로서 결정적 흠결로 작용하므로 경계하고 또 경계할 일이다.

후한 시대 양진楊震은 청렴하기로 유명한 관리였다. 그가 지방 태수로 있을 때 한 번 보살펴 준 적 있는 왕밀王密이란 사람이 밤늦게 찾아와 이런저런 옛이야기를 나누다가 일어나면서 황금 열 냥이라는 큰돈을 놓고 가려 하였다.

펄쩍 뛰는 양진을 보고 왕밀이 말하길 "지금은 밤도 깊을 뿐 아니라 이 방에는 우리 두 사람뿐이니 누가 알겠습니까?" 하였다.

이 말에 양진은 정색을 하고 이렇게 대답하였다. "그대는 아무도 모른다고 하였지만 우선 하늘이 알고 땅이 알고, 그리고 그대와 내가 알고 있지 않소?" 〈후한서後漢書〉와 〈십팔사략十八史略〉에 소개된, 소위 사지四知라는 말로 후세까지 알려진 일화다.

양진은 제 자랑이 되거나 왕밀을 매도하는 것 같아 말을 전하지 않았을 테고, 왕밀은 부끄러워서 말을 남기지 않았을 텐데 이렇게 일화로 알려진 것을 보면 '오지'의 눈과 귀가 있었다는 말이 되니, 참으로 비밀이라는 것이 존재할까 의심스럽다.

리더로서 가장 경계할 일이 부정한 거래에 말려드는 것이다. 지위가 오를수록 그런 부추김이나 유혹의 손길은 교묘하게 파고 든다. 욕심이란 요물은 뛰어난 능력을 지니고 훌륭한 업적을 이룬 사람일수록 야망이라는 이름으로 포장되어 정도正道를 벗어나게 하기 쉽다. 욕심을 파고드는 내밀한 암수暗數에 윤리의식과 도덕성이 마비되어 공들여 쌓아 올린 탑이 한순간에 무너져 아까운 인재가 나락으로 떨어지기도 한다.

『공의휴公儀休는 노나라 재상인데 생선고기를 매우 좋아했다. 사람들은 다투어 물고기를 사서 바쳤으나 공의휴는 받지 않았다.

그의 동생이 물었다. "형님은 생선을 좋아하면서 왜 받지 않는지요?"

그가 말했다. "나는 생선을 좋아하기에 받지 않은 것이다. 만약 남들이 주는 물고기를 받는다면 그 호의에 감사하는 마음이 생길 것이고, 그러면 법을 굽히게 될 것이다. 법을 굽히게 되면 곧 재상의 직을 잃게 될 것이고, 파직되면 돈이 없어 좋아하는 물고기를 구할 수 없게 되지 않겠느냐? 물고기 선물을 받지 않으면 재상직을 잃지 않을 것이며, 능히 오래도록 물고기를 얻을 수 있기 때문이다.』

이는 〈한비자 외저설外儲[1]說 우하右下편〉과 〈사기史記 순리열전循吏列傳〉에 담겨 있는 얘기다.

신세를 지면 반드시 갚아야 하는 게 세상의 이치다. 그러면 자유를 잃고 고삐에 매이게 된다. 리더는 "이로운 것을 보면 의로움을 생각하라"는 〈논어 헌문憲問편〉의 견리사의見利思義의 교훈을 부적처럼 가슴 깊이 새겨야 할 것이다.

---

1) 儲-쌓을 저

2. 안인훈安人訓

세상이 변하고 조직문화가 바뀌더라도
사람들이 모여 사람을 위한 일을 함께 하는
근본이야 바뀔 리 있겠는가?
리더가 안인을 추구하는 것은
사람을 중심에 두는 가치관의 반영이다.
사람을 위한 일을 하면서 사람을 근본에 두려는
철학만큼은 놓지 말자는 것이다.

2-1
훌륭한 리더는 사람의 근본에 힘쓴다

군자君子는 임금人君처럼 높은 벼슬에 있는 고귀한 분이나 덕과 학식이 높은 사람에 대한 경칭이다. 특히 유가儒家가 지향하는 이상적인 인간상을 일컫는 말로 〈논어〉에 백 번도 넘게 등장한다. 2천5백년 전의 공자학당에 모여든 수많은 미래의 인재들이 꿈꾸던 리더상이자 동양의 근세에 이르기까지 국가사회를 이끄는 이상적 지도자의 표상이라 할 수 있다. 요즘 식으로 말한다면 아마 '훌륭한 리더' 정도로 해석해도 될 법하다.

논어에서 군자에 대한 수많은 대화가 등장하는데, 그것을 요약하면 군자의 특징을 세 가지로 말할 수 있다.

첫째는 호학好學이다. 공부를 많이 해서 학식이 많거나 학업의 결과로 높은 학위를 취득하여 학문적 업적을 이룬 사람이라기보다, 배우기를 즐기고 죽을 때까지 '학생'의 마음을 잃지 않으려는 사람이다.

둘째는 수기안인修己安人이다. 이는 스스로를 닦아 더 높은 수준의 인격을 추구하며 동시에 다른 사람을 편안하게 이끌어 더 좋은 세상을 만들고자 하는 서원을 지닌 사람을 말한다.

셋째는 도덕행道德行이다. 머리로 알고 가슴으로 느끼는 것으로 끝내는 것이 아니라 올바름을 몸으로 실천하는 삶을 살아가려는 사람을 의미한다.

참으로 높은 경지에 이른 사람을 군자라 할 수 있기에 너무 현실과 거리가 멀다 느낄지 모르겠다. 그러나 군자는 완성된 사람, 어떤 목표를 달성한 사람이라기보다는 나아짐을 멈추지 않는 사람, 비록 궁극에 이르지 못할지라도 이상을 향하여 끊임없이 정진하는 사람이다. 어쩌면 정상에 등정한 '이룬 사람'보다, 삶을 다할 때까지 더 높은 이상을 추구하며 '도전하는 사람'이 진정한 군자의 모습이 아닐까 싶다.

〈논어〉에 실린 훌륭한 리더의 본분을 살펴보자.

『훌륭한 리더는 근본에 힘쓰니, 근본이 바로 서면 리더십이 충실해진다. 사람을 섬기고 존경하는 마음이 인을 행하는 근본일 것이다.』

君子務本군자무본 本立而道生본립이도생 孝弟[1]也者효제야자 其爲仁之本與[2]기위인지본여 〈학이편〉

군자무본. '군자는 근본을 확립하는 데 힘써야 한다'는 말인데, 여기서 근본이라 함은 인본人本, 즉 사람의 근본을 뜻한다. 인본이라는 말은 이인위본以人爲本, 사람으로서 근본을 삼는다는 말을 줄여서 표현한 것이다. 유기의 기본정신은 사람이 주체가 되어 세상의 질서를 바르게 하는 것이므로 사람을 모든 것의 기본이자 중심으로 본다. 더욱

---

1) 弟-공경할 제(悌)와 동의어
2) 與-가정을 뜻하는 어조사 여(歟)와 동의어. ~일 것이다

이 군자를 논하면서 사람의 근본을 확립하는 것을 군자다움의 출발점으로 본 것은 지극히 당연한 선언이라 하겠다. 군자무본, 이 네 글자에 훌륭한 리더의 모든 것이 담겨 있다 해도 과언이 아니다.

본립이도생. 사람의 근본이 바로 서면 도가 충실해진다는 뜻이다. 중국 고전에서 자주 등장하는 '도'의 개념은 다양한 의미를 지니고 있다. 유가에서는 '인간의 도리'라는 말로, 도가道家에서는 '만물의 근원에 작용하는 보편적 원리'라는 의미로 해석한다. 또 병가兵家에서는 도를 직접적으로 '군주나 장수의 영도력'이라 설명하고 있는데, 이러한 관점을 종합하여 이 글의 중심주제인 '리더십'이라 해석해도 좋을 듯하다. 도든 리더십이든 그 핵심은 개인이 추구할 덕목이면서 동시에 이상사회의 실현이기도 하다는 점이다. 개인이 추구하는 가치와 이상이 온전한 것이 되려면 그가 속한 공동체도 그 가치와 이상을 지향하여 서로 부합할 때 개인도 공동체도 함께 발전할 수 있다. 유가는 특히 이 개인과 공동체의 유기성을 중시한다.

유가는 인간의 근본을 관계 중심으로 설명한다. 수직적 인간관계를 효孝라 하고, 수평적 인간관계를 제弟라 칭하면서 상하, 내외, 이웃 간의 사랑과 존경을 인간의 근본으로 든다. 그리고 효제가 바로 덕행의 중심개념인 인仁을 실천하는 근본임을 강조한다. 즉, 리더십은 훌륭한 리더의 인한 마음에서 비롯됨을 설명하는 문장이다.

인仁은 명사로 씨앗, 사람, 사람의 본질, 사람의 마음, 사람 사이의 관계를 의미하고 동사로는 어질다, 사람으로 대접한다는 뜻을 가지고 있다. 인이라는 글자는 사람人과 둘二의 형성자인데, 두 이는 하늘과 땅을 의미한다.

대표 훈訓인 어질다는 말은 '하늘 같고 땅 같다'는 뜻이다. 하늘은 만물을 포용하고 땅은 만물을 생장시킨다. 하늘과 땅을 닮은 사람의 마음이 인이다. 이렇듯 인이 여러 가지의 뜻으로 쓰이지만 이를 종합하여 '사람 사이의 아름다운 관계'로 이해할 수 있다.

〈논어〉 전편에 걸쳐 1할 이상을 차지하는 논제가 '인'인데 대화의 상대에 따라, 대화의 상황에 따라 각기 다른 설명을 하고 있다. 그중에 대표적인 몇 가지를 살펴보자면,

다른 사람을 사랑함 愛人애인,

정성을 다함 忠충,

자기를 미루어 다른 사람을 헤아림 恕서,

자기를 넘어서서 관계를 돌아봄 克己復禮극기복례

원치 않는 것을 베풀지 않음

己所不欲勿施於人기소불욕물시어인,

삼가고 말을 아낌 愼신, 其言也訒[1]기언야인

어려운 일을 먼저 하고 얻음을 뒤로 함 先難而後獲선난이후획

자기가 서고자 하면 남을 세워 주고, 자기가 이르고자 하면 남을 이르게 함

其欲立而立人기욕입이입인 其欲達而達人기욕달이달인 등이다.

이상의 인에 대한 설명을 하나로 묶으면 일상에서 접하는 익숙한 장면이 그려진다. 두 사람이 마주 앉아 다과를 들면서 이야기를 나누

---

1) 訒-말더듬을 인. 여기서는 '함부로 말하지 아니하다'는 의미로 쓰인 것임

고 있다. 그러다 마지막 남은 한 조각의 음식 앞에서 서로 '마저 드시라'며 양보하고 있다. 이 장면을 우리 문화를 잘 모르는 외국인은 체면이나 겉치레로 볼 수 있을지 모르나, 거기에는 나보다 상대를 배려하고 '우리'라는 공동체 의식이 인의 마음으로 작용하고 있음을 헤아릴 수 있다.

이 모든 인에 대한 설명은 결국 '사람'으로 귀결되는 공통점이 있다. 우리의 중심주제인 리더십 또한 사람을 위한, 사람의 행위라는 본질과 맥이 통함을 알 수 있다. 많은 서구의 리더십 이론과 학설에서 늘 거론되는 요소가 집단 또는 조직의 목표 달성이라는 지향점이 사람보다 우선하고, 사람은 그 수단 정도로 논의되는 점을 원점에서 다시 생각하게 한다. 사람을 도구로 조직목표가 이뤄진들 사람의 진심과 성의와 온전한 헌신을 이끌지 못하고 서로 통하지 않는다면 그 목표가 무슨 의미가 있을까?

세상의 빠른 변화만큼 직장의 환경과 일하는 방식과 사람들의 사고방식도 크게 바뀌었다. 그러나 세상이 변하고 조직문화가 바뀌더라도 사람들이 모여 사람들을 위한 일을 함께 하는 근본이야 바뀔 리 있겠는가? 리더가 안인을 추구하는 것은 사람을 중심에 두는 가치관의 반영이다. 사람을 위한 일을 하면서 사람을 근본에 두려는 철학만큼은 놓지 말자는 것이다.

인에 담겨 있는 인간의 아름다운 마음과 따뜻한 인간애를 리더십 현장에서 살아 숨 쉬게 하자. 직원에 대한 사랑의 마음이 일과 고객을 사랑하는 마음으로 퍼져 나갈 수 있도록 하자. 그래서 직장이라는 공동체부터 인간의 숨결이 통하고 온기를 나누는 삶의 터전으로 만들어 나갔으면 한다.

　오랜 세월의 풍상을 이겨 낸 고전의 바탕에는 진북眞北의 북극성처럼 인간을 향한 변치 않는 진리가 담겨 있다.

2-2

훌륭한 리더가 추구해야 할
세 가지 가치

『공자가 말하길, "군자의 도가 세 가지인데, 나는 능한 것이 없다. 인자는 근심하지 않고 지자는 의혹하지 않고 용자는 두려워하지 않는다".』

子曰자왈 君子道者三군자도자삼 我無能焉아무능언 仁者不憂인자불우 知者不惑지자불혹 勇者不懼용자불구 〈논어 헌문편〉

〈논어〉의 여러 군데에서 군자의 바른 도리道와 그 실천덕목德이 등장한다. 이른바 군자삼도君子三道[1]라 불리는 지인용知仁勇의 함양과 실천이다. 이는 인간의 정신 능력의 세 가지, 즉 지정의知情意로 구분한 현대적 개념을 넘어서는 바람직한 인격 형성의 요소들이다.

지도知道는 머리, 지혜를 의미한다. 이성적 판단력과 사리분별의 슬기를 말하는데, 지덕이 있어야 미혹됨이 없고 상황을 정확히 인지하고 당면한 문제와 앞날을 예측하고 대응할 수 있다. 현대 비즈니스에서 지도는 생존의 조건이요, 경쟁력의 핵심이자 전략의 원천이라 할 수 있다.

---

1) 도리는 실천을 전제로 하므로 '군자삼덕君子三德'이라고 표현하기도 함

인도仁道는 가슴, 따뜻한 마음을 의미한다. 사랑하고 베푸는 것이고 성실함과 너그러움을 일컫는데, 인덕이 있다 함은 사사로운 욕심이 없고 각박하지 않으며 긍정의 마음으로 사람을 포용하는 것을 말한다. 개인주의의 팽배와 지나친 경쟁구도가 인덕의 소중함을 후순위로 밀려나게 한 현실이 안타깝다. 인류와 생태계의 미래를 위해 회복하고 중진시켜야 할 덕성이 아닐까 싶다.

용도勇道는 의지, 실행을 의미한다. 확신을 갖고 용단하고 의로움을 행하는 능력을 이름인데, 힘을 지니며 그 힘을 써야 할 때 발휘하는 것이다. 그리고 어렵지만 도전하고 두렵지만 결행하는 의지력을 뜻한다. 빠른 세상의 변화와 불확실한 미래에 맞서 기회를 포착하고 행동화하는 비즈니스 능력을 대변하는 덕성이라 할 수 있다. 지덕을 지닌 사람을 영英이라 하고 용덕을 지닌 사람을 웅雄이라 하며, 지덕과 용덕 그리고 사람을 아끼고 존중하는 인덕까지 갖춘 사람을 군자라 일컫는다.

이 세 가지 도는 군자가 추구해야 할 수양과 모범의 과제이자 바람직한 리더가 일상에서 덕을 행하는 방법론이기도 하다. 그런데 이 삼도 중에 어느 것이 가장 우선할까? 공자는 인을 가장 중요한 덕목으로 들었다. 사리事理를 밝히는 것보다, 의리義理를 행하는 것보다 사람이 지닌 본연의 마음바탕인 인도人道를 따르는 것이 먼저임을 강조한 것이다. 이는 동시에 천리天理를 따르는 것이기도 하다. 하늘이 준 사람의 어진 마음을 깨닫고 사람들과의 아름다운 관계를 발현하는 것이 가장 소중하다는 의미다. 비즈니스를 성사시키기 위해서는 명석한 머리도 있어야 하고, 투철한 의지로 난관을 극복하는 것도 중요하지만 조직을 이끄는 리더가 지향할 최상의 가치는 세상과 사람을 긍정하고 이상을 함께 이루려는 따뜻한 마음이라는 뜻으로 이해된다.

그러면서 공자 자신은 이 군자의 삼도에 능한 것이 없다고 스스로를 낮추어 말하였다. 물론 이 말에 대해 자공子貢이 부연했듯이 "선생님께서 다 갖추셨음에도 다함이 없기에 능한 것이 없다고 겸사謙辭로 말씀하신 것이다"라고 했지만, 그만큼 삼도를 이루는 것이 쉽지 않음을 강조한 것이라 볼 수 있다.

지인용 삼도는 기독교 기도문에서도 발견된다. 의미는 다르지만 삼자의 균형을 읽을 수 있어 흥미롭다. 미국 신학자 라인홀트 니버 Reinholt Niebur의 '평온을 구하는 기도'의 첫 번째 연은 다음과 같다.

『주여, 제 힘으로 변화시킬 수 없는 것을 그대로 받아들일 수 있는 마음의 평온을 주시고, 제 힘으로 변화시킬 수 있는 것은 바꿀 수 있는 용기를 주시옵소서. 그리고 이 둘을 분별할 수 있는 지혜를 허락해 주소서.』

그런데 군자를 추구하는 사람에게 군자로서 격을 갖추게 하는 또 하나의 특별한 과업이 있다. 그것은 '호학好學'이다. 이는 학문하기를 좋아하는 마음인데 단지 배우는 것만 뜻하는 것이 아니다. 더 나은 사람이 되려고 노력하고 반성하는 품성이자 애써 실천하는 마음가짐을 의미하는 것이다. 〈논어〉의 또 다른 장에서 호학의 중요성을 이렇게 강조한다.

『태어나기를 너그럽고 따뜻한 품성을 지녔다 해도 배우기를 좋아하지 않으면 어리석어 제대로 지키지 못하게 되고, 선천적으로 좋은 머리를 타고났고 또 해박한 지식을 지녔다 해도 호학하지 않으면 방탕하게 된다. 그리고 타고나기를 담대하고 용맹스럽다 해도 학문하기를 좋아하지 않는다면 힘을 함부로 행사하여 세상을 어지럽히고 난폭한 행동으로 폐해를 끼치게 된다.』

好仁不好學호인불호학 **其蔽也愚**기폐야우 **好知不好學**호지불호학 **其蔽也蕩**기폐야탕 **好勇不好學**호용불호학 **其蔽也亂**[1]기폐야난 〈**陽貨**양화편〉

이렇듯이 군자는 타고난 자질보다 끊임없이 학문을 닦고 덕행을 실천하는 사람이어야 함을 강조하고 있다.

이 시대의 군자, 즉 훌륭한 리더를 지향하는 사람도 마찬가지다. 맡은 바 직무를 수행하는 가운데 지인용의 삼도를 실천하여 덕을 기르고養德 그 균형을 이루도록 노력해야 할 것이다. 그러면서도 늘 배우고 익히기를 게을리하지 않아야 한다.

지知는 업무 수행에 필요한 지식과 변화하는 환경에 선견력과 통찰력을 날카롭게 벼리는 것이다. 그러나 지성에만 너무 치우치지 않아야 한다. 이 시대의 진정한 리더는 인仁의 따뜻한 감성으로 관련된 사

---

[1] 〈양화편〉에는 원래 육언육폐六言六蔽라 하여 지인용 삼도 외에 세 가지를 더 논의했다. 참고로 나머지 삼언삼폐를 간략히 소개한다. "믿음(信)만 좋아하고 배우기를 좋아하지 않으면 해치게 되고(賊), 곧음(直)만 좋아하고 호학하지 않으면 급하게 되며(絞), 굳셈(剛)만 좋아하고 학문하기를 좋아하지 않으면 경솔하게 된다(狂)."

람들과 소통하며 뜨거운 가슴으로 비전을 갖게 하는 사람이다. 나아가 미래를 향해 두려움을 무릅쓰고 새로운 도전을 결행하는 용勇으로 구성원이 믿고 따르게 하는 사람이다. 세 가지 도를 실천하는 능력을 기르고 학문에 정진하는 자세가 리더의 본분이요, 그것의 현장 실천이 리더십의 발현이다.

훌륭한 리더가 지향할 세 가지 가치는 학문으로 완성된다 했다. 그리고 인생의 연륜이 깊어질수록 인격의 성숙 또한 멈추지 않는 학문을 통해 다가갈 수 있음을 알았다. 이제 남은 과제는 실천이다.

『아는 것이 어려운 일이 아니라, 어떻게 실천하느냐가 어려운 것이다.』
非知之難也비지지난야 處知則難也처지즉난야

〈한비자 세난說難편〉의 통렬한 지적은 리더가 넘어야 할 마지막 산이 무엇인지를 분명히 말해 준다.

2-3
서로 가르치고 배우며 함께 성장한다

리더는 구성원을 가르치는 위치에 있다. 일을 가르치고 팀 워크를 가르치고 조직 문화를 가르친다. 그러면서 동시에 배우는 입장에 있기도 하다. 세상의 빠른 변화는 경험만으로 대응할 수 없기에 일의 전문성을 높이기 위해 지식과 기술을 배워야 하고, 가치관이 다른 젊은 이를 이해하기 위해 소통의 방식을 배워야 하고, 자기 중심성을 넘어서기 위해 리더십을 연단해야 한다.

때로는 'ㅇㅇ인류'니 'ㅇㅇ세대'니 하며 불리는 젊은 사람들의 사고와 행동양식에서 강한 이질감을 느끼며 세상의 변화를 배우기도 하고, 신학문을 익힌 새내기 구성원으로부터 새로운 도구나 방법을 배워야 할 경우도 있다. 이렇게 리더와 구성원은 조직에서 일을 매개로 만나 서로 배우고 가르치며 함께 성장을 돕는 관계에 있다.

가르치고 배우는 것은 리더와 구성원의 관계에 국한되지 않는다. 피터 드러커 교수는 기업에 대해 이렇게 말한 바 있다. "모든 기업은 배우는 기관learning institution이자 가르치는 기관teaching institution이다. 배우고 가르치는 것은 구성원의 성장과 발전을 지원하는 경영수단 정도가 아닌 기업의 본원적인 목적이어야 한다." 실제로 많은 현대 기업 조직은 공적 교육기관인 학교보다 더 오래, 더 깊게 일과 사람과 세상을 배우고 가르치는 역할을 수행하며 시대와 사회를 비추는 존재로 발전하고 있다.

〈예기禮記〉에 이른바 교학상장敎學相長의 명문이 있다.

『비록 맛난 음식이 있어도 雖有嘉肴수유가효
먹지 않으면 그 진미를 알 수 없고,
不食不知其旨也불식부지기지야
비록 지극한 진리가 있어도 雖有至道수유지도
배우지 않으면 그 좋음을 알 수 없다.
不學不知其善也불학부지기선야
그러므로 배운 후에 부족함을 알고,
是故시고 學然後知不足학연후지부족
가르친 후에 곤궁함을 안다. 敎然後知困교연후지곤
부족함을 안 후에야 知不足然後지부족연후
능히 자신을 돌아보고 能自反也능자반야
곤궁함을 안 후에야 知困然後지곤연후
능히 스스로 강해지므로 能自强也능자강야
가르치고 배우며 함께 성장하는 것이다.
故曰고왈 敎學相長也교학상장야』

〈학기學記편〉의 내용인데, 배움과 가르침의 도, 즉 교학의 어려움과 즐거움과 줄탁동기啐啄同機[1]의 합심과 협력을 잘 표현한 문장이다. 미국의 교육학자 에드거 데일Edgar Dale도 마치 〈예기〉를 배운 듯 '교학의 원리'에서 같은 이치를 충실히 제시하고 있다.

〈서경書經〉에도 비슷한 내용이 등장한다. "가르치는 것이 최선의 학습" 즉, "효학반斅[2]學半"이라는 구절이 〈열명說命편〉에 나온다. 이렇듯 리더는 지도자이면서 동시에 학습자여야 한다.

모르면 모른다고 말할 수 있어야 한다. 리더라 해도 어찌 다 알 수 있는가? 모르는 것이 자랑은 아니지만 그렇다고 부끄러운 일도 아니다. 그러나 모르면서 아는 체하는 것은 무식한 것 보다 더 위험하고 상하 간의 신뢰마저 깨뜨리게 한다.

〈논어 위정爲政편〉에 공자가 자로에게 가르침을 주는 내용이다.

자로가 공자의 제자가 되어 얼마 되지 않았을 때의 일이다. 자로가 동료와 함께 토론하다가 모르는 것을 아는 체하였다. 그것을 본 공자는 자로를 불러서 말했다.

『자로야. 내 너에게 앎이 무엇인지 가르쳐 주마." "예, 선생님." "아는 것을 안다고 하고, 모르는 것을 모른다고 하는 것이 곧 앎이니라."』

知之爲知之지지위지지 不知爲不知부지위부지 是知也시지야

모르면 배워야 한다. 경우에 따라서는 구성원에게 물어서라도 배우

---

1) 啐啄同機-啐는 소리 줄(맛볼 쵀), 쫄 탁. 알에서 나오기 위해서 어미 새와 새끼가 안팎에서 서로 쪼아 도움. 동시라고 하지만 先啐補啄이 순리임. 즉 알을 깨고 나오려 할 때 돕게 됨
2) 斅-가르칠 효

려는 자세를 놓지 않아야 한다. 아랫사람에게 묻는 것은 부끄러운 일이 아니다不恥下問. 오히려 솔직한 리더의 인간적 측면을 나눌 수 있고 함께 배우고 나아지려는 성장의지를 교감하는 계기가 될 수 있다.

배우고 가르치며 리더가 명심해야 할 마음가짐을 〈순자荀子 권학勸學편〉에서 만날 수 있다.

첫째, 학습하기 좋은 환경여건의 형성이다.

『함부로 자라는 쑥도 곧게 자라는 삼마 속에 있으면 도와주지 않아도 곧게 자라게 되며, 흰 모래가 개흙 속에 묻히면 개흙과 함께 검게 변하게 마련이다.』

蓬生麻中봉생마중 不扶而直불부이직 白沙在涅[1]백사재열 與之俱黑여지구흑

무엇보다 중요한 것은 건강한 조직 문화를 만들어 가는 것이다. 진취적인 기풍과 서로 아끼고 협력하는 문화를 구축하고 이어 가야 한다.

둘째, 단기 성과와 뛰어난 개인의 독주보다 지속 가능성과 팀워크를 지향하는 것이다.

『천 리 길도 한 발 한 발 내디뎌야 도달할 수 있으며, 큰 강도 작은 냇물이 모여서 만들어진다. 아무리 훌륭한 명마라 하더라도 한달음에 열 걸음을 뛰어넘을 수 없고, 아무리 느리고 둔한 말이라도 열흘 길을 계속 가면 명마가 하루에 달린 거리쯤은 충분히 따라갈 수 있는 법이다. 이는 도중에 포기하지 않고 꾸준히 가기 때문이다.』

---

1) 涅-개흙 열(갯바닥이나 늪 바닥에 있는 거무스름하고 미끈한 고운 흙)

不積頀¹⁾步부적규보 **無以至千里**무이지천리 **不積小流**부적소류 **無以成江河**무이성강하 **騏驥**²⁾**一躍**기기일약 **不能十步**불능십보 **駑馬十駕**³⁾노마십가 **功在不捨**공재불사

조직 활동은 몇몇의 스타 플레이어에 의존하여 승부를 겨루는 단기전이 아니다. 더 멀리 더 오래가려면 평범한 구성원이 팀을 이뤄 물결처럼 함께 가는 것이 더욱 소중하다는 말이다.

셋째, 리더는 훌륭한 롤 모델이 되어야 한다.

『재목은 먹줄을 써서 비로소 곧게 자를 수 있고, 쇠붙이는 숫돌에 갊으로써 예리하게 날을 세울 수 있다.』

木受繩⁴⁾**則直**목수승즉직 **金就礪**⁵⁾**則利**금취려즉리

리더는 먹줄과 숫돌과 같은 존재다. 스스로를 바르게 함으로써 사람을 바른길로 안내하고, 자기의 역량을 베풀어 구성원의 잠재된 가능성을 실현하게 한다. 이렇듯 좋은 지도자를 통해 갈고 닦음으로써 역량뿐 아니라 바른 품성까지 지닌 인재로 성장하게 된다.

넷째, 구성원이 리더를 능가하는 유능한 인재가 되도록 육성한다.

『푸른색은 쪽풀에서 취했지만 쪽빛보다 더 푸르고, 얼음은 물로 이뤄진 것이지만 물보다 더 차다.』

青取之於藍청취지어람 **而青於藍**이청어람 **氷水爲之**빙수위지 **而寒於水**

---

1) 頀-반걸음 규(跬와 동자)
2) 騏-준마 기, 驥-천리마 기
3) 駑-둔한 말 노, 駕-멍에 가, 十駕-열 번 멍에를 맨다. 즉 열흘 길을 간다는 의미
4) 繩-노끈 승, 먹줄 승
5) 礪-숫돌 려

이한어수

같은 맥락으로 중국인이 자주 인용하는 격언에 『장강의 뒷물결이 앞물결을 민다』라는 표현도 있다. 〈증광현문增廣賢文〉[1]

長江後浪推前浪장강후랑추전랑

세대 교체를 의미하기도 하지만 선배를 능가하는 후배의 출현을 고대하는 말이기도 하다.

선배의 진정한 기쁨은 후배가 자신을 넘어서는 훌륭한 성과를 이루는 것을 지켜보는 것이다. 요즈음 직장은 개인성과급제, 연봉제 등으로 경쟁을 유발하는 분위기가 적지 않은 상황이다. 그러다 보니 선배는 후배를 견제하고, 후배는 선배를 어떻게 하든 이기려 드는 분위기도 있긴 하다. 그러나 그런 상황에서는 진정한 팀워크는 발휘될 수 없다. 조직 활동은 근본적으로 혼자 할 수 없는 일이다. 아무리 뛰어난 개인이 있다 해도 팀으로의 집단성과를 얻을 수 없다면 조직은 역시 너지를 내는 결과에 이를 수밖에 없다. 그래서 이 문제를 보완하기 위해 팀 성과급제와 포지티브 평가시스템을 동원하지만, 근본적인 해법은 화리和理[2]와 상리공생의 건전한 조직 문화를 구축하는 것이다.

리더십은 리더 자신의 인격과 능력을 배양하는 것으로 그치지 않는다. 자신과 함께 일하는 구성원을 또 다른 리더로 키우는 것으로 완성

---
1) 增廣賢文-명대의 격언집. 〈명심보감〉, 〈채근담〉과 더불어 중국의 3대 격언집이라 일컬음
2) 和理는 동양의 전통 사상으로 대자연의 질서처럼 전체적인 조화와 균형을 추구함을 의미하며 서구의 합리를 보완하는 개념임

된다. 그 과정이 진정한 교학상장의 의미다. 리더를 키우는 수퍼리더를 지향할 때, 사람도 크고 조직도 크고 사회도 함께 성장할 수 있다.

2-4
시중의 리더, 시중의 리더십

『어느 날, 자로子路가 급히 들어서더니 스승께 여쭈어보았다. "선생님, 옳은 말을 들으면 곧 그대로 실천하여야 합니까?"

공자는 지그시 자로를 바라보며 조용히 말했다. "어찌 집안의 어른께 여쭈어보지도 않고 들은 대로 곧 행한다는 말이냐? 어른의 의견을 여쭈어본 후에 행하여라." 자로가 예를 표하고 물러난 지 얼마 안 되어, 이번에는 염유冉有라는 제자가 들어와서 공교롭게도 같은 내용을 여쭈어보았다.

"네가 생각해 보아 옳다면 들은 대로 곧 행하도록 하라." 염유가 물러가자, 이 광경을 지켜보고 있던 공서화公西華라는 제자가 의아한 생각에 스승께 여쭈어보았다.

"선생님 말씀을 이해할 수가 없습니다. 자로에게는 어른께 여쭈어본 뒤에 행함이 옳다 하시고, 염유에게는 들은 대로 곧 행하라고 말씀하시니, 저는 의혹되어 감히 묻습니다."

공자가 빙그레 웃으며 말하길 "이상하게 생각할 것 없다. 염유는 행동하기를 주저하고 물러나기를 잘하므로 과단성 있게 나아가 실행하게 한 것이고, 자로는 의협심이 앞서고 성급하게 행동하기에 물러나 신중히 행하라고 가르친 것이니라."

"선생님의 깊은 뜻을 비로소 알겠습니다." 공서화는 스승의 가르침에 새삼 감탄하였다.』

子曰자왈 **求**[1]**也退**구야퇴 **故進之**고진지 **由**[2]**也兼人**유야겸인 **故退之**고퇴지

〈논어 선진先進편〉에 나오는 대화의 내용이다.

공자의 가르침은 그 대상의 입장과 필요와 성품까지 모든 상황을 감안한 개별 맞춤형이다. 시쳇말로 커스터마이즈다. 제자의 질문에 대해 각각의 개인차와 특성에 따라 제각기 다른 응답을 주어 그들의 성장을 이끈 지도방식이 넘치지도 모자라지도 않는다.

〈맹자 공손추장구상公孫丑章句上〉에 『비록 좋은 농기구를 가지고 있더라도 때를 기다려 농사짓는 것만 못하다』는 구절이 있다.

雖有鎡基[3] 수유자기 **不如待時**불여대시

아무리 좋은 종자에 훌륭한 농기구를 갖추고 있어도 제철에 심고 거두지 않으면 옳은 결실을 얻을 수 없다 함은 '때'가 능력보다 중요하다는 말이다.

맹자는 공자를 일컬어 '때를 아는 성인聖之時者'이라 하였다. 때란 '천지운행의 알맞은 이치에 따라 정당한 시기와 놓여진 상황과 특성에 맞음'이다. 예를 들어 귤나무를 보자. 정당한 시기란 계절의 변화에

---

1) 求-염유의 이름
2) 由-자로의 이름. 兼人-보통 사람보다 (의협심이) 뛰어남
3) 鎡基-호미 자, 쟁기 기(錤)

따라 꽃이 피고 열매를 맺는 시기가 따로 있고, 귤이 잘 열리고 맛이 좋은 풍토가 따로 있다는 의미다. 귤나무에 여러 품종이 있고 잘 자라는 때와 풍토가 따로 있듯이 자로와 염유가 다른 천성의 소유자로서 그 개성은 서로 다를 수밖에 없다. 공자는 때에 맞추듯 제자의 품성에 따라 그 필요에 부응하는 가르침을 준 것이다.

때에 맞음을 시중時中이라 하는데, 이는 단지 '때의 맞춤'의 의미가 아니라 천지의 화육化育(하늘과 땅의 자연스런 이치로 모든 생명을 만들고 기름)에 사람의 겸손한 참여로 상리공생相利共生을 이루는 것을 의미한다.

맹자는 〈맹자 양혜왕장구상〉에서 왕도王道를 화육과 상리공생의 이치로 설명했다. 혜왕에게 바른 정치를 권하며 다음과 같이 말한다.

『때를 어기지 않고 농사를 지으면 다 먹지 못할 만큼 넉넉히 거두게 될 것이고, 빽빽하지 않은 그물로 고기를 잡으면 다 먹지 못할 만큼 많아질 것이며, 도끼로 나무를 베되 때에 맞춰 숲을 드나들면 재목을 다 쓸 수 없게 될 것입니다. 다 먹지 못할 만큼 땅의 것과 물의 것이 넉넉하고 재목 또한 쓰고 남으면, 이는 백성으로 하여금 산 사람을 봉양하고 죽은 사람을 모시는 데 유감스럽지 않게 하는 것이니 이것이 왕도의 시작입니다.』

不違農時불위농시 穀不可勝食也곡불가승식야…… 是使民養生喪死無憾也시사민양생상사무감야 養生喪死無憾양생상사무감 王道之始也왕도지시야

맹자의 논설은 명쾌하면서도 천지의 이치와 인도人道를 거스르지

않는다. 자연을 아끼면서 사람도 더불어 사는 바탕은 바로 '시중'에 있다는 명언이다.

서구의 리더십 이론에 '상황대응론situational theory'이 있다. 허시P. Hersey와 블랜차드K. Blanchard가 개발한 이론으로, 과업과 사람과 이들을 둘러싼 상황의 대응을 추구하는 리더십 모델이다. 간략히 요약하면 '유일 최선의 리더십은 존재하지 않으며, 리더와 구성원 그리고 조직이 처한 상황에 최적화하는 리더십이 바람직하다'는 것이다.

이 모델은 조직의 상황은 늘 변화하기 마련이고 그 변화에 대응하는 방식도 유연해야 함을 강조한 모델이다. 특히 구성원의 성숙도 변화에 대한 민감한 인식과 그들의 성장을 이끄는 리더십의 중요성을 역설한다. 꽤 합리적이고 정교한 논리로 우리 비즈니스 현장에서도 폭넓게 활용하고 있다.

공자는 이 상황대응 리더십을 이미 2천5백년 전에 제자의 성품에 따라 구현한 것이다. 이른바 '시중의 리더십'이다. 앞서 얘기한 '인'에 대해서도, '군자'에 대해서도 또 '정치'에 대해서도 묻는 상대가 제자이든, 정치가이든 그 사람의 수준에 맞고, 그 사람이 놓인 상황에 맞는 길을 제시하였다. 개개인의 특성에 부응하면서도 화육이라는 천도와 상리공생이라는 인도까지 함께하였으니 '때를 아는 성인'이란 표현이 참으로 적절하다.

'시중의 리더'란 단지 현재 놓인 상황에 잘 대응하는 리더를 의미하지 않는다. 구성원의 특성을 이해하는 데서 그치는 것이 아니라 변화를 주도적으로 펼치도록 이끄는 리더다. 일과 구성원을 알고 잘 대응하는 것을 넘어, 일의 발전과 구성원의 성장을 이루는 리더이기에 '시중의 리더'라 하는 것이다.

농사에 좋은 도구보다 생명의 본성을 헤아리고 그것을 때에 맞춰 펼칠 수 있게 하듯, 각자가 지닌 재능과 실력을 이해하고 그것을 발현할 수 있도록 적시적절히 돕는 것이 중요하다. 재능과 실력을 더욱 갈고 닦아 기회가 왔을 때 꽃피울 수 있도록 준비하게 하고 결정적 순간에 개화하도록 이끄는 것이 리더의 역할이다.

시중의 리더는 부단한 학습을 통해 자신의 능력을 심화할 뿐 아니라 기꺼이 구성원을 가르쳐 키우며, 구성원을 진심으로 아끼며 인격적으로 성숙하도록 지극한 관심을 쏟는 사람이다. 공자와 같은 성인의 경지를 따르기엔 분명 어려움이 있다. 하지만 그저 그런 관리자로 자신의 안위를 우선하고 자리만 보전하는 것으로 자신의 격을 스스로 낮추지 않길 바란다. 리더로서 자신의 품격을 한 치만 더 높여 보길 권한다. 조금만 더 좋은 리더를 지향해 보자는 거다. 단지 직장에서 살아남고 주어진 일을 근근이 추스르는 수준에 자신의 역할과 가능성을 가두지 않았으면 한다. 하늘의 도리인 화육과 사람의 도리인 상리공생을 실현하려 애쓰는 멋진 리더를 꿈꿔 보자.

2-5

신뢰는 사람의 바탕, 나라의 근본

『진문공晉文公이 원原땅을 공격하기 위해 열흘 치의 군량을 준비해서 대부들과 나섰다. 원에 이른 지 열흘이 지나도 원이 함락되지 않자 출전 시에 언명한 대로 군대를 철수하려 했다. 원에서 도망쳐 나온 군사가 말했다. "원은 사흘이면 곧 함락될 것입니다." 여러 신하들도 좌우에서 간했다. "원은 식량이 바닥났고 힘도 다했으니 잠시만 더 기다려 주십시오."

그러나 문공은 이렇게 말했다. "내가 병사들과 열흘을 약속했는데 기한이 다 됐음에도 철수하지 않는다면 이것은 나의 신뢰를 잃는 것이다." 그리고 마침내 군사를 거두어 환궁했다.

원에 사는 사람들이 이 말을 듣고는 "임금이 저와 같이 신의가 있다니 진정 따르지 않을 수 없구나"라고 하더니 문공에게 문서를 바쳐 항복하였다. 위衛에 사는 사람들도 이 말을 전해 듣고 "임금이 저처럼 신의를 지키다니 참으로 따르지 않을 수 없구나"라면서 문공에게 항복하였다.』

〈韓非子한비자 外儲說左上외저설좌상〉

수단과 방법을 가리지 않고 상대를 무찌르고 강탈해야 할 전쟁이라는 극한상황에서, 신의를 따지는 게 마치 드라마의 한 장면 같지만 이는 역사적 사실이다.

　진문공은 제환공에 이은 춘추 두 번째 패주霸主다. 무려 19년간 8개국을 떠돌며 고난의 망명 생활을 했지만 왕자로서의 품위와 신의를 지키며 이겨 냈다. 열국 군주들의 후원과 귀국을 고대하는 민심에 힘입어 마침내 그는 고국으로 돌아와 군위에 오를 수 있었고, 전장에 나서며 군사들과 약속한 바를 지킴으로써 주변국의 자발적 투항으로 패주의 대업을 이룰 수 있었다.

　망명 시절 초성왕楚成王이 베푼 은혜에 보답하고자 약조했던 내용을 지킨 일화도 유명하다. 후일에 만약 초나라와 전쟁을 하는 불가피한 사태가 발생하게 될 때, 사흘의 행군거리를 양보[1]하겠다고 한 약속을 성복城濮전투에서 그대로 지킨 것이다. 이처럼 언명하고 약조한 사항은 반드시 지킨 신의가 그의 이름을 후대에 오래도록 남게 하였다.

　『촉한蜀漢 건흥 9년, 승상 제갈량諸葛亮은 다시 북벌을 위해 기산祁山으로 진군하였다. 그러나 대치가 길어지면서 촉군에 복무 약속 기간이 끝난 상당수의 병사를 고향으로 돌려보내야 하는 문제가 발생했다. 가뜩이나 중과부적의 열세에 몰려 있는 가운데 전역군사마저 빠져나가면 승전의 가능성은 기대할 수 없는 상황이었다.

　대부분의 장수들은 제갈량에게 복무 기간을 조금만 더 연장하여 전쟁을 마무리 지은 후에 병사들을 전역시키자고 제안했다. 하지만 제갈량은 일언지하에 거절했다. "군대를 통솔하려면 반드시 약속을 지켜야만 하오.

---

1) 이를 퇴피삼사退避三舍라는 성어로 전함. 舍-군대의 하루 행군 거리. 1사=30리

내 어찌 지금 당장 필요하다고 해서 병사들의 믿음을 저버릴 수 있겠소? 게다가 복무 기간이 끝난 병사들의 마음은 이미 활시위를 떠난 화살과도 같은 것이오. 그들의 부모나 처자식도 그들이 돌아오기만을 손꼽아 기다리고 있을 것이오."

체념하고 풀 죽어 있던 병사들은 약속을 지키는 제갈량에게 감동해 눈물을 흘리며 전쟁이 끝날 때까지 돌아가지 않기를 서로 다짐했고, 그 기세를 몰아 위魏의 선봉부대를 무찌르고 대승을 거두었다.』

〈삼국지 촉서蜀書〉의 일화다.

진문공의 신의는 천하패도를 앞둔 승자의 여유라 볼 수도 있다. 그러나 제갈량의 약속 이행은 절대 강자를 상대로 하는 교전 중의 일이기에 더욱 어려운 결단이다. 교토京都대 교수 야마자키 이치시다宮崎市定는 삼국 시대 당시 위와 촉의 군사력, 국토, 인구 수의 비중을 6~7:1로 보고 있다. 참으로 힘겨운 상황이지만 선제 유비의 유훈을 받들어 자신의 생전에 한실 부흥을 이루려 애를 쓰는 과정에서도, 병사들과의 약속을 지키는 제갈량의 정치철학을 엿볼 수 있는 장면이다. 10년 가까이 계속되는 전쟁에서 백성들에게 조세 부담이나 부역이 작용하기 마련인데, 백성으로부터 위정자에 대한 원망이 없었다는 것은 그만큼 국가 경영이 공명정대하고 신뢰할 수 있었다는 의미다.

신뢰에 관한 이야기를 하나 더 보자.

『맹자의 어머니 장 씨는 맹자가 어릴 때 남편을 여의고 여러 곳을 전전하다 학사學舍 근저에 겨우 셋방을 마련할 수 있었다. 하루는 주인집에서 돼지를 잡고 있었다. 맹자가 어머니에게 와서 물었다. "주인아저씨가 왜 돼지를 잡아요?" 맹자의 얼굴에는 고기를 먹고 싶다는 기색이 역력했다. 장 씨는 엉겁결에 "응, 주인아저씨가 널 주려고 돼지를 잡는 거란다"라고 대답하였다. 그리고는 고민에 빠졌다. 장 씨는 주인이 세 들어 살고 있는 자기들을 돌아보아 고기를 얼마라도 나누어 주기만을 기다릴 수밖에 없었다. 그러나 주인네는 고기 한 점 나누지 않고 잔치를 치르고 말았다. 장 씨는 속으로 '이제 막 사물의 이치를 알아 가기 시작하는 아이에게 거짓말을 했으니 믿음도 알기 전에 불신부터 가르친 꼴이 되었구나' 하고 수심에 빠졌다.

마침내 장 씨는 분연히 일어나 시장으로 달려가서 돼지고기를 사 왔는데, 장 씨의 긴 머리카락을 잘라 마련한 것이다. 맹자는 돼지고기를 맛있게 먹으면서 밝은 표정으로 말했다. "주인아저씨가 날 생각해 주다니 꼭 아버지 같아요." 그러나 어머니가 머리를 수건으로 가리고 있었기에 머리카락을 팔아 돼지고기를 사 온 사실은 알 리 없었다.

장 씨는 "너도 이다음에 커서 주인아저씨처럼 나누어 베푸는 사람이 되어야 한다." 어머니의 말에 맹자는 힘 있게 대답했다.

다음 날 장 씨는 주인아저씨를 만나 주인께서 맹자에게 돼지고기를 준 것처럼 해 달라고 부탁하였다. 그다음 장 씨는 맹자에게 주인아저씨한테 가서 어제 고기를 맛있게 먹었다고 감사인사를 드리게 했다. 맹자는 어머니가 싸 준 기장떡을 들고 가서 주인아저씨에게 공손히 고마움을 표하고 기분 좋은 얼굴로 돌아왔다.』

〈한시외전韓詩外傳[1]〉에 전해지는 이야기다.

---

[1] 韓詩外傳-전한의 학자 한영韓嬰이 쓴 〈시경〉 해설서. 여러 가지 고사, 설화, 성어

맹자의 곧은 성품은 어머니 장 씨의 영향이 지대하다. 맹자가 어렸을 때 일찍 남편과 사별하고 어려운 환경에서도 외아들을 올곧게 키우는 데 정성을 다했던 일화는 자식을 키우는 사람들에게 큰 귀감이 된다. 무심코 뱉은 한마디에 대해서도 아이의 장래를 망가뜨리는 불신의 씨앗이 될까 염려하여 자신이 한 말에 대해 책임을 짐으로써 신뢰의 중요성을 가르친 것이다.

『어느 날 자공이 스승에게 정사政事에 대해 질문하였다.
공자가 말하기를, "정사란 양식을 풍족히 하고足食 강력한 군사력과足兵 백성들의 신뢰民信를 얻는 것이다".
자공이 다시 물었다. "만약 부득이 이 세 가지 중에서 하나를 버려야 한다면 어느 것을 먼저 버려야 하겠습니까?"
"군사를 버려야 한다去兵."
자공이 또 물었다. "만약 나머지 두 가지 중에서 어쩔 수 없이 하나를 버리지 않을 수 없다면 어느 것을 버려야 하겠습니까?"
"양식을 버려야 한다去食. 예부터 사람은 누구나 다 죽음을 겪지 않을 수 없지만, 백성들의 신뢰를 얻지 못하면 나라가 바로 설 수 없는 것이다."』

自古皆有死자고개유사 民無信不立민무신불립

〈논어 안연顔淵편〉의 내용이다.
춘추 말기의 크고 작은 제후국 간의 끊임없는 전쟁의 소용돌이 속에서 강력한 군사력은 국가 존속을 위해 첫 손에 꼽을 만한 요소나.

를 채록하여 함께 기술하였다.

족식은 경제를 의미한다. 먹고사는 문제는 예나 지금이나 국가 존속뿐 아니라 백성들의 삶에 깊숙이 영향을 미치는 근본요소가 아닐 수 없다.

그러나 버려야 할 첫 번째로 거병을 꼽은 것은 강병보다 민생을 중요하게 생각해야 한다는 의미다. 나라의 강역이 바뀌고 사직이 엎어지는 상황보다 민생이 더 귀중하다는 얘기다. 그것이 진정한 지도자의 자세다.

사람뿐이 아니다. 생명을 받고 나온 모든 존재는 살아가기 위해 먹는 문제가 불가결의 과제이지만, 동시에 죽음 또한 생명체가 면할 수 없는 숙명이다. 사람이 존귀한 것은 사람에게 먹고 사는 문제보다 더 중요한 것이 있기 때문이다. 사람으로 태어나서 사람들에게 신의를 잃는다면 비록 살더라도 차라리 죽음보다 못할 수 있다. 특히 정치지도자는 백성의 신뢰로 그 존재가 의미 있는 것이다. 신뢰를 잃으면 지도자 개인의 믿음만 깨지는 것이 아니라 공동체의 믿음이 함께 깨진다. 그러므로 국가 운영에 있어 백성의 신뢰를 잃는 것은 죽음보다도 못한 결과이기에 신뢰를 나라의 근본으로 삼아야 한다고 역설한 것이다.

공자는 선비가 마땅히 지켜야 할 조목의 하나로 『말에는 반드시 믿음이 있어야 하고, 행동에는 반드시 결실이 있어야 한다』고 했다. 〈논어 자로편〉

言必信언필신 行必果행필과

이 말단의 조목마저 지키지 못하면 선비라고조차 말할 수 없는 사람이라고 했다. 식자를 자처하고 지도자를 자임하는 사람이라면 반드시 지켜야 할 기본조건을 강조한 말이다.

  사람과 나라만이 아니다. 세상에 존재하는 모든 조직은 경쟁력, 조직 규모 등의 힘이 아니라 신뢰라는 바탕 위에서 만들어지고 성장한다. 구성원이 갖는 조직에 대한 신뢰 수준은 고객이 그 조직에 기대하는 신뢰의 바로미터로 작용한다. 눈앞의 이익에 사로잡혀 신뢰자산을 송두리째 날려 도산하거나 오너가 내몰린 기업의 사례들은 일일이 열거하기 벅찰 정도다. 신뢰는 오랜 시간에 걸쳐 축적되지만 작은 실언 하나로 하루아침에 신기루처럼 사라질 수도 있다. 그냥 사라지고 마는 것이 아니라 그 조직이 역사에서 왜, 어떻게 사라졌는지 주홍글씨로 남아 오랫동안 반면교사로 인구에 회자된다는 것을 두렵고 또 두려워해야 한다.

2-6
자신의 능력과 덕성을 헤아려 보라

리더의 기본조건은 능력과 덕성이다. 능력은 드러나는 요소인데 비해 덕성은 안으로 온축된 내용이라 밝은 눈이 아니면 제대로 헤아리기 어렵다. 능력은 경쟁력이라는 꼬리표를 달고 학위, 경력, 업적 등으로 계량화될 수 있기에 상대적 비교평가가 가능하지만, 덕성은 한 사람의 태생부터 전 생애에 걸친 삶의 철학까지를 망라한 인간적 품격의 의미를 담고 있어 평가가 쉽지 않다. 이 두 가지 요소는 예부터 재才와 덕德으로 불리며 인물 평가의 중요한 잣대로 자주 거론되는데, 요즘은 내면까지 살필 만큼 여유가 없는 인스턴트 풍조 때문인지 아니면 부박한 성적지상에 매몰된 세태 때문인지 재가 더 중시되는 분위기다.

북송北宋의 정치가 사마광司馬光이 편술한 〈자치통감資治通鑑〉에 재와 덕을 설명하고, 그 함량에 따라 인간 유형을 구분하는 내용이 실려있다.

『재는 총명하고 사리에 밝고 굳셈이요,

덕은 곧바르고 치우침이 없고 부드러움이다.』
聰察彊毅之謂才총찰강의지위재
正直中和之謂德정직중화지위덕

　당장의 드러난 문제를 해결하고 발등의 불을 끄는 데는 재가 유용하다. 그러나 옳은 길을 가고 근원을 헤아리는 데는 덕을 살펴야 함을 얘기한 것이다. 미국 서던캘리포니아대 워렌 베니스Warren Bennis 교수의 표현을 빌면 재는 일을 바르게 처리하는Doing things right 것이고, 덕은 바른 일을 하는Doing the right things 것이다. 전자는 실무자나 관리자가 일을 수행하는데 유효한 방식이라면, 후자는 경영자나 리더가 지향해야 할 마음가짐이다.

　계속해서 재와 덕의 관계를 사마광은 다음과 같이 설명한다.
『재는 덕의 밑천이요, 덕은 재의 통솔자다.』
才者德之資也재자덕지자야 德者才之帥也덕자재지솔야

　재는 덕을 자라게 하는 토양일 뿐이고, 덕 없는 재는 키 없는 배와 같기에 덕이 더욱 중요하다는 점을 강조하고 있다.
　재덕에 대해 더 가혹한 평가를 한 글도 있다.
『덕은 재의 주인이요, 재는 덕의 종이다.
　재는 있으되 덕이 없다면 집에 주인이 없고 종이 일을 제 마음대로 하는 것과 같다.』
德者才之主덕자재지주 才者德之奴재자덕지노
有才無德유재무덕 奴家無主而奴用事矣노가무주이노용사의

이는 〈채근담菜根譚 전집前集 139장〉의 내용이다.

또 서성書聖 왕희지王羲之는 제자들에게 『사람됨에 문제가 있는 자에게는 벼슬이나 재능을 전수하지 말며, 재주나 지식이 덕을 앞서게 해서는 안 된다』며 엄격한 교훈을 남겼다.

非人不傳비인부전 不才勝德부재승덕

능력이 뛰어난 사람은 자신의 유능함을 잘 알기에 함께하기보다는 독자적으로 일하기를 편하게 여기고, 우월감과 타인에 대한 신뢰가 부족하기 쉬워 더욱더 겸양과 존중과 배려라는 덕성이 필요하다. 더욱이 리더는 사람들과 함께 일을 추구하는 사람이기에 덕 없는 능력은 오히려 독이 됨을 경계한 것이다.

사마광은 재덕 여부에 따라 인간 유형을 네 가지로 구분했다.
『재덕을 다 갖춘 사람을 성인이라 하고,
재덕 다 없으면 어리석은 사람이라 한다.
덕이 재보다 뛰어난 사람을 군자라 하고,
재가 덕을 넘어선 사람을 소인이라 한다.』
才德兼全謂之聖人재덕겸전위지성인
才德兼亡謂之愚人재덕겸망위지우인
德勝才謂之君子덕승재위지군자
才勝德謂之小人재승덕위지소인

재덕을 모두 갖기를 사람들은 바라나 그럴 수 있는 사람은 아마도 하늘이 내린 사람일 것이다. 그저 생이 다할 때까지 겸전에 부단히 다가가려는 노력만으로도 충분히 아름다운 삶이라 할 만하다. 또한 자신의 재능을 스스로 발견하고 연마하면서도 재능보다 더 덕성을 키우려 애를 쓰는 사람을 군자라 하고, 많이 배우고 많이 알아도 마음 바탕이 올곧지 않으면 소인으로 본다는 말이다.

〈삼국지〉의 위촉오魏蜀吳 세 군주의 재덕을 논한 일본의 동양 고전 연구가인 모리야 히로시守屋洋는 재미있는 비교를 한 바 있다. 위의 조조는 기회 포착 능력이 탁월하고 병법에 능했으며 이해득실의 실리에 밝을 뿐 아니라, 능력 중심의 인재등용과 신상필벌을 엄격히 시행한 인물이다. 하지만 난세의 간웅이라 일컫듯 권력을 앞세워 야비한 속임수와 부도덕한 행실도 서슴지 않았던 점을 근거로 '재승덕才勝德'의 인물이라 보았다.

그런가 하면 촉의 유비는 궁벽한 왕족 출신으로 한실 부흥이라는 명분 이외에 가진 것이라고는 무엇 하나 내세울 것 없는 인물이다. 군사를 일으키고 20년이라는 긴 세월을 근거 없이 떠돈 것은 싸움에 약했고 정치적 흥정도 미숙했기 때문이다. 그런 그에게 훌륭한 인재들이 모여들고 선량한 영웅으로 역사에 이름을 남긴 것은 그가 지닌 겸양과 신의를 중시하는 인간적 매력에 힘입은 것이다. 유비는 재능은 부족하지만 사람을 진심으로 존중하고 감정 보상으로 사람들을 헌신케 하는 후덕함을 근거로 '덕승재德勝才'의 인물로 평가했다.

동오의 손권은 조조와 유비에 비하면 역사적 존재감이 떨어지는 인물이다. 조조와 유비는 혼란기에 뜻을 세워 전장에서 잔뼈가 굵은 입지전적인 창업자인 데 비해, 손권은 부형이 일군 물적, 인적자산을 물려받은 2세 경영자이기 때문이다. 또한 지리적 여건에서 보더라도 권력쟁패를 둘러싼 중원에서 한참 떨어져 있었기에 물려받은 땅을 지키려는 소극적 입장을 취하는 게 가능했다. 그러나 위와 촉이 멸망에 이른 후에도 오랫동안 오를 존속하게 했던 점에서 수성守成에는 뜻을 이뤘다고 할 수 있다. 그런 관점에서 조조, 유비처럼 재덕의 극단적인 비대칭 평가보다는, 비록 재덕의 함량은 낮지만 어느 정도 균형을 이룬 인물로 구분했다.

실제로 손권은 리더로서 조조, 유비에게 없는 강점을 두 가지 가지고 있다. 하나는 유연한 국가 경영이다. 천하 삼분 구도에서 연합전선을 형성하여 때론 조조와 합세하고, 때론 유비와 협력하며 난국을 헤쳐 나가 생존에 성공했다는 점이다. 또 하나는 인재 활용이다. 손권은 사람의 단점은 잊고 장점은 발휘하게 하는 용인술이 뛰어났다.

조조는 능력 본위의 인재 발탁으로 유명하다. 그의 인재 등용 원칙을 유재시거惟才是擧라 하는데, 사람의 명성, 평판, 품성, 출신 등을 전혀 문제 삼지 않고 오직 능력만을 선발의 기준으로 삼았다는 말이다. 이는 조조 자신의 인재관을 그대로 반영한 원칙이라 할 수 있다. 능력 있는 자는 중용하고 능력 없는 자는 몰인정하게 버리는 방법으로 경쟁을 유도했기 때문이다.

유비는 능력이 있고 없음을 떠나 모든 사람에게 은혜를 베풀고 온정주의로 감화시켰다. 손권은 조조의 강점인 능력주의와 유비의 강점인 온정주의의 양자를 다 취한 인재 등용으로 생존을 이어 갈 수 있었던 것이다.

당신은 어느 유형에 가까운가? 또 어느 유형을 지향하는가?

현실적으로 많은 사람들이 손권의 스타일을 지니고 있다고 본다. 미흡하지만 적당한 재능과 그 자리를 지킬 만큼의 작은 유덕함으로 그 역할을 수행하며 조직에서의 생존을 유지하는……. 그러나 세칭 잘나가는 사람은 조조의 재승덕을 롤모델로 삼고자 하는 것 같다. 치열한 경쟁의 세계에서 승자만이 살아남고, 철저한 계급구조에서는 지위가 힘이며 덕은 승자나 힘을 지닌 자가 과시용으로 베푸는 장식품 정도라고 주장하면서 말이다. 원래 세상이 어지러울 때는 늘 당장의 혼란을 잠재울 재가 주목받기 마련이고 재로 승기를 잡은 인물이 역사의 전면에 잠시 떠오른다. 그러나 덕이 뒷받침되지 않는 재는 또 다른 난세를 거듭할 뿐 진정한 세상의 발전을 이끄는 주역이 되기에는 미흡한 법이다.

덕이 중요하다고 말했지만 솔직히 오늘날 유비의 덕승재는 우원한 이상일지 모른다. 아니 그 옛날에도 마찬가지였을 것이다. 그럼에도 불구하고 옳음을 따른다는 대의명분을 걷어찰 순 없는 것이 리더라는 사람의 본분이다. 덕은 자기 성찰이요, 옳음을 지향하는 원칙임을 자임하는 것에서 리더다움이 시작되기 때문이다. 재가 있어야 리더의 지위에 오를 수 있는 것이 현실이다. 그러나 덕의 중요함을 헤아리고 덕을 채워 가려는 굳은 심지를 지니길 고대할 따름이다.

사마광은 인간 유형 구분의 마지막을 다음과 같이 마무리하고 있다.
『예로부터 지금까지 나라를 어지럽힌 신하, 집안을 망친 자식은 재주는 넘치나 덕이 부족하였다. 그 결과로 끝내 나라와 가문을 뒤집어 엎는 자가 많았다.』

自古昔以來자고석이래 國之亂臣국지난신 家之敗子가지패자 才有餘而德不足재유여이덕부족 以至於顚覆者多矣이지어전복자다의 〈卷一권일 周紀주기〉

2-7

강점에 집중하고
숨겨진 가치를 발견하라

조선 후기 실학자인 이익李瀷 선생 댁 마당에 감나무 두 그루가 있었다. 한 그루는 대봉시인데 한 해에 고작 서너 개 정도 열렸고 또 하나는 가지가 휘도록 달렸지만 떫고 못생긴 땡감이었다. 마당에 그늘도 많이 지고 장마 때면 마당이 늘 축축해 불만이었다. 둘 다 밉게 여긴 선생은 톱을 들고서 그중 한 그루를 베어 내려고 두 나무를 번갈아 쳐다보며 오가고 있었다.

그때 부인이 마당에 내려와 넌지시 말했다. "이건 비록 서너 개라도 대봉시라 제사상에 올리기에 좋구, 저건 땡감이지만 말려서 곶감이나 감말랭이 해 두면 우리 식구들 겨우내 먹을 만하지요……."

그리 보니 맞는 말이다. 선생은 둘 다 밉게 보았고, 부인은 둘 다 좋게 보았다. 밉게 보면 못났고, 좋게 보면 예쁜 법이다. 단점 가운데 장점을 취한 부인의 말에 선생은 톱을 거두면서, "유난취상有短取長이구려!" 하고 웃었다. 〈성호사설星湖僿[1]說 관물觀物편〉

단점이 있어도 장점을 취할 것이 있다는 깨달음이다.

---

1) 僿說-잘게부술 사, 자질구레한 말

사람에 대해서도 마찬가지다. 단점 없는 사람이 없듯이 아무리 모자른 사람이라도 살펴보면 장점이 있기 마련이다.

『군자는 남의 장점을 이루어 주며, 단점을 이루지 못하게 돕는다. 소인은 이와 반대로 한다.』

君子成人之美군자성인지미 **不成人之惡**불성인지악 **小人反是**소인반시

〈논어 안연편〉의 명문이다. 사람의 장점은 깊은 눈으로 살피는 혜안이 있어야 알아보지만 단점은 언뜻 스치는 눈길에도 거슬리기에 바로 드러나기 십상이다. 보통 사람은 장점을 인정받을 때 동기가 유발되어 혼신의 힘을 다하고, 단점을 지적받을 때 한없이 위축된다. 그래서 훌륭한 리더는 구성원의 강점 발견에 집중해서 인재로서의 가능성을 키워 주고 강점을 배경으로 성장할 수 있도록 이끌어 가는 '백락伯樂'[1]이어야 한다.

『사람을 쓰는 것은 마치 목수가 나무를 쓰는 것과 같다. 그 장점은 취하고 단점을 버려야 한다. 버드나무와 가래나무가 아름드리 거목이라면, 설혹 몇 자 정도 썩은 곳이 있다 하더라도 훌륭한 장인은 이를 버리지 않는다.』

用人용인 **猶匠之用木**유장지용목 **取其所長**취기소장 **棄其所短**기기소단

---

1) 伯樂-춘추시대에 명마를 가려 내는 안목이 뛰어났던 손양孫陽의 별명. 손양은 말을 사랑으로 다루며 명마의 가능성을 찾았다 한다. 원래는 천마天馬를 주관하는 신선을 뜻함

杞梓連抱기재연포 **而有數尺之朽**이유수척지후 **良工不棄**양공불기

〈공총자孔叢子〉와 〈십팔사략〉에 등재된 자사子思의 말이다. 재목이 그렇듯이 완벽한 사람 또한 드물다. 쓰임에 맞게 취해서 그 강점을 발휘하도록 하는 리더의 솜씨가 필요하다. 더욱이 조직의 리더가 제 입맛대로 사람을 취해 쓸 수 없는 것이 현실이지 않은가. 그렇다면 인재가 없다고 푸념을 할 것이 아니라, 있는 사람의 내면에 감춰진 강점을 찾아내고 그것을 발현하게 해야 한다. 그게 리더가 사람을 쓰는 법이다.

〈장자莊子〉에는 거대한 상수리나무 이야기가 나온다.

『그 크기는 수천 마리의 소가 쉴 만하고, 둘레는 백 아름이나 되고 높이는 산을 내려다볼 만하고, 가지 하나로도 배를 만들 정도다. 구경꾼들이 저잣거리처럼 모여 있었으나 도목수都木手 장석匠石은 눈길조차 주지 않고 그대로 지나쳐 갔다. 제자가 한참 나무를 보다가 장석에게 달려와 이르기를, "제가 도끼를 잡고 선생님을 따라다닌 이래로 이처럼 훌륭한 나무는 보지 못했습니다. 그런데 선생님께서는 제대로 살피지도 않은 채 지나쳐 가시니 어인 일인지요?"

"함부로 말하지 말아라. 아무 쓸모 없는 나무다. 배를 만들면 가라앉고, 널을 짜면 쉬이 썩고, 그릇을 만들면 금방 깨지고, 기둥을 만들면 곧 벌레가 파먹으니 재목으로 쓸 나무가 아니다. 쓸모가 없기에 저토록 오래 산 것이야."

……**是不材之木也**시부재지목야 **無所可用**무소가용

故能若是之壽고능약시지수

그날 밤, 장석의 꿈에 그 상수리나무가 나타나 말하였다. "그대는 나를 쓸모 있는 재목에 견주려는 것인가? 과실나무는 열매가 익으면 따이게 되고, 딸 때에는 욕을 당하게 되지. 큰 가지는 꺾이고 작은 가지는 휘어지지. 이들은 쓸모로써 괴롭힘을 당하고 끝내 제 명을 다하지 못하고 요절하는 것이라네. 나는 쓸모없음을 원해 이처럼 커진 것이지. 만약 내가 쓸모가 있었다면 이처럼 커질 수 있었겠는가?"

……予求無所可用여구무소가용 使[1]予也而有用사여야이유용 且得有此大也邪[2]차득유차대야아』

이는 〈장자 내편 인간세人間世〉의 이야기다.

쓸모 있음有用과 쓸모없음無用은 과연 무엇을 기준으로 누구의 관점에서 말하는 것인가? 장석의 제자는 상수리나무의 거대함만 쓸모 있음으로 보았고, 장석은 외형이 아니라 재목으로의 쓸모를 목수의 관점으로 본 것이다. 상수리나무는 인간의 효용을 거스르고 아무 짝에도 쓸모없음을 스스로 택한 결과, 오래 살아남아 생명의 본성을 보존한 것이다.

〈인간세〉에 나무에 대한 이야기가 하나 더 있다.

『송나라 형씨荊氏라는 곳은 나무가 자라는 데 천혜의 조건을 갖춘 곳이었다. 온난 다습한 기후, 기름지고 물 빠짐이 좋은 토양, 강우량과 일사량

---

1) 使-만약 사
2) 邪-그런가 아

까지 나무가 잘 자랄 수 있는 요건을 두루 갖추었기에 곧고 단단하며 결좋고 성장이 빠른 나무들이 우거졌다. 그런 나무의 천국을 사람들이 그냥 지나칠 리 없어 재목을 구하는 사람들이 소문을 듣고 몰려들었다. 한 마디 크기의 나무는 화살용으로, 한 줌 크기의 나무는 울타리용으로, 한 아름 크기의 나무는 마룻대용으로, 여섯 아름을 넘는 큰 나무는 부자들의 관 짜기에 최상품이었다. 이 유명한 형씨의 나무는 쓸모가 너무 많아 나무가 제 명대로 살지 못하고 베어져 나가 이내 나무의 싹이 말라 버렸다.』

쓸모 있음이 부른 나무의 환란이다. 크게 보면 인간이 인간의 관점에서 인간의 유익함만을 추구하여 훼손한 생태계의 모습이기도 하다. 당장의 유익함, 유용함의 근시안이 초래한 천지조화의 파괴이자 더 큰 유익의 망실이다.

사람이 만든 조직에도 사람의 유용, 무용의 얄팍한 셈법으로 사람을 위한 조직이 아니게 하는 일이 빈번히 발생한다. 사람을 키워 그 조직의 사람으로 만들기보다 당장의 쓸모를 근거로 외부에서 사람을 취하고, 쓰임이 다하면 고물을 버리듯이 용도폐기하는 인사정책이 그렇다.

그런 조직 문화에선 나눔과 헌신을 기대할 수 없다. 쓸모 있는 사람은 쓸모를 아꼈다가 조직에 의해 팽烹당하기 전에 조직을 팽개치고 떠나가 버린다. 조직에 남은 사람도 쓸모의 저울대 위에서 균형 정도만 적당히 유지하려 할 뿐, 결코 새로운 도전이나 화합을 이루는 일에는 관심을 두지 않는다.

몇몇 쓸모 있고 야심 있는 사람은 단련이 덜된 가냘픈 어깨 위에 덜컥 무거운 감투를 받아 쓰기도 한다. 그래서 천천히 갔다면 더 멀리 갈 수 있을 사람이 조락凋落하고마는 안타까운 일도 발생한다. 곧은 나무가 일찍 베이고, 단 우물이 먼저 마르는 격이다.

直木先伐직목선벌 **甘井先渴**감정선갈

〈맹자〉의 표현을 빌면『나아감이 날카로운 자는 물러남도 빠른』귀결이다. 〈진심장구상〉

進銳者진예자 **其退速**기퇴속

해법이 없지 않다. 〈장자〉는 이렇게 말한다. 『사람들은 모두 쓸모 있는 것의 쓸모는 알아도 쓸모없는 것의 쓸모는 모른다.』

人皆知有用之用인개지유용지용

而莫知無用之用也이막지무용지용야 〈인간세〉

무용, 유용의 일차원적인 판단을 버리고 무용 속의 용을 발견하고 키워 가는 것이다. 리더는 남들이 못 보는 무용 속의 용을 발견하려는 사람이다. 구성원의 숨겨진 재능과 가능성을 발견하고 그것을 인정해 주고 키워서 꽃을 피우게 돕는 사람이다. 그래서 구성원에게는 성장의 기쁨을, 조직에는 성과의 결실을 만들어 간다.

2-8
들어라 그리고 마음까지 헤아려라

이런 우스갯소리가 있다. 대화를 할 때 '무엇을 어떻게' 말하는가에 따라 네 가지 등급으로 구분하는데, 당신은 어느 쪽에 가까운가 살펴보시라.

먼저 4등, 그른 말을 기분 나쁘게 하는 사람이다. 3등은 옳은 말을 기분 나쁘게 하는 사람. 2등은 그른 말을 기분 좋게 하는 사람이고, 1등은 옳은 말을 기분 좋게 하는 사람이다.

물론 말하는 내용과 대화 상대와 상황에 따라 달라지겠으나, 등수에 담긴 의미가 자못 깊다. 말하는 내용의 옳고 그름(논리)보다 상대에게 어떤 느낌(정리)으로 전달하느냐가 더욱 중요하다는 점이다. 즉, 말의 내용보다 표현양식이 대화에서 더 큰 몫을 차지한다는 얘기다. 그런데 리더로서 구성원과의 대화에서 말을 잘하는 것보다 정작 상내의 마음을 움직이는 것은 따로 있다.

리더와 구성원 간의 대화에서 리더가 주로 말을 하고 구성원은 듣는 입장이기 쉽다. 상하 간에 수평적 대화를 장려하지만 조직의 수직적 위계구조는 상명하복의 기본 틀을 완전히 벗어나기 어렵다. 수평적 대화를 강조해도 '상사의 뜻에 반하는 말은 치명적 불이익으로 돌아올 수 있다'는 동물적 자기보호 본능이 듣는 입장을 취하게 만든다.

사실은 수평적 대화라는 형식보다 소통하려는 의지가 중요하다. 물 흐르듯이 서로의 마음이 통하게 하기 위해서는 리더의 열린 마음이 전제조건이다. 리더 자신이 상사를 대할 때의 어려움을 구성원도 똑같이 지니고 있다는 점을 이해하고 마음에서 하고자 하는 말을 할 수 있도록 여건을 만들어 주어야 한다.

여건 조성의 가장 큰 장애요인으로 두 가지를 꼽을 수 있다. 첫째는 지위를 앞세우는 것이다. 리더와 팔로워라는 프레임으로 상대를 대하면 상대는 마음을 닫고 요식적 대화로 그치고 만다. 또 하나는 히브리대 마르틴 부버Martin Buber 교수가 강조했듯이 사람에 집중하지 않고 그것(과업이나 문제)에 집중할 때 열린 대화에 실패하게 된다.

소통의 대화를 하려면 사람의 마음을 움직이는 대화를 추구해야 한다. 그 핵심은 과언다문寡言多聞이다. 말은 적게 하고 많이 들어야 한다. 누구든 상대에게 말을 한다는 것은 '자신의 말을 들어 달라'는 의미다. 그 메시지에 상대방은 말을 줄이고 더 많이 들으려 할 때, 화자는 존중받는 기분과 함께 더 많은 말을 할 수 있도록 허락받고 있다는 느낌을 갖게 된다.

듣는 방법도 여러 가지다. 들려오는 것을 듣는 척하는 것부터 온 정성을 기울여 들어, 말하는 사람의 마음까지 움직이는 듣기도 있다. 청각은 불수의不隨意 기관이기에 들려오는 소리를 받아들일 수밖에 없다. 외부의 위험으로부터 스스로를 보호하기 위한 원초적인 생존본능의 메커니즘이다.

언어학자에 의하면 보통 사람이 대화를 나눌 때, 1분에 120개의 단어를 말하고 600개의 단어를 듣는다고 한다. 듣는 능력이 5배 더 크다. 그리고 생각의 속도는 듣는 속도보다 4배 더 빠르나 한다. 그렇기 때문에 여러 소리를 동시에 들을 수 있고, 듣는 척하며 딴청을 피우거나 말의 내용을 예단하고 반론을 준비하기도 한다.

〈대학〉에 마음을 담아 사람을 대하는 바른 도리를 깨우치는 명문이 있다.『바른 마음이 없다면 보아도 보이지 않으며, 들어도 들리지 않으며, 먹어도 그 맛을 알지 못한다.』
心不在焉심부재언 視而不見시이불견 聽而不聞청이불문
食而不知其味식이부지기미 〈대학장구 7장〉

청이불문聽而不聞, 들려 오는 것을 듣기hearing는 했지만 마음을 담아 듣지 않으면 그 내용을 알 수 없다. 말하는 사람이 상대의 이런 듣는 척을 느끼면 말할 기분을 느끼지 못하고, 존중받지 못한다는 생각이 들어 소통은 단절되고 만다. 마음의 문을 닫은 결과다.

칭기스칸은 글을 몰랐다 한다. 그러면서도 천하를 제패할 수 있었던 비결은 이청득심以聽得心, 남의 말을 들을 때 정성을 다해 들음으로써 상대의 마음을 얻을 수 있었기 때문이다. 이른바 경청傾聽active listening에 능했다는 것이다. 청각은 시각에 비해 정보 처리의 양은 적지만 질에서는 한 수 위의 기관이다. 상대의 말에서 그가 지닌 인품과 능력뿐만 아니라 상대의 진심을 더 밝게 헤아릴 수 있다. 게다가 경청은 상대에 대한 신뢰와 존중으로 작용하기에 잘 듣는 것을 통해 말하는 이의 마음까지 얻은 결과로 천하를 얻을 수 있었다는 얘기다.

상대의 마음까지 움직이게 하는 듣기를 최고 단계의 듣기라 하며, 이를 경청敬聽attentiveness listening이라 한다. 마치 큰 스승의 말씀을 공경의 마음으로 새기듯이 듣는 것을 말하는데, 이러한 듣기는 말이 아니라 마음이 전하고자 하는 무언의 것까지 듣고자 하는 마음가짐일 때 가능하다. 그런 공경의 마음은 화자가 아닌 청자의 진기지심盡己之心과 추기급인推己及人의 반영이기에 서로의 마음을 움직이게 하는 것이다. 이처럼 소통의 핵심은 리더가 말을 잘해서 상대를 설득하기보다, 말을 줄이고 진심을 다해 상대의 말에 귀를 기울여 정성껏 들어주는 데 있다.

상대가 말을 할 때, 단지 귀를 기울여 듣기만 해도 소통의 파이프 라인을 마련할 수 있다는 점을 말했다. 그러나 듣는 것만으로 온전한 대화가 이뤄지는 것은 아니다. 듣기가 소통의 모든 것은 아니기 때문이다. 더 깊은 단계의 소통의 방법론을 〈논어 안연편〉에서 배울 수 있다. 아주 간명하다.

『먼저 말을 잘 살펴 들어라. 그리고 표정까지 헤아려 마음을 보라..』

察言而觀色찰언이관색

글은 간단하지만 새겨야 할 의미가 적지 않다.

앞서 듣기가 중요하다고 말했으나 그 말을 살펴 듣는 것이 필요하다. 성대를 울리고 입을 통해 나오는 소리가 말하고자 하는 모든 것이 아니라서다. 이는 UCLA대 앨버트 메라비언Albert Mehrabian 교수가 말한 '커뮤니케이션 법칙'을 2천5백 년 전에 이미 완벽히 이해하고 그 핵심을 응용한 것이라 할 수 있다.

커뮤니케이션 법칙에 따르면, 말의 내용이 커뮤니케이션에서 차지하는 비중이 불과 7% 정도에 지나지 않는다. 즉 '무엇을 말하는가'는 대화에서 아주 사소한 부분이라는 것이다. 그보다 '어떻게 말하느냐'가 무려 5배 이상인 38%나 차지한다. 말의 억양, 속도, 크기, 어감, 발음의 정확도 등의 표현방법이 의사전달에 훨씬 큰 영향을 미친다는 얘기다. 비근한 예로 노래를 생각해 보자. 노래의 가사보다 곡조가 더 많은 것을 전달하고 그 분위기가 더 마음에 와닿는 것과 같은 이치다. 가사는 기억 못 해도 곡조는 따라서 흥얼거리게 되지 않던가?

그런데 정작 커뮤니케이션에서 가장 큰 비중을 차지하는 것은 말이 아니다. 나머지 55%가 비언어적 요소인데 제스처, 표정, 눈빛 등이 전하는 메시지를 의미한다. 한 마디도 알아들을 수 없는 외국인과도 기본적인 커뮤니케이션이 가능한 것은 말의 내용이 아니라, 그 사람의 말씨에 담겨 있는 감정신호와 몸짓으로 드러나는 행동양식인 바디랭귀지가 작용하기 때문이다.

찰언, 말을 살펴 들으라는 것은 말의 내용뿐 아니라 그 표현방법까지 읽으며 들으라는 의미다. 나아가 관색, 말보다 더 많은 것을 전하는 몸의 신호까지 적극적으로 살펴 마음이 진정 말하고자 하는 바를 헤아리라는 것이다. 이 얼마나 인간 이해에 대한 깊은 헤아림인가!

맹자 또한 대화의 국면에서 진심을 읽는 방법을 구체적으로 제시한 바 있다.

『그의 말을 들어 보고 그의 눈동자를 관찰한다면 사람들이 어떻게 자신을 숨길 수 있겠는가?』

聽其言也청기언야 觀其眸子[1]관기모자 人焉廋[2]哉인언수재

〈맹자 離婁이루장구상〉

리더는 구성원이 찾아와 말할 수 있는 분위기를 만들어야 한다. 그리고 미처 말로 못다 하는 것까지 들으려 해야 한다. 선입견을 걷어내고 진심으로 대하되 관색, 관모로 마음까지 헤아리며 듣고 보아야 한다. 게다가 옳은 말을 기분 좋게 한다면 비단 위에 꽃을 더하는 격이 될 것이다.

---

1) 眸-눈동자 모
2) 廋-숨길 수

2-9

지위가 오를수록
머리와 마음을 수고롭게 하라

어느 날, 농가農家의 사람이 맹자를 만나 이렇게 주장한다. "고관대작도 옛 성현처럼 밭일을 하고 스스로 밥을 지어 먹으며 정사를 봐야 한다." 아마 요순 시대에는 부족 단위의 규모고 사람들의 역할을 구별할 만큼 업이 나뉘지 않아 자급자족하는 수준이었을 것이다. 농가는 그 시절처럼 상하의 직분을 떠나 모든 사람이 제 먹고살 일을 스스로 해야 한다는 주장을 편 것이다.

이 말에 맹자는 이렇게 답한다.

『대인(정치가, 지도자)의 일이 있고 소인(백성)의 일이 있다. 옛말에 이르기를 "마음을 수고롭게勞心 하는 일이 있고 힘을 써 수고롭게勞力 하는 일이 있으니, 마음을 수고롭게 하는 자는 남을 다스리고 힘을 써 수고롭게 하는 자는 남에게 다스려진다" 하였다. 그것이 천하에 널리 통하는 의리인 것이다.』

勞心者治人노심자치인 勞力者治於人노력자치어인
治於人者食人치어인자식인 治人者食於人치인자식어인
天下之通意也천하지통의야 〈맹자 藤文公등문공장구상〉

여기서 백성의 일을 실행자의 일이라면 정치가의 일은 리더의 일에 대비하여 생각해 볼 수 있다.

〈춘추좌전〉에도 비슷한 표현이 있다.

『다스리는 자는 마음을 수고로이 하고 다스림을 받는 자는 몸을 수고로이 한다. 이것이 선왕先王 시대의 관례였다.』〈襄公양공 9년 知武子지무자〉

君子勞心군자노심 小人勞力소인노력

몸으로 일하는 것은 천하고 마음과 머리로 일하는 것은 귀하다는 말을 하는 것이 아니다. 일의 내용에 따라 다르겠으나 어떤 일이든 머리와 몸과 그리고 마음까지 동원해서 임해야 좋은 결과를 얻을 수 있다. 그러나 조직을 이뤄 역할을 분담해서 하는 일은 몸으로 일하는 것보다 머리로 일하는 것이 더 높은 가치를 창조하는 데 기여한다. 같은 일을 하더라도 머리로 일하는 사람이 일을 잘 계획하고 추진하면 몸으로 하는 일의 비중을 줄여 동원되는 사람과 일하는 시간을 줄일 수가 있다. 지략은 머리로 하는 것이다. 나아가 리더는 머리뿐만 아니라 마음까지 수고롭게 하여 구성원이 편히 일할 수 있도록 하는 임무를 맡은 것이다. 조직의 리더에게 더 높은 자리에서 더 많은 사람을 거느리고 머리와 마음을 써서 그렇게 일하라고 시종도 붙이고, 가마도 태우고, 먹고 입고 살아가는 데 마음 쓰지 말라고 봉록도 후하게 주는 거다.

머리로 일한다는 것은 새롭게 하고 더 좋게 하는 것을 의미한다. 또 미리 준비하고 계획하고 모의실험을 하고 결과를 예측해 본다는 말이다. 어떻게 하면 더 효율적이고 더 좋은 성과를 낼 것인가를 따져 보는 것이다. 마음으로 일한다는 것은 구성원의 입장을 헤아리고 제 일에 열중하도록 여건을 고려하고 일하는 보람과 일하는 사람의 성장을 배려하는 것이다.

물론 몸으로 일하는 사람도 그 일을 더 잘하기 위해 궁리하고 사람들과 나누머 발전을 꾀할 수 있다. 그런 사람은 이미 몸으로 시키는 대로만 일하는 것이 아니므로 리더의 마음 바탕을 지니고 그것을 실현한 것이니 머지않아 리더로 인정받을 수 있을 것이다. 리더는 그렇게 몸이 아니라 머리와 마음까지 동원하여 일을 함으로써 일과 사람을 함께 변화시켜 가는 사람이다.

리더는 일을 계획할 때와 실행할 때 마음가짐을 달리해야 한다.
〈채근담採根譚〉에 이르기를,
『일을 계획할 때는 몸을 일 밖에 두고, 일을 실행할 때는 몸을 일 안에 두라』하였다. 〈전집前集 176장〉

議事者의사자 身在事外신재사외
任事者임사자 身居事中신거사중

몸을 일 밖에 두라는 것은 객관적 시각을 지니고 이해利害와 이치를 신중히 살피라는 뜻이고, 몸을 일 안에 두라는 것은 일단 일을 착수하면 개인적 이해를 떠나 일의 성사를 위해 전념하라는 의미다.

리더는 의사자이면서 동시에 임사자이기도 하다. 지위가 오를수록 의사자의 역할이 더욱 늘어나겠으니 임사자의 처신을 결코 가볍게 여겨서는 안 된다. 또한 실무자가 임사자로서 신거사중할 수 있도록 모범이 되야 하고 그럴 수 있는 여건을 세심하게 살펴 장애를 해소해 주어야 한다.

리더는 닥쳐서 하는 사람이 아니라 미리 헤아리고 앞을 준비하는 사람이다. 그러면 일을 차질 없이 이룰 수 있다.
〈중용〉에도 이 점을 이렇게 경책警責하고 있다.
『모든 일은 미리 하면 이뤄지고 미리 하지 않으면 그르치게 된다. 말을 미리 정하면 차질이 없고 일을 미리 정하면 곤궁하지 않게 되며, 행동을 미리 정하면 결함이 없고 방법을 미리 정해 놓으면 막히지 않는 법이다.』
凡事범사 豫則立예즉립 不豫則廢불예즉폐 言前定則不跲[1]언전정즉불겁 事前定則不困사전정즉불곤 行前定則不疚[2]행전정즉불구 道前定則不窮도전정즉불궁〈20장〉

또 〈역경易經〉에 이르기를,
『군자는 편안한 상황에 있어도 위태롭게 될 것을 잊지 않아야 하고, 잘 보존되고 있어도 잘못될 수 있음을 잊지 않아야 하며 잘 다스려지고 있어도 어지럽혀질 수 있음을 잊지 않아야 한다. 그러므로 군자는 작은 변화의 기미機微를 보고 앞일을 내다보고 처리해야 한다』하였다. 〈계사하전 繫辭下傳〉
君子安而不忘危군자안이불망위 存而不忘亡존이불망망
治而不忘亂치이불망란 見機而作견기이작

---

1) 跲-넘어질 겁
2) 疚-병들 구

그렇기 때문에 리더는 너무 세세한 일에 깊이 관여하거나 하부에 위양된 일에 몸으로 임하는 것은 자제할 필요가 있다.

제갈량은 승상의 지위에 어울리지 않게 작은 일에도 직접 관여하였나. 선제先帝 유비의 유훈을 지켜 인구, 전력, 경제력, 지리적 여건 등 모든 면에서 열세인 상황에서 위魏와 10년여의 전쟁을 치르면서도 혼란이 없었던 것은 그가 몸과 마음을 다해 정사를 돌본 덕분이었다. 그러나 그것이 안타깝게도 그를 오십 초반에 세상을 뜨게 만든 결과로 작용했다.

5차 위벌魏伐에 나서 오장원五丈原에서 사마중달이 펼치는 지구전에 막힌 공명은 몹시 초조하였다. 공명은 중달을 자극하려 사자에게 여인의 옷을 들려 위의 막사를 방문하게 했다. 중달은 공명의 의중을 간파하고 사자에게 공명의 안부를 묻듯 일상을 넌지시 물으니, "승상께서는 아침 일찍 일어나셔서 밤늦도록 일을 하시고 채찍 스무 대 이상의 형벌은 몸소 재판하십니다. 식사는 조금밖에 안 드십니다." 하고 응답했다. 유도질문에 1급 비밀인 승상의 동정을 흘리고 만 것이다. 사자가 돌아가고 나서 중달은 "공명의 목숨은 오래가지 않겠구나!" 하고 더욱 수세守勢를 굳혔다.

여기서 유래한 성어가 '식소사번食少事煩'이다. 먹는 것은 적고 일이 많아 몸을 돌보지 않는다는 뜻이다. 일의 경중을 가려 자신의 시간과 에너지를 집중할 필요가 있다. 그것이 리더가 머리로 일을 한다는 의미다. 중달의 예견대로 공명은 결국 오장원에서 삶을 마감하고 말았으니 그의 천재적 재능이 아깝기 그지없다.

또 이런 이야기도 전한다. 어느 날 군사軍師의 지위에 있는 공명이 직접 장부를 조사했다. 하급직인 주부主簿 양과楊顒[1]가 공명을 찾아가 이렇게 직언했다. "통치에는 체통이 있습니다. 상하가 서로 영역을 침범해선 안 됩니다. 사내 종은 밭 갈고 계집 종은 밥을 짓습니다. 닭은 새벽을 알리고 개는 도둑을 지키는 이치입니다. 이 모든 일을 주인 혼자 하려 들면 심신이 피곤하여 아무것도 못 하게 됩니다. 어찌 지체 높으신 군사께서 이리 하십니까?" 공명은 양과의 건의를 옳다고 여겨 사과하고 받아들였다.

여기서 '불필친교不必親校'[2]라는 성어가 유래됐다. 아랫사람에게 맡겨진 일까지 직접 나서서 챙기는 것은 바람직하지 않다는 말이다. 윗사람이 일을 직접 하면 더 많은 지혜와 경험과 권한으로 훨씬 잘해 낼 수 있을 것이다. 그러나 아랫사람의 설 자리와 역할을 빼앗고 사람을 불신하는 것으로 오해를 살 수 있어, 결국은 일할 의욕을 꺾게 되는 결과가 될 수 있다.

〈근사록〉에 『明極則過察而多疑명극즉과찰이다의』라 했다. 명극은 너무 세세하게 개입하고 따지는 것을 말한다. 윗사람의 명극은 도를 넘는 살핌과 아랫사람에 대한 지나친 의심으로 여겨져 부작용을 낳을 수 있음을 경계하는 말이다.

윗사람도 필시 관여하는 일이 많아질수록 그 성과는 적어지게 마련

---

1) 顒-낟알 과
2) 校-헤아릴 교, 따질 교

이다. 직접 해야 할 일과 맡길 일의 경계를 분명히 하고, 일은 줄이되 효과를 높일 수 있는 방안을 한발 물러나 준비해 주는 것이 바람직한 리더의 처신이다. 물론 일하는 사람의 마음을 헤아려 주고 격려하고 인정해 주는 마음까지 내어 준다면 더 바랄 게 있겠는가.

2-10

원한은 맺지 말고 은혜는 잊지 말라

직장에서 업무능력 이상으로 중요한 것이 인간관계다. 윗사람은 내 운명을 바꿀 수 있는 능력과 권한을 가지고 있다는 것을 너무나 잘 알기에 소홀할 리가 없다. 지나치는 말 한 마디, 표정 하나도 놓치지 않으려 애쓰고 상대가 오해하지 않도록 나의 표현도 조심스럽기 마련이다.

그러나 간혹 아랫사람에게 기분 내키는 대로 함부로 말을 하거나 상대를 무시하는 행동을 아무렇지도 않게 취하는 상사를 볼 수 있다. 아니면 '나 때는~'으로 시작하는 무용담이나, 초창기 혼돈의 역사를 주문처럼 되뇌는 것으로 시간과 화제를 독점하는 꼰대의 전형도 있다. 과거의 선배에게 당한 것을 아랫사람에게 앙갚음을 하듯이 감정을 배설하는 테러를 가하기도 한다. 리더답지 못한 시대착오적 갑질 언행이다.

리더는 수많은 사람과 관계를 맺으며 많은 사람에게 은혜를 입기도 하고 알게 모르게 깊은 내상이 될 수 있는 언사를 흘리기도 한다. 더 높은 지위에 오를수록 그 지위에 취해 베풀기는 야박하고 받은 은혜는 잊기 쉬우며, 아무렇지 않게 던진 한마디 말이 원한의 비수로 되돌아올 수 있음을 명심해야 한다.

『제나라에 중대부中大夫 벼슬에 있는 이역夷射[1]이라는 사람이 임금이 베푼 연회에서 몹시 술에 취해 밖으로 나와 궐문에 기대어 바람을 쐬고 있었다. 그때 죄를 지어 다리가 잘린 문지기가 다가와 말했다.
"대감님, 드시다가 남은 술이라도 좋으니 조금만 주십시오."
그러자 이역은 불쾌한 표정으로 심한 욕설과 함께 소리쳤다. "닥치거라! 죄를 짓고 다리까지 잘린 주제에 어느 안전이라고 구걸질이냐? 썩 물러가라!"
병사는 순순히 물러났다. 잠시 후 이역이 연회장으로 다시 돌아가자 그 병사는 문지방에다 물을 뿌려 놓고 마치 오줌을 눈 것처럼 해 놓았다.
다음 날 아침, 임금이 궐문을 지나치는데 문득 어떤 자가 궁궐 문에 오줌을 눈 듯한 흔적을 발견하였다. 대노한 임금은 문지기를 잡아들여 문초를 하였다.
이때를 기다린 문지기가 말했다. "소인은 전혀 모르는 사실이옵니다. 다만 어제저녁에 이역 대감께서 그 궐문에 서 계신 것을 보았을 뿐입니다."
그 말을 들은 임금은 이역의 필사적인 변명도 헛되이 궁전을 더럽혔다는 죄목으로 그를 처형하였다.』

〈한비자 내저설하內儲說下〉에 실린 이야기다. 원한을 가진 사람의 앙갚음이 얼마나 파괴적인지를 보여 주는 글이다. 문지기는 드러내

---

1) 射-싫어할 역

놓고 거짓을 고한 것도 아니다. 이역이 그 문에 기대어 서 있었던 것은 사실이기 때문이다. 거친 언사 한 마디가 원한을 맺히게 만든 것이다. 약자는 상대를 잘되도록 도울 수는 없다 해도 악감정을 품으면 상대를 해칠 수 있다는 점을 일깨운다.

전국 시대, 중산군中山君이 사대부를 불러 잔치를 벌였다. 잔치는 즐거웠고 사람들은 술에 취했다. 기다리던 양고깃국을 먹을 차례가 되어 국을 나누는데, 배식을 잘못하여 그만 사마자기司馬子期라는 사람 앞에서 국이 떨어지고 말았다. 사마자기는 자신을 심하게 모욕한 것이라고 여기고 그날 밤으로 초나라로 망명하고 말았다. 그는 초나라에서 벼슬을 하며 왕을 설득하여 중산국을 공격하게 하였다. 갑작스런 공격으로 중산군은 이리저리 쫓기다 목숨이 위태로운 지경에 이르렀다.

그때 난생처음 보는 청년들이 나타나 목숨을 걸고 중산군을 구출해 주었다. 구사일생으로 목숨을 건진 중산군이 청년들에게 물었다. "그대들은 어찌하여 위험을 무릅쓰고 내 목숨을 구했는가?"

그들은 자초지종 사연을 아뢨다. "저희 부친께서 살아 계실 적에 이런 말씀을 남기셨습니다. 부친께서 군대의 병졸로서 임금님과 함께 전쟁에 나가셨다가 쫓기던 중 부상을 입어 쓰러져 있었다고 합니다. 그때 임금님께서 저희 부친을 불쌍히 여겨 당신이 드실 찬밥 한 덩이를 친히 건네주셔서 죽기 직전 목숨을 건질 수 있었다 하옵니다. 부친께선 그 일을 누누이 말씀하셨고, 돌아가실 때 임금님께서 어려움에 처하게 되면 목숨을 다해 보답하라고 유언을 남기셨습니다."

중산군은 하늘을 바라보고 긴 숨을 내쉬며 말했다. "남에게 베푼다는 것은 많고 적음의 문제가 아니라 그 어려움을 함께 나누는 것이 중요한 것이구나. 남에게 원한을 사는 이유도 크고 작음의 문제가 아니라 그의 마음을 상하게 하는 데 있는 것이구나! 아아, 나는 양고깃국 한 그릇으로 나라를 잃었고, 한 덩이의 찬밥으로 목숨을 구했도다!"

〈전국책戰國策〉의 이 고사는 은원恩怨이 사소한 일로 비롯되고 그 결과는 나라를 잃기도 하고 목숨을 구할 수도 있다는 경구다.

〈여씨춘추〉에도 은원에 대한 교훈이 있다.

진목공秦穆公이 타고 있던 수레가 갑자기 부숴져 수레를 끌던 말 한 마리가 놀라 도망가 버렸다. 사람을 풀어 말을 찾아 나서니 시골 사람들이 그 말을 잡아 이미 삶아서 막 먹으려던 참이었다. 준마를 잃은 목공은 내심 탄식했으나 이미 돌이킬 수 없는 일이었다. 목공은 촌부들에게 말했다. "말고기를 먹으면서 술을 마시지 않으면 몸이 상한다 했소." 그리고는 그들에게 술을 베풀어 고기와 함께 두루 마시도록 하고 환궁했다.

이듬해 진晉나라와 전쟁이 일어났다. 진목공도 나섰으나 전황이 불리해져 적군에 의해 포위되는 위기에 빠졌다. 그때 삼백여 명의 사람들이 홀연히 나타나 목공을 구해 주었다. 목공의 말을 삶아 먹었던 그 시골 마을의 사람들이었다.

진목공은 훗날 진나라가 천하를 통일하는 기반을 만든 춘추오패의

한 사람이다. 지난해에 불의의 사고로 아끼는 말을 잃었지만 사람들에게 오히려 은혜를 베풀어 사람을 얻은 대인의 국량이 절체절명의 상황에서 목숨을 구한 것이다.

리더는 사람과의 관계에 있어 작은 일에도 정성을 다해야 한다. 무엇보다 사람의 마음을 잘 헤아려야 한다. 사람의 마음이 열리면 모든 물을 다 받아들이는 하해와 같기도 하고, 마음의 문이 닫히면 바늘 하나 꽂을 자리도 용납하지 않는 법이다. 따뜻한 말 한마디와 무심코 행한 작은 친절이 평생의 은인으로 기억되게도 하며, 지나치며 던진 차가운 눈빛과 농담 삼은 비아냥이 골수에 사무쳐 죽도록 잊히지 않을 수도 있음을 명심해야 한다.

모름지기 옳음과 바름을 지향하는 리더라면 남에게 입은 은혜는 잊지 말아야 하고, 남에게 상처가 되어 원한으로 돌아올 수 있는 언행은 혹시 없는가 늘 경계하고 삼가야 할 것이다.

3. 지략훈 智略訓

전략의 핵심은 기회 포착이다.
기회 포착의 내용은 세 가지,
선택과 집중 그리고 주도권의 확보다.
때와 장소의 선택과 힘의 집중으로
경쟁에서 주도권을 확보할 수 있다.
선택과 집중과 주도권은
유기적으로 작용하며
승리의 기회를 만든다.

3-1
다투기 전에 승산 여부를 따져 보라

　삶에 있어서 경쟁은 원튼 원치 않튼 피할 수 없는 일이다. 삶은 생존이오, 살아간다는 것은 제한된 기회와 유한한 자원을 다툴 수밖에 없기에 그렇다. 경쟁은 때로 종種의 진화를 이끌기도 하고 조직과 개인의 성장과 발전을 위한 필요악으로 작용하기도 한다. 다만 경쟁은 공정한 다툼이어야지 극한으로 치닫는 전쟁이어선 안 된다.
　전쟁은 세상에서 가장 추악한 파괴 행위다. 전쟁에는 진정한 승자도 영원한 승자도 없다. 국경을 다투는 전쟁도, 수백 년간 끊이지 않는 종교 분쟁이나 민족 간의 대를 잇는 혈전도 모든 전쟁은 공멸의 막다른 길로 갈 수밖에 없다. 전쟁은 원한과 복수를 낳고 더 큰 파괴를 촉발하는 악순환의 수렁에 빠져들게 만들기 때문이다. 그러하기에 인간이 축적하고 이어 갈 모든 사회시스템은 공정한 룰을 지키며 다투는 경쟁이어야지 전쟁이 되어선 안 된다는 것이다.
　그럼에도 불구하고 전쟁에 관한 병법서가 비즈니스나 스포츠, 심지어 정치 현장에서도 폭넓게 응용되고 있는 것이 현실이다. 비록 전쟁은 아니지만 전쟁에 버금가는 치열한 승부가 엄존하는 가운데 병법의 지략이 큰 도움이 되기 때문일 것이다. 본 '지략훈'에서는 경쟁과 경영의 도를 중심으로 탐구한다.

전통적인 전쟁이나 비즈니스 또는 스포츠를 포함한 모든 경쟁에는 경영의 개념이 적용될 수 있다. 변화에 대응하고, 자원을 동원하고, 목표지향적이고, 정보에 기민하고, 이익을 추구하고, 조직과 체계가 작동해야 하고, 사람이 운영 주체라는 점에서 그렇다. 또한 경쟁에서 이기려면 인간을 탐구해야 하고 상대나 현장의 상황과 자원을 정확하게 알아야 하며, 그 요인들이 바뀌면 경쟁의 방식도 당연히 달라져야 한다.

고래의 전쟁방식을 뛰어넘어 국가방략의 관점에서 이런 경쟁의 패러다임을 새롭게 구축한 인물이 태공망太公望이라 불리는 강상姜尙(또는 여상呂尙, 강태공이라고도 함)과 손무孫武(孫子)라는 인물이다. 이들이 남긴 책으로 알려진 〈육도삼략六韜[1]三略[2]〉과 〈손자병법〉을 교훈의 주요 텍스트로 삼고자 한다.

〈육도삼략〉은 국가 지도자를 위한 국가 경영의 핵심을 대화 형식으로 정리한 데 비해, 〈손자병법〉은 전쟁을 수행하는 장수를 위한 전략 전술의 요결을 제시한 것이다. 이번 3장은 병법에 관한 고전에서 전략과 경영에 대한 내용을 연구하고, 국가 운영도략과 관련된 내용은 4장 '경세훈'에서 다루도록 하겠다.

---

1) 韜-비결 도, 감출 도, 활집 도
2) 略-다스릴 략

손무孫武는 〈손자병법〉의 첫머리에서 『전쟁은 나라의 어떤 일보다 가장 큰 일이라 선언하고 국익을 위한 최후의 선택지로 보았다. 전쟁터는 백성의 생사가 달려 있고, 전쟁에서의 승패는 국가의 존망을 좌우하기에 전쟁은 신중에 신중을 기하여 살펴야 할 일』이라고 했다. 〈시계편始計篇〉

兵者國之大事병자국지대사 死生之地사생지지
存亡之道존망지도 不可不察也불가불찰야

비즈니스 세계의 경쟁도 이에 못지않다. 경쟁이 점점 치열해지면서 전쟁을 닮은 무한경쟁으로 치닫고 있다. 한 치 앞을 내다볼 수 없는 경영 환경의 변화 속에서 살아남는 것 자체가 버거운 일이다. 살아남느냐 도태되느냐 하는 그 치열한 승부의 결과에 구성원의 생계와 고용과 직장의 존폐가 달려 있기 때문이다.

손자는 신전론愼戰論, 즉 싸우는 것을 피하려 애를 쓴 전쟁이론가다. 그의 목적은 보민보국이다. 나라를 보전하고 백성을 지키는 것이다. 싸우지 않고 나라와 백성을 지키기 위해서는 싸우지 않을 수 있는 태세를 갖추는 것이 중요하다. 불가피하게 싸울 수밖에 없다면 이길 수 있는 길을 택하라. 이길 수 없다면 피하라. 피하는 것은 패배가 아니다. 백성을 지키고 나라를 지킬 수 있다면 어떤 수단과 방법도 선택할 수 있다고 보았다. 이러한 철학을 바탕으로 싸우지 않고 이기는 새로운 개념을 정립하고 그 실행방안을 제시한 것이다.

손자는 전쟁을 하기 전에 먼저 승산을 따져 보아 승산이 없다면 전쟁을 피하라고 하였다. 당연히 이길 수 있는 승산이 있다면, 그것도 압도적으로 승리할 수 있다는 정확한 계산이 서면 전쟁이라는 최후의 수단을 신중하게 선택할 수 있다고 말한다. 그러면서 계산의 내용을 다음과 같이 제시한다.

먼저 자국自國에 대해 다섯 가지五事를 살펴보는 것이다. 이것은 지기知己에 대한 분석인데, 자신에 대한 객관적 진단과 냉철한 평가를 말한다.

1) **도**道(국가 지도자의 리더십) - 전쟁에 대한 국민적 합의, 결전의 의지
2) **천**天(외부적, 거시적 환경) - 전쟁의 시기, 기간, 기상조건 및 외교적 여건
3) **지**地(내부적, 미시적 환경) - 전장의 지형적 조건, 경쟁요소와 전략
4) **장**將(전투 책임자의 역량) - 전쟁을 수행할 장군의 자질과 통솔력
5) **법**法(조직체계와 제도) - 군대편제와 조련, 기강과 상벌제도, 사기 등

'도'를 첫 번째로 검토할 내용으로 본 것은 국가 지도자의 신망과 영도력이 전쟁의 승패를 결정짓는 가장 큰 요인이라는 의미다. '천'은 피아가 함께하는 시간적 조건을 의미하고, '지'는 피아의 상대적, 공간적 조건을 뜻한다. '장'은 우리의 핵심주제므로 다음 절에서 탐구하는 것으로 남겨 두고, '법'은 리더십을 보완하는 '조직 운영 시스템'으로 해석할 수 있다. 오사를 요약하면 결국 리더십과 시스템과 환경적 요인들이 어떠한가를 따져 보라는 것이다.

비즈니스의 대가 중에는 〈손자병법〉 마니아가 적지 않다. 특히 빌

게이츠와 손정의는 자신의 경영철학을 형성하는 데 〈손자병법〉이 지대한 영향을 주었다고 말한 바 있다. 손정의는 〈인생의 25자 지침〉에서 '오사'를 인용하여 '큰 뜻을 세우는 5통찰'을 제시하였다. 꽤 의미 있는 재해석이다.

1) **도**(뜻을 세운다) - 사람과 조직을 움직이는 비전의 확립
2) **천**(천시를 얻는다) - 시대 조류의 간파와 선점
3) **지**(지리를 얻는다) - 시장, 기술, 자원 등의 경쟁력 확보
4) **장**(인재를 모은다) - 일의 성사 여부는 결국 사람에 귀결
5) **법**(조직 시스템을 구축한다) - 지속가능하고 유연한 조직운영 체계

또 그는 〈손정의의 선택〉에서 5통찰의 중심은 '사람'이라고 강조하며, 도와 장은 말할 것도 없고 천지의 환경 분석과 법의 운영 또한 결국은 사람의 몫이라는 점을 분명히 했다. 한마디로 사업의 성사 여부는 사람을 이끄는 사람(리더)에 달려 있다는 말로 압축된다.

그다음 따져 볼 내용은 피아간의 상대적 우열을 객관적으로 검토하는 것이다. 지기와 더불어 지피知彼를 함께 분석하는 일곱 가지 비교 七計다.

1) 주숙유도主孰有道 - 피아 지도자의 리더십은 어느 편이 훌륭한가
2) 장숙유능將孰有能 - 피아 장수의 능력은 어느 편이 나은가
3) 천지숙득天地孰得 - 기상조건과 지형 상황은 어느 편이 유리한가
4) 법령숙행法令孰行 - 법령과 시스템은 어느 편이 잘 운영하고 있

는가

5) 병중숙강兵衆孰强 - 병기와 군사력은 어느 편이 우세한가

6) 사졸숙련士卒孰鍊 - 병사들의 훈련은 어느 편이 잘되어 있는가

7) 상벌숙명賞罰孰明 - 상벌은 어느 편이 엄정하게 시행하고 있는가

이 '칠계'의 골격은 경영품질의 글로벌 스탠더드로 불리는 말콤 볼드리지 상Malcolm Baldrige Award의 근간으로 응용되기도 하였다. 1) 리더십 2) 전략 기획 3) 고객 및 시장 4) 정보 분석 5) 인적자원 6) 프로세스 관리 7) 사업성과가 이 상의 핵심 평가 항목들인데, 이들은 초일류 기업의 경쟁력 지표이기도 하다.

또한 칠계는 객관적 평가기준이란 관점에서 현대 국가의 선진성을 비교 검토하는 항목으로도 활용할 수 있을 것이다. 일례를 들면 다음과 같다.

1) **도**(범세계성) - 글로벌 스탠더드의 보유, 국제사회에 대한 기여

2) **능**(리더십) - 국가 지도자의 리더십과 역량

3) **득**(자원) - 지정학적 환경과 국토 면적, 인구 및 부존 자원

4) **행**(제도) - 법령과 정치·경제 및 행정 체제

5) **강**(국부) - 국민의 의식 수준, 기술수준과 자금력, 국방력

6) **련**(교육) - 인적자원의 수월성, 교육 시스템

7) **명**(문화) - 문화의 독창성, 나양성 및 사회 신뢰도

'오사'와 '칠계'의 개관적인 분석으로 나와 상대방의 역량 그리고 환경요인 등에 대한 냉철한 평가를 거침으로써 불요불급한 경쟁을 피

하거나, 불가피한 경쟁 상황에서 승산을 높일 수 있다. 또한 전쟁이란 극한 상황에 처하지 않기 위해서 국가 선진성 수준을 어떻게 향상시켜야 할지 스스로 평가해 보는 의미 있는 지표가 될 것이다.

3-2

리더가 지녀야 할 자질과 역량

'오사'의 네 번째와 '칠계'의 두 번째 항목인 '장將'은 전장을 지휘 통솔하는 리더將軍, 將者가 지녀야 할 자질과 역량을 말한다. 여러 병법서와 고전에서 비슷한 요건을 제시하고 있고 강조하는 공통점이 발견되기에 함께 살펴보겠다.

먼저 〈손자병법〉에서는 지신인용엄智信仁勇嚴을 꼽는다.

1) **지**(상황 판단과 학습역량) - 정세 분석과 대처 능력, 끊임없는 자기 연마
2) **신**(언행일치) - 병사를 따르게 하는 신뢰와 약속 이행
3) **인**(인격과 배려) - 병사에 대한 따뜻한 보살핌과 입장을 헤아리는 마음
4) **용**(열정과 책임) - 결행의 용단과 보민보국의 책임감
5) **엄**(기강의 확립) - 공정한 신상필벌과 사엄師[1] 嚴의 이행

다섯 가지 덕목 중에서 백성의 생사와 나라의 존망을 떠안고 전장을 이끌어 가는 리더의 첫 번째 요건으로 '지'를 언급한 것은 의미가

---

1) 師-군대 사. 사엄은 군령의 엄격함을 뜻함

있다. 실제 전장의 상황은 극도로 혼란하여 피아의 구분도, 명령의 전달과 이행도 쉽지 않다. 그런 상태에서 냉정하게 전황을 판단하고 흔들림 없이 전술을 운용할 수 있어야 함을 강조한 것이다. 오늘날 비즈니스 리더로 대치해서 본다면 해당 업무에 대한 전문지식을 지니고 실제 현장 판도를 냉철하게 파악하고 통솔할 수 있는 능력을 1순위로 꼽은 것이라 할 수 있다. 그런 능력이 있어야 구성원도 살리고 조직이 지향하는 성과도 견인할 수 있을 것이다.

손정의도 〈25자 지침〉에서 '리더가 지녀야 할 5역량'으로 〈손자병법〉을 인용하여 다음과 같이 설명하고 있다.

1) **지** - 다양한 지적 능력을 연마한다
2) **신** - 신뢰와 약속을 지킨다
3) **인** - 사람들의 행복을 위해서 일한다
4) **용** - 도전하는 용기와 냉철히 퇴각하는 용기도 지닌다
5) **엄** - 자신과 아끼는 사람에 대해 엄정함을 유지한다

특히 '인'을 사업의 목적으로 삼고 있음에 눈길이 가는데, 역시 세계적 경영자다운 철학이 담겨 있다. '용' 또한 비즈니스의 현실을 통절하게 보여 주는 내용이라 생각한다. 결단은 대단한 용기가 필요하다. 마키아벨리는 "세상에서 가장 나쁜 지도자는 잘못된 결정을 내리는 사람이 아니라, 결정을 내리지 못하는 지도자"라고 말했다. 사업의 성패 여부를 어찌 다 가늠할 수 있겠는가? 7할의 성사 가능성이 있다면 죽을 힘을 다해 도전하지만, 일은 계획대로 되지 않는 것이 다반사므로 상황을 냉정하게 계산하여 포기해야 할 입장이라면 과감히 청산하는

용기도 지녀야 함을 말한 것이다. 매몰가치가 아프지만 실패의 교훈을 챙기고 후퇴를 결단하는 큰 사업가다운 면모가 읽힌다.

〈육도 용도〉에서는 장수의 자질로 용지인신충勇智仁信忠을 제시한다.
1) **용**(용력) - 어떠한 위협이나 힘으로도 굴복시킬 수 없는 담대함
2) **지**(지혜) - 혼란 상황에서 미혹됨 없이 전황을 냉철하게 판단함
3) **인**(인덕) - 병사를 사랑으로 대하여 상하를 단결하게 함
4) **신**(신의) - 신망과 바른 도리를 지키므로 믿고 따르게 함
5) **충**(충성) - 군주에 두 마음을 품지 않고 사직에 충직을 다함

이 다섯 가지 자질을 오재五材라 일컫는다. 그중 네 가지가 〈손자병법〉과 일치하는 것은 그만큼 장수의 기본자질로 강조되는 필수덕목이라는 의미다. 특이한 점은 '용'을 가장 먼저 꼽은 것인데, 군대를 통솔하는 장수의 제1의 덕목으로 전장의 특수성을 꿰뚫어 본 혜안이다. 생사를 가르는 절체절명의 위기 앞에서 장중한 모습으로 냉정히 대처하는 것은 단련으로는 갖출 수 없는 타고난 자질일 수 있다. 실제 접전의 상황에서 장수가 앞장서서 태산처럼 버티고 서 있는 모습을 상상해 보라. 장수의 믿음직한 행동 하나하나가 군대의 사기를 좌우한다는 점에서 직관적으로 전장의 실정을 반영한 덕목이 아닐 수 없다. 실제로 비즈니스 리더에게 그의 진면목을 보여 주는 순간은 일상의 루틴이 아니라 긴박하고 즉각적인 대응책을 제시해야 할 위기 상황이라는 점에서 담대함은 단지 배우거나 연습을 통해 흉내 낼 수 없는 천부적인 자질임을 이해할 수 있다. 또 손자가 제시한 다섯 덕목의 '엄'

대신 '충'을 강조한 것은 국가와 군주의 관점을 반영한 항목이라는 점을 헤아릴 수 있다.

〈용도〉에서는 오재와 더불어 장수가 경계해야 할 열 가지 과오+過도 함께 제시하고 있는데, 그 내용도 자못 의미심장하다.

1) 유용이경사有勇而輕死 - 지나치게 용맹만 앞세워 죽음을 가볍게 여김

2) 유급이심속有急而心速 - 지나치게 성급하여 신중하게 판단하지 못함

3) 유탐이호리有貪而好利 - 지나치게 탐욕스러워 이해를 지나치게 따짐

4) 유인이불인인有仁而不忍人 - 어질되 인정이 지나쳐 사람이 싫어하는 일을 차마 시키지 못함

5) 유지이심겁有智而心怯 - 지혜롭되 겁을 내어 즉시 행동으로 옮기지 못함

6) 유신이희신인有信而喜信人 - 자기가 신의를 지킨다고 해서 남의 말을 너무 쉽게 믿음

7) 유염결이불애인有廉潔而不愛人 - 청렴결백이 지나쳐 남을 아낄 줄 모름

8) 유지이심완有智而心緩 - 지혜로우나 게을러 정세 변화에 대응하지 못함

9) 유강의이자용有剛毅而自用 - 너무 강직하여 자기 의견만 고집함

10) 유나이희임인柔懦[1]而喜任人 - 유약하여 직접 하지 못하고 남에게 떠넘김

이 열 가지 과오 중 절반이 오재와 중첩하고 있음을 알 수 있는데, 이 점이 흥미롭다. 용력, 지혜, 인덕, 신의가 귀한 자질이지만 지나치면 오히려 미흡함보다 못한 결과를 초래할 수 있음을 적시하고 있다. 지나침은 편벽이 되고 결국 조화와 균형을 깨뜨려 리더 자신은 물론 구성원과 조직에 폐해가 될 수 있다는 점을 강조한 것이다.

전국 시대 초기에 활동한 오기吳起 장군이 남긴 〈오자병법吳子兵法〉에도 장수가 지녀야 할 자질과 역량을 이비과계약理備果戒約 다섯 가지로 꼽고 있다. 손자와 육도의 거대 담론과는 사뭇 다르다.

1) **이**(지휘계통의 확립) - 조직을 확실히 장악하여 질서 있게 지휘하라
2) **비**(물심양면의 준비) - 전투를 위한 마음과 물자 준비를 철저히 하라
3) **과**(과감한 실행력) - 목표를 세웠으면 난관에 굴하지 말고 완수하라
4) **계**(신중한 상황 대응력) - 전장의 상황 변화를 깊이 살펴 신중히 대응하라
5) **약**(군령의 간소화) - 형식적 규칙을 폐지하고 일선의 판단을 존중하라

---

1) 懦-나약할 나, 겁쟁이 유

오기의 병법은 실전에 임한 장수가 접전 중인 상황에서 조직을 보전하고 승리를 쟁취하는 데 반드시 요구되는 항목들로 압축되어 있다. 군더더기와 기름기를 쪽 뺀 실전형 비즈니스 리더에게 요구되는 자질과 역량의 에센스다.

〈장자莊子 외편外篇〉에 춘추 시대에 9천 명의 도적 떼를 이끈 대도大盜 척跖과 그의 부하가 도도盜道 즉 '도둑질의 도'를 논하는 대목이 있다. 재미있게 희화화한 묘사이지만 역시 다섯 가지, 성용의지인聖勇義知仁으로 도둑 수괴의 자질과 역량을 제시하는데 〈손자 병법〉과 〈육도〉의 내용과 유사하다.

『부하가 도척에게 물었다. "도둑질에도 도가 있습니까?"
도척이 대답했다. "어디엔들 도가 없을 수 있겠느냐?
깊숙이 감춰져 있는 것을 알아 내는 것이 '성'이다.
도둑질을 하려 부하들보다 먼저 들어가는 것이 '용'이고,
훔친 다음 부하들보다 뒤에 나오는 것이 '의'이며,
훔칠 수 있는가 여부를 판단하는 것을 '지'라 하지.
그리고 훔친 물건을 고르게 나누는 것을 '인'이라 한다.
이 다섯 가지를 갖추지 않고서 천하의 대도가 될 수는 없는 법이지."』

유사儒士들이 입버릇처럼 들먹이는 '군자의 도'라는 것이 그들만의 전유물이 아니라는 것을 풍자적으로 말하는 것이지만, 이 다섯 가지는 모든 지도자가 지녀야 할 자질과 역량의 핵심인 것은 분명하다. 더욱이 제 한 몸 추스르는 좀도둑이 아니라 9천의 무뢰배를 이끄는 수

괴의 입장이라면 거기에는 나름대로의 질서와 규율뿐 아니라 믿고 따르게 하는 덕과, 위험을 무릅쓰고 절도의 기예를 펼치는 능도 있어야 할 것이다. 그리고 능히 한 집단을 다스릴 만한 위엄과 용기와 지혜가 있어야 이끌 수 있을 것이라는 점에 수긍이 간다.

 장수의 자질과 역량은 시대에 따라, 상황에 따라 달라지겠으나 여러 고전에서 일관되게 거론하는 항목이 있다. 다름아닌 '군자 3도'라 불리는 '지인용'이다. 따뜻한 시선으로 세상을 대하는 긍정의 마음과 전문지식을 바탕으로 한 냉철한 판단력, 그리고 현상을 과감히 돌파하는 용단의 의지, 이 세 가지는 오늘날의 리더에게도 절실히 갖춰야 할 기본덕목임에 의심의 여지가 없다.

3-3

승리하는 조직이 지닌 다섯 가지 특성

〈손자병법 모공謀攻편〉에 경쟁에서 승리하는 조직이 지닌 보편적인 특성을 다섯 가지로 제시하고 있다. '지승유오知勝有五'라는 눈길을 모을 만한 제목을 갖고 있다. 특별한 비결이 담겨 있을 법하지만 기대를 내려놓고 담박한 마음으로 보기를 권한다. 무슨 획기적인 해법을 찾는 것이 잘못은 아니지만 원칙과 정도보다 변칙과 지름길을 먼저 찾는 현대인의 조급증과 요행僥倖[1] 심리 탓은 아닐까 하는 생각이 앞선다. 그런 신박한 한 방에 대한 기대를 접고 찬찬히 음미하면서 지승유오를 곱씹어 보면 간결하고 평범하지만 진실한 이치를 설파하고 있음을 깨닫게 된다.

승리하는 조직의 첫 번째 특성은 『싸울 상황인가, 싸우지 않아야 할 상황인가를 정확하게 판단하는 쪽이 승리한다』이다.

知可以戰與지가이전여 **不可以戰者勝**불가이전자승

어떤가? 평이하다 못해 심심하기까지 할 정도의 이야기 아닌가? 그

---

1) 僥倖-요행 요, 요행 행. 徼幸(바랄 요, 다행 행)이라 쓰기도 함

러나 싸움이란 상황은 자칫 객관적 분석과 냉철한 판단을 건너뛰고 감정에 휘둘리기 쉬운 것임을 깨우치게 한다는 점에서 적절한 지적이 아닐 수 없다. 이익에 눈이 멀어서, 치욕의 울분을 참지 못해서, 뼈에 사무치는 복수심에 불타서, 상대를 가볍게 업신여겨 흥분을 가라앉히지 못하고 싸움이라는 극한 상황에 뛰어드는 것을 경계하라. 목적은 승리다. 싸움은 작은 과정이고 하나의 수단에 지나지 않는다는 것을 잊지 말라는 경구다.

상대와 나의 입장과 강약, 대소에 따라 싸울지 여부에 대한 용병의 방법用兵之法은 다음과 같다. 〈모공편〉

1) 십즉위지十則圍之 - 내가 상대의 열배가 되면 상대를 포위하라. 십은 열 배라는 구체적 숫자의 의미라기보다 '절대적 우세'를 말한다. 단지 군대를 동원하여 포위만 하는 것으로 상대의 전의를 꺾고 자중지란을 야기할 수 있다.

2) 오즉공지五則攻之 - 내가 상대보다 다섯 배 많으면 상대를 공격하라. 다섯 배만 하더라도 나의 다방면의 공세에 상대가 맞서 승리를 기약할 객관적 역량은 못 되기 때문이다.

3) 배즉분지倍則分之 - 내가 상대보다 두 배 정도의 우세라면 병력을 두 곳으로 나누어 상대를 협공하라. 내가 누 곳으로 협공한다는 것은 상대를 두 곳으로 분산시켜 수세에서 벗어날 수 없게 한다는 것이다.

4) 적즉능전지敵[1]則能戰之 - 내가 상대보다 우세하여 능히 대적할 수 있는 상황이라면 맞서 싸워라. 싸우되 상대를 압도할 수 있는 전략과 속전속결을 추구해야 한다.

5) 소즉능도지少則能逃之 - 내가 상대보다 열세라면 도주해서 후일을 기약하라. 상대와의 결전을 피하는 방법에는 세 가지가 있다. 항복하거나 강화講和를 맺거나 후퇴하는 것이다. 항복은 완전히 패하는 것이고, 강화는 절반의 패배다. 후퇴는 승부를 유보하는 것이다. 후퇴가 모양이 안 나고 사기가 저하할 수는 있겠지만 무모한 싸움으로 더 큰 손실을 회피할 수 있는 적극적인 전술의 하나라는 의미가 담겨 있다.

6) 불약즉능피지不若[2]則能避之 - 내가 상대보다 훨씬 못하다면 싸움을 피하라. 도주는 싸움에 나섰다가 후퇴하는 것이고, 싸움을 피한다는 것은 아예 싸우는 상황을 만들지 않는다는 것이다. 앞서 말한 항복이나 강화를 맺는 것도 어쩔 수 없는 선택지의 하나이겠지만, 장기적으로 전쟁을 근원에서 피할 수 있는 국방, 외교, 국력신장, 동맹 등의 평화 유지의 지혜가 필요함을 말하는 것이다.

이상의 여섯 가지 여건을 토대로 싸울 상황인가 아닌가를 냉철히 판단하고 이성적 대응을 하는 쪽이 승리를 거둘 수 있다는 의미다.

---

1) 敵-대적할 적
2) 不若-보다 못하다

승리하는 조직의 두 번째 특성은 『합리적으로 조직을 운영하는 쪽이 승리한다』이다.

識衆寡[1]之用者勝식중과지용자승

이 말은 싸움을 위한 자원의 동원과 배분의 적정성, 유연성 여부를 의미한다. 조직 운영 시스템을 뜻하기도 하지만 군대조직을 운영하는 장수의 역량이 어떠한가를 중심으로 하는 내용이다. 즉 어떤 규모의 부대라도 규모에 맞게 지휘할 줄 아는 능력 있는 장수의 여부를 묻는 말이다. 전장의 상황에 맞게 부대 편성을 적절히 하여 적재적소, 역할 분담, 임무 부여 등을 원활히 추구하며 변화에 대응할 줄 아는 리더의 여부가 승리의 열쇠라는 것이다.

세 번째 특성은 『승리에 대한 상하 간의 목표의 공유』다.

上下同欲者勝상하동욕자승

'한 사람의 꿈을 타인에게 말한다면 곧 잊힐 것이고 그 꿈을 실행에 옮긴다면 사람들이 기억하겠지만, 함께 꿈을 꾼다면 그 꿈은 현실이 될 것이다'는 티베트 속담이 있다. 이처럼 위아래가 같은 꿈을 지닌다면 그 꿈은 몽상이 아니라 비전이 되어 반드시 실현의 길로 인도할 것이다.

경영자와 관리사, 관리사와 구성원이 같은 마음과 열망으로 승리를 공동의 목표로 할 때 결과는 자명할 것이다. 목표가 같으면 과정에도 동참하게 되고 성과도 공유하게 되기 때문이다. 바로 이런 상태를 진

---

1) 衆寡-중은 대부대, 과는 소부대를 뜻함

정한 '팀워크'라 한다.

네 번째는 『미리 헤아리고 준비한 조직이 그렇지 못한 조직을 상대했을 때 승리한다』이다.

以虞[1] 待不虞者勝이우대불우자승

전장의 상황은 수많은 변수들의 상호작용으로 끊임없이 변화한다. 기상조건이나 지형, 부대 전술과 병사들의 사기, 보급이나 장비의 상태, 상대에 대한 정보 등 상황 변화를 사전에 예측하고 대비하는 노력이 절대적으로 요구된다. 상황 변화에 끌려가는 것이 아니라 주도적, 선제적 대비를 위해 플랜B, C를 면밀하게 준비하는 것을 말한다. 현대 경영에서 이른바 '시나리오 경영', '긴급사태 대책contingency plan'이라 불리는 내용이 충실히 준비되어 있을 때 승리를 기약할 수 있다는 의미다.

승리하는 조직의 다섯 번째 특성은 『야전 지휘관에게 전권이 위임되어 있는 조직이 승리한다』이다.

將能而君不御者勝장능이군불어자승

전장은 실제 접전이 전개되는 현장이다. 현장의 사정은 현장 지휘관이 가장 정확하게 파악할 수 있다. 사태에 따라 즉각적이고 능동적인 대응을 수행해야 하므로 전권이 맡겨져야 책임지고 현장을 통솔할 수 있고, 그 결과로 승리를 견인할 수 있다.

---

[1] 虞-헤아릴 우

그 조건이 두 가지다. 먼저 장수의 지휘 능력에 대한 신뢰가 전제조건이다. 또 하나는 그 신뢰에 대한 구체적 증거라 할 수 있는 최고 지도자의 불간섭이다. 후방에서 이래라저래라 간여하면 아무리 뛰어난 장수라 하더라도 리더십을 발휘할 수 없게 된다. 그렇게 간섭받는 군대를 '고삐에 매인 군대縻[1]軍'라 한다. 현장의 책임자에 대한 전폭적인 지지와 신뢰가 승리를 만든다는 말은 오늘날 현대 경영에서도 예외가 될 수 없다.

이상의 승리하는 조직의 다섯 가지 특성을 관통하는 핵심은 다름아닌 '리더'다. 유능한 리더의 상황 판단 역량, 합리적 조직 운영, 비전과 성과 공유, 변화 예측과 대응, 지휘 능력에 대한 신뢰와 위임은 조직에서 리더가 추구할 목표이자 실현할 가치다. 지승유오는 평이하지만 승부를 가르는 핵심을 정확히 제시하고 있다는 점에서 손자의 통찰력이 돋보인다. 현장의 리더로서 자신의 역량에 대한 점검과 목표 달성의 장애와 그 해결방안을 정리해 보고 보완을 모색하는 지침이 되었으면 한다.

---

1) 미군. 縻-고삐 미

3-4
백 번 싸워 모두 이기는 것이 능사가 아니다

퀴즈를 하나 풀어 보자. '반드시 갖추되 쓰이지 않을수록 좋은 것'은 무엇일까? 여러 가지 답이 있겠지만 대표적인 것이 안전장치와 군대다. 군대를 운영하는 데 엄청난 비용이 발생한다. 나라마다 사정이 다르겠으나 선진국일수록 국가예산의 상위 비중을 차지하는 것이 국방예산인데, 실제로 군을 동원하지 않는다 해도 일상적 전력 유지에만 천문학적 비용이 집행되기 마련이다. 만약 전쟁이 발발한다면 국가 운영은 즉각 전시체제로 전환되고 경제도 군수軍需를 최우선으로 할 수밖에 없다. 그러니 군대는 반드시 갖추어야 하지만 실제로 동원하지 않는 것이 바람직하다고 하는 것이다. 이를 일찌감치 깨우치고 군대 동원을 막는 길을 설파한 사람이 손자다.

"전쟁은 흉한 것이다. 전쟁을 피하기 위해서 강력한 군사력을 지니되, 군대를 동원하지 않는 것이 최상의 용병술이다." 손자의 전쟁철학을 한 마디로 압축한 말이다. 그는 〈모공편〉에서 가장 좋은 용병의 방법으로 '전국위상全國爲上'을 꼽았다. 이 말은 두 가지 뜻으로 해석할 수 있다. 우리나라와 군대를 온전히 함이 우선이라는 것과, 상대의 나라를 온전히 두고 승리하는 것이 최상이라는 말이다. 둘 중 어느 것이든 아군의 희생 없이, 적으로부터 취할 노획물의 손실도 없이 손쉽게 이기는 것이 가장 좋은 용병이라는 뜻이다.

차선의 용병법은 '파국차지破國次之'다. 군대를 동원하여 상대를 무너뜨리는 거다. 엄청난 인적, 물적 자원을 쏟아붓고 설혹 이긴다 하더라도 적지 않은 손실이 발생할 수밖에 없으니 하책일 수밖에 없는 일이다. 워털루 혈전에서 나폴레옹을 꺾은 영국의 웰링턴 장군이 말했듯이 전쟁에서 패배 다음으로 크나큰 불행은 만신창이 승리인 것이다.

손자는 『백 번을 싸워 백 번 모두 이기는 것이 최상의 용병이 아니다. 싸우지 않고 상대를 굴복시키는 것, 그것이 최상의 용병』이라고 선언했다. 〈손자병법 모공편〉

百戰百勝백전백승 **非善之善者也**비선지선자야

不戰而屈人之兵부전이굴인지병 **善之善者也**선지선자야

그렇다면 싸우지 않고도 상대를 굴복시키는 최상의 방법은 무엇일까? 그것은 마음을 공략攻心하여 아예 싸우고자 하는 의지를 갖지 못하게 하는 것이다.

上兵伐謀상병벌모

촉한蜀漢의 승상 제갈량諸葛亮은 남중南中(귀주와 사천 지역) 반란을 진압하고 그 기세를 몰아 남만南蠻(운남 지역) 정벌에 나섰다. 남만의 왕 맹획孟獲은 용맹하고 의리가 있어 그 지역 소수 민족들에게 많은

존경을 받는 인물이었다. 제갈량은 맹획의 통솔력을 높이 평가하여 병사들에게 맹획을 반드시 생포하라고 명했다.

첫 번째 전투에서 촉한의 병사들은 맹획을 유인하여 사로잡았다. 제갈량은 병사들에 끌려 온 맹획의 포승을 풀어 주고 술을 권하며 융숭히 대접한 후 촉한의 진영을 보여 주며 물었다. "우리 군대가 어떻소?" 맹획은 시큰둥하게 대답했다. "그저 그렇소. 이번에는 내가 상대를 얕보아 패했으나 이젠 허실을 알게 되었으니 이길 자신이 있소." 제갈량은 웃으며 맹획을 놓아주었다.

며칠 후 맹획은 다시 병사들을 이끌고 촉한 진영을 공격해 왔다. 하지만 맹획은 또다시 생포되고 말았다. 그러나 여전히 패배를 인정하지 않았다. 제갈량은 또 그를 놓아주었다.

이렇게 맹획은 일곱 번이나 사로잡혔다가 일곱 번을 모두 풀려났다. 일곱 번째로 풀어 주자 맹획은 무릎을 꿇고 제갈량에게 진심으로 말했다. "이제부터 진정으로 촉한을 따르겠습니다. 다시는 반란을 일으키지 않겠습니다." 맹획의 말을 들은 제갈량은 맹획을 그대로 남만 지역의 수장으로 임명하고 통치를 맡겼다. 이후 맹획은 남만 일대를 훌륭하게 다스리며 촉한에 충성을 다했다.

제갈량은 부하 장수들에게 이렇게 말했다. "무력으로 상대를 꺾을 수는 있으나 상대를 복종시킬 수는 없는 법이오. 마음을 공략하여 진심을 얻을 때 비로소 진정한 평정을 이룰 수 있는 것이오."

벌모 다음으로 싸우지 않고 상대를 굴복시키는 방법은 상대의 외교를 끊어 고립무원의 상황을 만드는 것이다.

其次伐交기차벌교

다자 간의 경합 상황에서는 절대 강자도 절대 약자도 존재하지 않는 것이 국제 질서다. 서로 영향을 주고 영향 받을 수밖에 없는 구도에서 정치, 경제, 외교력으로 압박을 가하여 상대의 연맹을 차단함으로써 굴복시키는 것이다. 이는 오늘날 북한의 핵 개발에 대해 국제연합을 통한 제재와 경제적 압박에 해당하는 것이다.

그 외에도 싸우지 않고 상대를 굴복시키는 방법은 여러 가지가 현실적으로 동원된다. 상대에 대항하는 정치 세력을 후원하여 상대 정권을 전복시키거나, 반군 세력을 지원하여 내전 상황을 유발하는 방법 등이다.

그다음의 방법은 어쩔 수 없이 무력을 동원하여 상대의 군대와 전쟁을 치르는 것이다.

其次伐兵기차벌병

물론 벌병에 나선다는 것은 승리에 대한 계산이 확실하기 때문이겠으나 무력을 행사해 상대를 굴복시키는 것이므로 적지 않은 아군의 손실을 각오해야 한다. 벌병에서 그나마 가장 좋은 것은 '단 한 번 싸워서 이기는 것'이다. 그리고 기왕에 전쟁을 하려면 '졸속拙速으로 끝내는 것'이 바람직하다고 손자는 말한다. 졸속이란 말은 오늘날 부정적인 의미로 더 많이 쓰이지만 전쟁에서는 최선의 방법으로 통한다. '특별한 공을 들이지 않고 기교 없이 빨리 끝내는' 전쟁이 잘하는 전쟁이기 때문이다. 기승奇勝, 신승辛勝, 역전승 같은 것은 스포츠 관전자에게만 스릴 넘치는 말이지 선수나 감독에게는 이기든 지든 엄청난 전력 손실로 작용하여 이후의 경기 운영에 막대한 지장을 받게 된다. 하물며 실전에서는 그렇게 국력을 소비하는 틈새에 제3국의 침략야욕을 부추길 수도 있을 것이다.

오기는 벌병의 폐해를 다음과 같이 표현하였다.

『천하가 어지러울 때 다섯 번 싸워 이긴 나라는 결국 화禍를 면치 못했으며 네 번 싸워 이긴 나라는 피폐해졌고, 세 번 싸워 이긴 나라는 패자霸者가 되었고 두 번 싸워 이긴 나라는 왕이 되었으며 단 한 번만 싸워 이긴 나라는 황제가 되었다.

이로 보아 여러 번 싸움에서 이겨 천하를 손에 넣은 자는 드문 반면에 망한 나라는 많다.』

天下戰國천하전국 五勝者禍오승자화 四勝者弊사승자폐 三勝者霸삼승자패 二勝者王이승자왕 一勝者帝일승자제 是以시이 數[1]勝삭승 得天下者稀득천하자희 以亡者眾이망자중[2] 〈오자병법 圖國도국〉

용병의 최하수는 상대의 성곽을 직접 공격하는 것이다.

其下攻城기하공성

공성은 이기기도 어렵지만 이긴다 하더라도 엄청난 손실이 발생할 수밖에 없기에 어쩔 수 없을 때 사용하는 최후의 선택이어야 한다. 상

---

1) 數-자주 삭
2) 眾-많을 중, 무리 중衆의 본자

상해 보라. 상대는 성을 잃으면 모두를 잃는 것이기에 죽을 각오로 최후의 방어에 나설 것이다.

아군은 쏟아지는 화살과 돌과 끓는 물을 이겨 내며 성벽을 타고 오를 텐데, 하나밖에 없는 목숨을 내던져 아군의 주검을 밟고 죽음의 길로 나설 병사가 얼마나 되겠는가. 손자는 "공성은 아군의 삼 분의 일을 잃는 무모한 싸움이기에 이기기도 어렵지만 이긴다 한들 무슨 의미가 있겠는가" 하며 공성을 최악의 용병이라 했다.

어쩔 수 없이 공성을 할 경우에는 반드시 길을 터 줘 퇴로를 마련해 주고 너무 심히 몰아붙이지 않는 것이 좋다. 그래야 상대의 죽음을 불사하는 전의를 꺾고 우리의 피해도 줄일 수 있다. 〈군쟁軍爭편〉

圍師必闕위사필궐 窮寇勿迫궁구물박

비즈니스에서도 마찬가지다. 백 번을 싸워 백 번 모두 이기는 것이 능사가 아니다. 쉽지도 않지만 좋은 전략도 아니다. 싸우지 않고 이기기는 물론 쉽지 않다. 그러나 비즈니스에는 경쟁을 넘어 공존과 상생이라는 길도 있고, 블루 오션을 개척하여 싸우지 않고 이기는 길도 있지 않은가. 경쟁사의 경쟁의지는 실력으로 꺾되, 고객의 마음을 감동으로 사로잡는 벌모공심伐謀攻心이 최상의 비즈니스 전략이다.

3-5
상대를 알고 나를 안다는 것

〈손자병법〉이라 하면 많은 사람들이 쉽게 떠올리는 문구가 있다. '지피지기면 백전백승'이라는 구절이다. 그러나 잘못 알려져 있는 문장이다. 〈손자병법〉에 백전백승이란 구절은 앞서 말한 '백전백승 비선지선자야' 즉, 백 번 싸워 백 번 이기는 것이 최상이 아니라는 문장에 등장할 뿐이다.

손자는 싸움을 원하지 않았다고 하지 않았던가? 보민보국을 위해 어쩔 수 없이 마지막으로 선택하는 수단이 싸움이라는 입장에서 그런 호전적인 말을 할 리 만무고, 싸운다 해도 백 번을 이기는 것이 최상이 아니라는 점을 바로 앞절에서 언급한 바 있다. 바른 문장은 이렇다. 〈모공편〉

知彼知己지피지기 百戰不殆백전불태

『상대를 알고 나를 알면 백 번 싸워도 위태롭게 되지 않는다.』

상대를 알고 나를 안다는 것은 상대와 나에 대한 정확한 정보 파지와 역량에 대한 분석을 전제로 한다. 물론 '지피지기'라 하지만 지피보다는 지기가 더욱 중요하다. 자기를 안다는 것은 상대적 강점과 약점을 정확히 안다는 의미이기에 강점을 강화하고 약점을 보완해야 진짜 아는 것이라 하겠다.

위태롭지 않다는 것은 싸움에 지지 않는다는 말이 아니다. 이기고 지는 것은 겨루는 일에 늘 있기 마련이다.

勝敗승패 兵家之常事병가지상사 〈唐書당서 裵度傳배도전〉

불태不殆는 혹시 싸움에서 지더라도 치명적인 패배에까진 이르지 않는다는 말이다. 국지전局地戰에서는 지고 밀릴 수 있다. 그것도 어쩌면 대국적 견지의 전쟁에서 승리하기 위한 사전 포석일 수도 있다.

내가 그렇다면 나와 겨룰 상대 또한 나와 자신의 실력을 정확하게 알고 있다고 봐야 한다. 그래서 지피지기란 상대도 나를 알고 나도 상대를 아는 상황을 의미한다. 서로를 잘 알기에 이기고 지더라도 완승과 완패로 결판나지 않는다는 말로 해석이 가능하다. '불태'라는 말이 그래서 의미가 있다.

비즈니스에서도 마찬가지다. 서로를 잘 알면 완전한 승리와 완전한 패배라고 하는 이분법적인 결과는 기대하기 어렵다. 더욱이 비즈니스에서는 서로를 잘 아는 맞수 간의 공존이 동반성장이라는 멋진 귀결을 만드는 경우도 흔히 있다.

상대를 알고 나를 안다는 것이 말처럼 쉬운 일은 아니다. 안다고 하지만 '과연 제대로 아는 것인가'라는 끊임없는 자성自省이 있어야 한다. 자신을 잘 안다고 확신하거나 과신하는 순간, 그 오판이 결정적 패인이 될 수 있다. 털끝만큼의 잘못된 판단 하나로 수많은 백성과 병사의 삶과 죽음이, 나라의 존망이 걸려 있다는 것을 무겁게 여긴다면

'안다'는 판단에 신중하고 또 신중할 수밖에 없을 것이다. 이 대목에서 손자의 트레이드 마크인 신전愼戰을 추구하는 전략가의 모습이 감지된다.

비록 실체적 진실은 아닐지라도 누구보다도 나 자신을 내가 가장 잘 안다고 할 수 있지만 상대를 안다는 것은 한계가 있기 마련이다. 이런 상황에서 싸움이 전개됐을 때를 이렇게 설명한다.

不知彼而知己부지피이지기 **一勝一負**일승일부

『상대를 모르면서 나를 안다면 한 번은 이기고 한 번은 지게 된다.』

상대의 상황을 모른 채 싸움에 나서면 결국 전장에서 맞붙어 보아야 비로소 상대의 강약을 알게 되고, 상대가 나보다 약하면 운 좋게 이길 수 있겠지만 그렇지 않으면 내가 질 수밖에 없을 것이다. 목숨과 존망을 걸고 도박을 하는 것이나 다름없다. 전쟁을 운에 맡겨 '함 붙어 보자'는 식의 접근을 하는 지도자라면 지도자로서 치명적 결격이다. 백성을 아끼고 사직을 보존하는 크나큰 책무를 장난하듯 한다면 그 후과는 결국 패망이 따를 뿐이다.

싸움을 쉽게 보는 것은 이기기를 좋아하기 때문이다. 청초淸初의 학자 신함광申涵光은 『이기기를 좋아하는 자는 반드시 지는 상황을 맞게 되고, 강건함을 내세우는 자는 쉽게 질병에 노출되게 마련』이라고 했다. 〈형원진어荊園進語〉

好勝者必敗호승자필패 **恃**[1]**壯者易疾**시장자이질

---

1) 恃-믿을 시, 자부할 시

'일승일부'는 상대도 나와 같이 자신은 알지만 적인 나를 모를 때의 얘기다. 그러나 '부지피'가 아니라 '지피'의 상대라면 일승일부가 아니라 나에게는 '한 번 싸워 대패하여 다시는 재기할 수 없는 상황'인 일패도지一敗塗地에 이르게 된다. 그야말로 감정을 앞세운 잘못된 선택의 일전이 돌이킬 수 없는 참극을 빚게 되는 것이다.

손자는 전장에서 벌어질 수 있는 최악의 상황을 이렇게 말한다.

不知彼不知己부지피부지기 **每戰必殆**매전필태

『상대도 모르고 나도 모르면 매번 싸움이 반드시 위태로운 상황에 빠질 것이다.』

기실 나 자신의 실력도 모르고 상대의 전력도 알 수 없다면 어쩌면 전쟁이라는 극한 상황으로 치닫지 않을 수도 있다. 두려워서 감히 전쟁에 나서지 않기 때문이다. 그것이 상식이다. 그런 면에서 자신의 실력을 과신하거나 상대를 경시하여 벌이는 일승일부의 전쟁보다 차라리 나을 수도 있다. 그러나 인간은 늘 상식적 선택만 하는 족속은 아니다. 역사가 보여 주는 전쟁이라는 극한 상황은 많은 경우 우발적 사건을 계기로 비이성적인 선택이 이어지고, 결국은 이긴 쪽도 진 쪽도 없이 모두가 파멸의 길을 가는 '어리석음의 기록'이 부지기수다. 역사까지 들먹일 필요도 없다. 오늘날 숱한 국가 간, 민족 간, 지역 간의 분쟁의 증거들을 목도하고 있지 않은가.

'모른다는 것을 안다知之不知'는 것은 그나마 다행이다. 손자는 언급하지 않았지만 한발 더 나간 상태를 상상해 볼 수 있다. 가장 끔찍한 것은 '모른다는 사실도 모르는 것不知之不知, unknown unknown'이다. 그것이 오판을 부르고 참화를 초래하게 만든다. 그런 의미에서 '앎에 대한 겸허함'은 지도자가 반드시 지녀야 할 첫 번째 덕목이 아닐까 싶다. 손자가 〈손자병법 시계편〉에서 장자의 자질로 제일 먼저 제시했던 내용이 '지智'였음이 새삼 의미심장하게 다가온다.

백성을 아끼고 사직을 지키는 막중한 책무를 국가 지도자가 절실한 마음으로 깨닫고 있다면 명군은 아닐지라도 암군의 오명은 남기지 않을 것이다. 전쟁의 책임자로 나선 장군 또한 마찬가지다. 삶과 죽음의 경계선에 서 있는 군사들과 그의 무사귀환을 애타게 기다리는 가족들의 간절함을 뼛속 깊이 헤아린다면 자신을 알고 상대를 알기 위해 신중에 신중을 다할 것이고, 그 결과는 백전불태는 아니더라도 매전필태의 어리석음은 면할 수 있을 것이다.

3-6
승부는 형세에 의해 결판난다

"오늘 승부는 어느 팀이 유리하다고 보십니까?" 중계방송이 시작되기 전에 캐스터가 해설을 담당한 전문가에게 넌지시 묻는다. 비공식적인 대화이기에 두 팀 간의 전적, 라인 업, 감독의 용병술, 공수 전술 등의 공식 데이터는 온 에어 후로 미뤄 두고 전문가의 감만 조심스레 내비친다. "오늘 두 팀의 워밍 업 형세形勢를 보니 아무래도 A팀이 유리할 것 같은데요……."

사담으로 나누는 대화지만 전문가의 승부에 대한 예상은 적중률이 8할을 웃돈다고 한다. 그 비결이 뭘까?

형세는 군형軍形과 병세兵勢를 함께 이르는 말이다. 군형은 군대의 외적인 양태, 물적 요소, 정지 상태의 모습을 의미한다. 반면 병세는 병사들의 내적인 분위기, 정신적 기운, 역동적인 에너지를 말한다. 형이 천 길 높이의 계곡에 가둔 물이 한꺼번에 쏟아져 내리려는 외형적 모습이라면, 세는 그 물줄기가 내리꽂혀 거대한 바위를 들썩이게 하는 기세를 표현한 것이다.

형세는 마치 육체와 정신의 양면처럼 서로 상응하면서 승부를 판가

름하는 결정적 요인으로 작용하기에, 선수들이 코트나 필드에서 몸을 푸는 가운데 보이는 형과 느껴지는 세에 의해 승부의 향배를 예측할 수 있는 것이다. 비록 전문가가 아니라 하더라도 밖으로 보이는 모양만으로 그 선수의 구력球歷과 내공의 정도를 가늠할 수 있고, 몸놀림의 기민함과 뿜어져 나오는 기세로 상대를 압박하고 승리를 쟁취하고자 하는 투지를 감지할 수 있다.

피아의 관점에서도 마찬가지다. 상대와 대면하는 순간 나의 형세에 위축되어 몸이 굳어 있거나 기가 꺾여 있다는 것을 본능적으로 느낀다면 싸움이 시작되기도 전에 승부는 이미 결판 난 것이나 다름없다. 형세가 유리하다고 판단되면 더욱 유리한 형세가 전개될 것이라는 기대가 충만하고, 그만큼 더욱 활동적이고 자신감이 넘치는 선순환이 이뤄져 흐름을 주도하게 되어 결국 좋은 결과를 얻을 수 있게 된다.

다만 한 가지, 노련한 고수는 형세를 의도적으로 꾸며 상대의 오판과 방심을 유도할 수도 있다는 점을 놓쳐서는 안 될 일이다. 승부를 겨루는 것은 수단과 방법을 가리지 않고 이기기 위해 어떤 속임수도 마다않는 극한의 경쟁이기 때문이다. 손자도 『전쟁은 적을 속이는 일』이라고 선언하지 않았던가?

兵者詭[1]道也병자궤도야 〈손자병법 시계편〉

먼저 누구도 이길 수 없는 조직의 형을 만드는 방법을 살펴보자. 손자는 『우선 상대가 이길 수 없는 조건을 갖추어 놓고 이길 수 있는 상대가

---

1) 詭-속일 궤

되길 기다리라』했다.〈군형편〉

先爲不可勝선위불가승 以待敵之可勝이대적지가승

무슨 말인지 바로 이해되지 않을 수도 있다. 주어가 생략됐기 때문이다. 여기서 '불가승'은 상대가 나를 이기지 못함을 말하고, '적지가승'은 내가 상대를 이길 수 있는 상황을 말한다. 전쟁에서 이기려면 먼저 나의 약점을 없애는 노력을 해야 한다. 내게 약점이 없다면 상대가 나를 이길 수가 없을 것이다不可勝. 그런 상태를 유지한 다음 상대의 약점을 찾아 내가 이길 수 있는 상황을 만드는 것이다敵之可勝.

상대가 나를 이길 수 없는 것은 나의 철저한 방비에 달려 있다. '불가승'의 형은 부단한 훈련 축적의 결과일 것이다. 또한 내가 상대를 이길 수 있는 것은 방비로 비축한 힘을 상대의 약점에 쏟아부은 결과로 가능할 것이다.

좀 더 구체적인 설명이 이어진다. 『상대가 나를 이길 수 없는 상황을 만드는 것은 내가 할 수 있다. 그러나 내가 상대를 이길 수 있는 상황은 상대에게 달려 있다.』

不可勝在己불가승재기 可勝在敵가승재적

축구 경기로 예를 들어 보자. 상대가 우리를 이길 수 없게 하는 것은 우리의 철저한 수비다. 그것은 우리에게 달려 있다. 그렇게 철벽 수비를 유지하면서 상대의 허점을 찾아 공격해야 이길 수 있는데, 우리가 이기는 것은 상대가 어떻게 자신의 약점을 방비하는가에 달려 있다는 말이다. 스스로를 강하게 할 수는 있지만 상대를 약하게 할 수는 없기 때문이다.

이렇듯 나를 강하게 하여 상대가 '겨뤄 보겠다'는 의지를 갖지 못하게 만드는 것이 '형'이다. 형이 충실하면 싸우지 않고도 상대를 제압할 수 있다.

이어서 '세'에 대해 알아 보자. 세는 앞서 살펴봤듯이 기세를 의미한다. 기세는 불가사의한 힘을 지니고 있다. 세력은 이치로 설명하기 어려운 기운으로 상대를 압도한다.

〈맹자〉에도 『비록 지혜가 있다 해도 기세를 타는 것만 못하다』는 구절이 있다. 〈공손추公孫丑[1] 장구상〉

雖有知慧수유지혜 不如乘勢불여승세

기세를 탐으로써 승기勝機를 만드는 것이 전략의 핵심이다. 이에 대한 자세한 내용은 9절에서 다루도록 하겠다.

손자는 세를 만드는 네 가지 방법론을 제시했다. 분수分數, 형명形名, 기정奇正 그리고 허실虛實이다. 〈병세편〉

'분수'는 군대의 병력을 조직화하고 상황에 따라 유연하게 변화하는 것을 말한다. 부대의 대소를 편제하여 병력을 할당하고 적절한 장수를 임명하는 체계의 원활함에서 세가 만들어진다는 뜻이다. 오늘날의 비즈니스 조직에서 말하는 구조화, 명령체계, 권한과 책임, 업무분장 등의 운영 시스템을 어떻게 구축하고 기민하게 전환하는가를 말한다. 조직에 부여된 임무, 임무에 따른 적절한 역량별 인원 편성, 부문장의 리더십, 상황 변화에 대응하는 조직 내부의 유연성 등에 의해

---

1) 丑-추할 추, 성 추, 소 축

조직의 세가 좌우됨을 생각할 수 있다.

'형명'은 전투대형과 의사전달 체계를 말한다. 형形은 진형陣形을, 명名은 신호와 통신 방법을 의미한다. 조직 간의 일사불란한 기동성과 소통의 원활함은 승패를 결정짓는 중요한 세의 근거임은 새삼 강조할 필요가 없을 것이다.

'명'을 다시 시각에 의한 신호와 청각에 의한 통신 방법으로 나눈다. 시각에 의한 방법은 깃발의 모양과 색 그리고 깃발에 쓰인 문자나 그림으로 신호를 삼는다. 청각에 의한 방법은 북, 나팔, 징 등의 각기 다른 소리로 진퇴집산進退集散의 명령을 전달한다. 전장의 상황을 상상해 보라. 피아의 인마가 뒤섞인 가운데 흙먼지가 자욱하고 화살이 날아들고 함성 소리와 창칼이 부딪히는 난장 속에서 서로 볼 수도, 들을 수도 없는 대혼란이 전개될 것이다. 그런 와중에도 시청각적인 신호 전달로 질서정연하게 소통할 수 있는 방법을 고안해 낸 것이다. 당시로선 획기적인 통신 방식의 개발로 손자의 천재성을 엿볼 수 있는 대목이다.

'기정'은 변칙과 원칙을 말한다. 기奇는 비정상irregular, 특수전을 뜻하고 정正은 정상regular, 정규전을 의미한다. 고대의 전쟁은 그래도 명분과 군례라는 최소한의 규범이 있었다. 전쟁방식도 원칙이 있어서 야전에서 수와 양적 우세로 결판을 내는 편전偏戰[1]이 대부분이었다. 그러나 춘추 후기에 이르러서는 그런 우아한 규범이 무너지고 편전에 상대되는 유격전遊擊戰과 매복침투 등의 특수전술이 등장했다. 이런

---

1) 偏戰-정면으로 마주 보고 싸우는 전투대형

변화에 맞춰 새로운 전쟁 방식을 손자가 정리한 것이 기정론이다.

원칙인 '정'은 내가 상대보다 월등한 전력을 보유했을 때의 전법이다. 변칙인 '기'는 상대적으로 열세인 상황에서 적을 기만하고 혼란에 빠뜨리는 비상전법이다. 그러나 전쟁에서 원칙과 변칙은 사실 고정된 개념이 아니다. 원칙을 가장했지만 변칙일 수 있고, 변칙처럼 보이지만 그것이 원칙일 수 있다. '병자궤도'를 다시 떠올려 보라. 나의 의도와 상관없이 상대의 대응을 뛰어넘는 것이 변칙이 되는 것이다.

『무릇 전쟁은 정으로 대적하고 기로써 승리를 취한다』하였다. 〈병세편〉
凡戰者범전자 以正合이정합 以奇勝[1]이기승

원칙 없는 변칙, 즉 정이 없는 기는 임기응변일 뿐이지 오래 자주 사용할 전술은 아니다.

'허실'은 상대의 강점과 약점을 분석하여 나의 강점으로 상대의 약점을 공격함을 말한다. 허실은 세 가지 방법으로 운용할 수 있다.

피실격허避實擊虛 - 상대의 강점을 피하고 약점을 공략한다.

이실격허以實擊虛 - 나의 강점으로 상대의 약점을 공격한다.

허허실실虛虛實實 - 허한 듯 실하고 실한 듯 허하게 꾸며 상대의 판단을 흐리게 하거나, 허한 듯 위장하고 내실을 키우는 전술이다.

네 가지 세론勢論은 〈손자병법〉에서 창조적으로 제시한 전술법이다. 참으로 손자의 전략가로서의 천재성이 돋보이는 내용이다.

형세론은 비즈니스 국면에서도 폭넓게 활용되고 있다. 경쟁사와의 경합의 상황은 물론이고 계약 협상이나 설득 그리고 조직 운영에서

---

1) 正合奇勝으로 줄여 표현하기도 함

도 실제 응용되는 케이스가 무궁무진하다. 형세론의 핵심은 드러나는 형과 내면의 에너지인 세의 조화를 만드는 것이다. 잘 짜인 조직체계와 교육훈련을 통한 정예화로 몸에 익은 단련된 힘을 확보하는 것이 형이고, 지혜로운 조직운영과 구성원의 내적 역량을 결집하는 것이 세다. 세가 형을 만들고 형이 세를 돕는 상승작용의 중심에 리더가 액슬axle로 존재한다는 것을 깊이 새겼으면 한다.

3-7

조직 운용의 성패는
도와 법에 달려 있다

형세를 보면 싸우기 전에 이미 승패 여부를 짐작할 수 있다는 점을 앞서 말했다. 그러나 짐작이 아니라 백 퍼센트 승패를 확신할 수 있는 비결이 있다고 손자는 말한다. 그 비결은 의외로 간단하다.

『승리할 군대는 승리할 상황을 만들어 놓고 전쟁을 하고, 패배할 군대는 전쟁부터 벌여 놓고 승리를 구한다』는 것이다.

勝兵승병 **先勝而後求戰**선승이후구전 **敗兵**패병 **先戰而後求勝**선전이후구승 〈군형편〉

승리는 결코 운이나 요행으로 얻어지는 게 아니다. 승리할 상황을 만드는 것이 말처럼 쉬울 리가 있겠는가. 그만큼 철저히 계산하고 준비하고 전략을 세워 전장에 나서면 이길 수밖에 없다는 확고한 믿음의 상태가 '선승'이다. 그래서 '전장에 나선다는 것은 곧 승리를 확인하러 가는 것'이라는 등식이 성립할 때, 승리하는 조직이 되는 것이다.

베트남의 전쟁영웅이자 20세기 최고의 명장으로 꼽히는 보 구엔 지압(武元甲, 1911~2013)은 '선승구전'을 이렇게 표현했다. 『전쟁은 의지의 대결이다. 전쟁을 결행하면 반드시 승리를 한다.』 **決戰決勝**결전결승 전쟁은 기분이나 감정을 앞세워 결코 함부로 벌일 일이 아니다. 압도적으로 승리할 수 있는 비교 불가의 절대적 전력을 보유하고 있다 하더라도, 전쟁이라는 극한 상황에서는 예기치 못한 수다한 변수가 작용할 수가 있다. 그래서 싸우지 않고 이길 수 있는 길이 최상이라 한 것이다. 하물며 분노나 직개심만 앞세워 수많은 생명과 재산과 나라의 명운까지 걸고 덜컥 싸움부터 벌여 승리하기를 구해서야 어찌 이룰 수 있겠는가?

손자는 전장에 나서는 병사들의 비애를 이렇게 묘사했다

『전투의 명이 내려진 날, 앉은 병사의 눈물은 옷깃을 적시고 쓰러져 누운 병사의 눈물은 턱을 타고 엇갈려 흐른다.』

令發之日발령지일 士卒坐者사졸좌자 涕霑襟[1]체점금

偃[2]臥者언와자 涕交頤체교이 〈九地구지편〉

이 얼마나 생생하고 절절한 표현인가. 지도자의 잘못된 결정이 어떤 고통과 슬픔으로 이어지는가를 뼈아프게 새기고 전쟁의 비극을 피하고, 또 피해야 할 것이다.

이 장을 시작하면서 언급했듯이 비즈니스는 전쟁이어선 안 된다. 전쟁은 승자도 패자도, 산 자도 죽은 자도 모두 비극의 나락에 빠질 수밖에 없다. 그래서 비즈니스는 전쟁이 아니라 룰을 지키는 경쟁이어야 한다고 했다.

---

1) 霑-젖을 점, 襟-옷깃 금
2) 偃-쓰러질 언

경쟁도 여러 가지가 있다. 승부를 다투고, 재화와 시장을 다투고, 새로운 기회를 다투기도 한다. 그중에 가장 바람직한 경쟁은 가치의 경쟁이다. 가치 증진은 고객을 돕고 세상을 이롭게 한다. 화육과 상리공생의 경쟁이기 때문이다. 가치 증진의 출발점이자 종착점은 사람과 그 사람들의 모임으로 이뤄진 조직과 공동체다. 가치를 만드는 조직 경영의 요체는 무엇일까?

손자는 〈군형편〉에서 '조직 운용의 핵심'을 이렇게 요약했다.

『군대를 잘 운용하는 장수는 리더십을 끊임없이 연마하고 시스템을 합리적으로 운영한다. 그 결과로 승패의 주도권을 장악할 수 있다.』

善用兵者선용병자 修道而保法수도이보법

故能爲勝敗之政[1]고능위승패지정

조직 운용의 핵심을 두 가지, 도(리더십)와 법(시스템)으로 압축하고 그 두 요소의 구체적 구축 방법(수도와 보법)까지 제시하고 있다는 점이 놀랍다. 이 두 가지는 현대 비즈니스 조직에서도 여전히 핵심 중의 핵심으로 꼽는 요소들이다. 이 두 요소가 제대로 갖춰져 있느냐 여부가 조직의 성패를 좌우한다는 것은 2천5백 년 전이나, 앞으로 그런 세월이 더 흐른 뒤에도 변함없는 진리로 남으리라 본다.

생각해 보면 도와 법이란 말에는 보다 깊고 높은 철리哲理가 담겨 있다. 도리와 법도法度는 심신과 영육처럼 불가분이면서 상호의존하는 개념이다. 수도와 보법은 워딩 그대로 보면 '도를 닦고 법을 보전'한다는 말이 아닌가. 세상을 살아가며 겪는 수다한 세파世波로부터 스

---

1) 政-다스릴 정, 주도하다, 장악하다

스로를 견지하는 근원이 마음을 수양하고 삶의 향상을 추구하는 것이라 한다면 수도와 보법은 곧 처세의 핵심이랄 수도 있겠다. 그렇게 보면 승패의 주도권뿐만 아니라 인생의 주도권마저 장악할 수 있는 현묘함이 담긴 문구라 하겠다.

도와 법은 의존을 넘어 상호 보완성을 지닌다. 리더에 따라, 그 지위에 따라 그리고 그 사람이 처한 제반 상황에 따라 리더십은 주관적 진폭을 지닌다. 마치 생체 리듬처럼 맥동과 같은 흔들림fluctuation을 내재하고 있다. 그것이 사람이 지닌 감성의 유동성이자 인간적 리더십의 특성인 동시에 한계다. 그래서 사람이 바뀌거나 부재의 상태라도 조직이 관리될 수 있는 기본 틀이 있어야 항상성을 유지할 수 있다. 그 기본 틀이 시스템이라 불리는 객관적 기작機作이다.

조직 운용은 리더십만으로도 안 되고 시스템만으로도 부족하다. 그래서 이 두 가지 요소가 보완적 관계로 작용하여 서로의 부족함을 채워 갈 수 있어야 한다. 그런데 리더십과 시스템 중 어느 쪽이 더 중요할까?

조직의 근본적 의미는 '사람과 사람이 서로 협력하여 일을 이루는 것'이다. 조직이 목적한 성과를 얻기 위해서는 사람들 간의 유기적 활동의 기본 틀인 업무의 분장, 역할과 책임의 분담, 자원의 배분, 정보 전달 체계 등이 명시되어 있어야 한다. 그 기본 틀이 시스템이다. 그러나 조직은 환경 변화에 따라 새로운 대응이 요구되거나 예측하지 못한 문제가 발생하여 시스템대로 운영되지 않을 때가 있기 마련이다. 인공지능 시스템이 빠른 속도로 발전하고 있어 스스로 학습하고 장애를 스스로 제어하는 능력이 더욱 향상되기를 기대하지만, 아직은 시스템이 지니고 있는 자기규제self-regulation의 속성을 넘어설 수 없는 것이 현실이다. 설사 시스템이 자기규제를 극복할 정도로 발전한다 해도 시스템 스스로 질문하고 규칙을 만들고 가치 판단을 하는 것까지는 허용할 수 없지 않겠는가? 규칙의 생성, 혁파와 가치 판단은 사람의 주체적 창조 영역이어야 하기 때문이다.

그렇기 때문에 사람이 시스템의 문제점을 찾고 보완책을 마련할 필요가 있다는 점에서 '보법'의 주체는 사람이어야 한다. 결국 리더십의 주관성 한계와 시스템의 자기규제를 상호 보완하는 선순환 구조가 바람직하나, 상대적으로 더 중요한 것은 리더십이라 할 수 있다.

리더십은 단지 시스템의 주체라는 데 그치지 않는다. 시스템의 자기규제처럼 사람에게는 주관성 한계와 더불어 '안정을 지향하는 속성'이 있다. 안정을 추구하는 것이 지나치면 안주에 이르고, 그 고임의 늪에 발목이 잡히면 시스템의 자기규제성은 더욱 고착될 수 있다. 개인이든 조직이든 생명체의 본성은 흔들림 속에서 유기적 균형을 추구하며 성장을 지향할 때 존속이 가능한 법이다.

리더는 혼란 속에서 질서를 만들며, 질서 속에서 의도적으로 혼란을 야기하는 사람이다. 사람들의 안정지향성을 자극하려면 리더는 먼저 '자기중심성'을 넘어서야 한다. 진정한 리더는 초아超我의 가치관으로 공동체의 목적을 추구하는 사람이다. 그런 사람이 우리가 고

대하는 바람직한 리더의 표상이다. 기다리는 것으로 그칠 일이 아니다. 우리 자신이 각자가 속한 조직에서 그런 리더로 스스로를 연찬하며 성장해 가야 할 것이다. 그것이 '수도'의 바른길이다.

3-8

무엇이 조직의 사기를 드높이고 헌신하게 하는가

『무왕武王이 태공망에게 물었다. "나는 전군의 병사들을 이끌고 적의 성을 공격할 때에 앞다투어 성벽을 기어오르고, 벌판에서 싸울 때에는 앞다투어 달려 나가며, 물러나라는 쇳소리를 들으면 성을 내고, 달려 나가라는 북소리를 들으면 기뻐하게 만들고 싶습니다. 어떻게 하면 그렇게 할 수 있습니까?"

태공망이 대답하였다. "장수가 군대의 사기를 진작하여 반드시 승리하는 세 가지 길이 있습니다.

첫째는 예장禮將입니다. 장수는 추운 겨울에도 혼자만 따뜻한 갖옷을 입지 않고 무더운 여름에도 혼자만 부채를 잡지 않으며, 비가 내리더라도 혼자만 우산을 펼치지 않아야 합니다. 이러한 장수를 '예의를 갖춘 장수'라고 합니다. 장수가 몸소 예의를 실천하지 않으면 병사들이 추위와 더위 때문에 얼마나 괴로운지 알 수가 없습니다.

둘째는 역장力將입니다. 좁고 험한 길을 행군하거나 진흙탕 길을 지나가야 할 때 장수는 반드시 수레나 말에서 내려 함께 걸으며 병사들과 더불어 괴로움을 나누어야 합니다. 이러한 장수를 '진력으로 애쓰는 장수'라고 합니다. 장수가 몸소 병사들과 고락을 함께 하지 않으면 병사들의 수고와 괴로움을 알 수가 없습니다.

셋째는 지욕장止欲將입니다. 들판에서 주둔할 때 전군이 모두 막사를 치고 자리잡은 뒤에야 장수가 자리에 들고, 밥을 지을 때 병사들의 식사가 모두 마련된 뒤에야 장수가 식사를 하며, 병사들이 불을 지피지 못하고 있으면 장수도 불을 쬐지 않아야 합니다. 이러한 장수를 '욕심을 절제하는 장수'라고 합니다. 장수가 몸소 혼자만의 편안함을 절제할 줄 모르면 병사들이 먹고 자는 어려움을 헤아릴 수가 없는 법입니다.

이렇듯 장수가 병사들과 더불어 추위와 더위, 수고로움과 괴로움, 굶주림과 배부름을 함께한다면, 모든 병사들은 진격하라는 북소리를 들으면 기뻐 날뛰고 후퇴하라는 쇳소리를 들으면 벌컥 화를 내게 됩니다. 전군의 병사들이 이처럼 전투에 기꺼이 몸을 던지는 이유는 그들이 죽기를 좋아하고 다치기를 바라서가 아닙니다. 이는 오직 장수가 병사들의 어려움을 차근차근 살펴주고 갖가지 괴로움과 수고로움까지도 밝게 알아주기 때문입니다."』

〈육도 용도〉의 여군삼도勵軍三道에 대한 대화 내용이다. 여군勵軍을 요즘의 표현대로 한다면 '진성 리더십', '함께하는 리더십'이라 말할 만하다. 엄격한 계급과 신분의 구분을 뛰어넘어 진심에서 우러나오는 부자의 정과 형제애로 병사들을 아끼고, 고락을 함께 나누는 가운데 사기를 충천케 하고 온전히 헌신하게 하는 것이다.

여군의 명수로 역사에 이름을 남긴 명장들이 많은데, 그중에서도 항우와 오기, 사마양저司馬穰苴[1]의 일화는 너무나 유명하다.

〈사기 항우본기〉에 실려 있는 항우의 여군이다.

『진지를 구축할 때는 병사들과 함께 통나무를 져 나르고 돌덩이를 모았으며, 성을 공격할 때는 병사들과 어깨를 나란히 하고 성벽을 기어올랐고, 전장에 나아갈 때는 맨 앞에 서고 물러날 때는 가장 늦게 뒤따랐고, 군막을 돌아보고 병든 병사를 손수 돌보며 하찮은 먹을 거리라도 반드시 나누어 먹었다.』 특히 강동자제 8천 명으로 이루어진 별동부대에 대한 애정은 대단하여 그들은 해하垓下에서 마지막 전투를 치르는 최후까지 함께했다.

〈손자오기열전〉에 다음과 같은 오기에 대한 일화가 실려 있다.

『위魏나라 문후文侯에게 발탁된 오기는 전략요충지인 서하西河 땅의 태수로 임명되자마자 곧바로 성루를 높이 쌓고 해자를 깊게 판 후 군사 조련에 몰두했다. 그는 병사들과 숙식을 같이했고 잠잘 때도 잠자리를 따로 펴지 않았고, 지휘할 때가 아니면 말을 타지 않았으며 자신이 먹을 양식도 직접 짊어지고 다니면서 병사들과 고락을 함께했다. 한번은 병사가 종기로 고생하자 오기가 직접 입으로 그 종기를 빨아 치료했다. 그 병사의 모친이 이 이야기를 전해 듣고는 대성통곡을 했다. 어떤 사람이 의아해하며 까닭을 물었더니 병사의 모친이 울면서 대답했다. "지난날 저 장군이 내 남편의 욕창을 빨아 준 적이 있었소. 남편은 이에 감복한 나머지 후

---

1) 司馬穰苴-제경공 때의 장군. 그의 물품과 식량을 사졸들에게 나누고 그들과 똑같이 먹었다.

퇴할 줄도 모르고 분전하다가 마침내 전장에서 죽고 말았다오. 저 장군이 이제 또 다시 내 아들의 종기를 빨아 주었으니 나는 내 아들이 어느 곳에서 죽을지 모르게 되었소. 그래서 통곡하는 것이오."』

오기는 부하의 종기를 빨아 주는 사랑을 베풀어 싸움에서 한 번도 지지 않는 큰 공을 세워 상승장군常勝將軍이라는 별호를 얻었다.

우리 현대사에도 그런 훌륭한 분이 있다. 월남전 당시 파월 한국군 사령관을 지냈던 채명신蔡命新 장군이다. 그는 유언하기를 "나는 전장에서 함께 생사를 나눈 병사들을 사랑한다. 나를 장군묘역에 묻지 말고 병사묘역에 나란히 묻어 달라" 하여 그의 뜻대로 1평의 병사묘역에 함께 잠들어 있다. 진정으로 전우애를 몸소 실천한 리더의 표본이라 할 수 있다.

한국전쟁 당시 여군보다 더 진한 인간애를 실현한 은인이 있다. 부산 피난 시절, 갑자기 네 배 가까이 늘어난 인구로 가마니와 판자로 산비탈과 공동묘지까지 움집을 짓고 연명할 때였다. 영주동 판자촌에서 큰불이 나 3만 명의 이재민이 발생하고 움집까지 포함하여 5천 채에 이르는 집이 소실됐다. 가뜩이나 물자가 부족한 전시 상황이라 대책이 막막한 상황에 구세주가 나타났다.

당시 미2군수사령관으로 부산 현황을 둘러보러 왔던 위트컴Richard Witcomb 장군은 이 비참한 현장을 목도하고, '우선 사람이 살아야 한다'는 취지로 군수물자를 무단전용하여 도탄에 빠진 이재민에게 나눠 주었다. 이 때문에 미의회 청문회에 소환됐으나, 그는 "전쟁은 총칼로

만 하는 게 아니다. 그 나라 국민이 처한 어려움을 돕는 것이 진정한 승리다"라는 역사에 남을 항변을 하여 많은 의원의 기립박수를 받고 오히려 더 많은 구호금을 받아 부산으로 돌아왔다.

그는 부산의 열악한 의료시설을 확보하기 위해 미군 장병 월급을 1%씩 모으는 기금모금 운동도 했다. 그렇게 설립된 시설이 메리놀 병원이다. 그는 또 피난의 장기화로 나라의 미래를 위해 교육시설을 확충해야 한다는 지식인들의 건립운동을 도와 건축자재와 공병부대를 지원해 부산대 설립을 도왔다. 그 외에도 보육원 건설, 주거지 및 도로 건설 등 전후 부산 재건을 위해 크게 기여했다.

장군은 1982년 임종하며 '한국에 묻어 달라'는 유언을 남겼다. 그의 뜻대로 부산지구 전쟁 희생자 2,315명의 유해가 묻혀 있는 유엔기념공원에 안장되었는데, 그가 이 묘역에서 유일한 장군이다.

위트컴 장군은 한 나라의 비극적인 내전에서 승리보다 더 귀중한 희망의 싹을 심은 영웅이다. 지옥과 같은 참상에 처한 민간 구호와 국가 미래 재건의 초석을 놓아 오늘날의 대한민국으로 발전하는 데 크게 헌신한 분으로 오래오래 기억하고 추념하여 마땅할 것이다.

비즈니스 조직의 사기 진작도 여군과 크게 다르지 않다. 리더와 구성원이 고락을 함께하고 일선의 어려움을 진정으로 헤아려 알아준다면 어찌 몸을 사려 시늉으로 그치겠는가? 태공망이 말하는 여군삼도의 본질은 '사랑'이다. 지위를 내려놓고 진심으로 구성원을 아끼고 몸소 바른 표본을 보임으로써 동참의 마음과 발길을 얻을 수 있을 것이다.

손자는 사기 진작과 헌신의 모습을 전장에서 필사적으로 적진으로 뛰어드는 것으로 묘사한다. 그는 하나뿐인 목숨에 아랑곳하지 않고 적진을 향해 돌격하는 힘의 원천을 '분노怒'와 '보상貨'이라 했다.

분노는 상대를 무찔러 이기려고 하는 마음에서 분출되는 것이다. 비즈니스 조직으로 바꿔서 표현한나면 '경쟁심'이라 할 수 있다. 애사심이나 애국심의 발로도 우리를 아끼고 상대를 극복하고자 하는 투지에서 비롯되는 것이다. 이는 내부적으로는 강력한 공동체 의식으로 결속케 하고 공동의 목표를 반드시 이루려 하는 구체적 실천행동으로 드러날 것이다.

보상은 적진 깊숙이 침투하여 공을 세운 결과에 대한 반대급부로 주어지는 것이다. 이는 조직에 대한 믿음이고 물질적, 심리적 보답에 대한 기대의 충족을 의미한다. 비즈니스 현장 용어로는 '인센티브'나 '리워드'에 가까울 것이다. 단지 승진과 금전적 보상만이 아니라 시상이나 권익 증진, 예우, 노후 보장 또는 보훈 등의 성과 공유에 대한 포괄적인 기대의 충족을 의미한다.

현대 조직의 사기 진작과 헌신의 요인은 참으로 다양하겠으나 정당한 물질적 보상과 더불어 고락과 영욕을 함께한다는 상하 간의 동지애가 무엇보다 중요하리라 본다. 나아가 조직 성장과 개인의 성장을 함께 이끄는 리더가 존재하고, 미래를 온전히 내맡길 만한 비전 공유의 조직 문화라면 지난날의 여군이 부럽지 않을 것이다.

3-9

전략의 핵심은 기회 포착이다

 리더십은 '힘(power 또는 Influence)'을 배경으로 발휘할 수 있다. 힘이 있어야 사람을 움직이고 이끌 수 있다. 〈전략의 역사〉를 쓴 런던 킹스칼리지 교수 로렌스 프리드먼은 '전략은 힘을 창조하는 기술'이라 정의한 바 있다. 전략strategy은 승리를 위해 힘을 만들고 발휘하는 사고와 행동이라는 점에서 리더가 지향할 사고체계이자 행동양식이라 할 수 있다.

 중국 청나라의 강건성세康乾盛世[1] 평전을 지은 둥예쥔東野君은 『용병의 요체는 기회 포착에 있다』는 명문을 남긴 바 있다.

用兵之道용병지도 要在乘機요재승기

 이 말은 전략의 핵심을 명쾌하게 짚어 낸 표현이다.

 기회는 우연히 오지 않는다. 철저하게 준비하고 오게 만들어서 순간의 스침을 놓치지 않고 낚아채 올라타야 한다. 기회 포착을 위한 준비 내용은 세 가지, 선택과 집중 그리고 주도권의 확보로 요약할 수

---

1) 康乾盛世-청나라 4대 황제 강희제康熙帝에서 6대 황제 건륭제乾隆帝에 이르는 130여 년의 태평성대

있다. 〈손자병법〉을 통해 시간과 장소의 선택, 힘의 집중과 상황을 주도하는 방법론을 살펴보자.

먼저 시간과 장소의 선택이다. 그 요체는 『상대방이 준비가 안 된 곳을 공격하고, 상대방이 생각하지 못할 때에 드러내는 것』이다.

攻其無備공기무비 出其不意출기불의 〈시계편〉

전략은 상대를 극복克服하기 위한 방책이다. 상대방의 강한 곳을 피하고 약한 고리를 끊어야 승리의 발판을 만들 수 있다. 나는 준비가 된 상태에서 상대방의 미처 준비 안 된 곳을 공격하고, 나는 준비된 시점에 상대방의 미처 준비 안 된 때에 출격함으로써 승리의 확률을 높이고 손실을 최소화할 수 있다.

승리할 수 있는 구체적인 준비 태세를 손자는 이렇게 묘사하고 있다. 『공격을 잘하는 군대는 적이 어디를 지켜야 할지 모르게 공격하고, 수비를 잘하는 군대는 적이 도저히 어디를 공격해야 할지 모르게 수비를 한다.』

善攻者선공자 敵不知其所守적부지기소수
善守者선수자 敵不知其所攻적부지기소공 〈허실편〉

준비되어 있기에 내 의도를 감춘 채 적의 준비 안 된 곳을 공격하므로 적이 어디를 지켜야 할지 모르게 되며, 적의 의도를 미리 알고 준비된 수비를 함으로써 적이 도대체 어디를 공격해야 할지를 모르게 되는 것이다. 공격은 날카롭고 수비는 견고하되, 공수 모두 창의적이어야 한다. 하지만 승리의 요건은 수비가 아니라 공격이다. 공격이 수비에 비해 능동적, 주도적이기 때문이다. 그리고 공격이든 수비든 준비가 되어 있는 상태여야만 상대를 극복할 수 있다는 점을 분명히 한 것이다.

시간의 선택에 대해서도 이렇게 묘사하고 있다.

『가까운 곳에서 먼 길을 오는 적을 기다리고, 편한 자세로 피로해진 적을 기다리며, 배불리 먹고 나서 배고픈 적을 기다리니, 이것이 힘을 다스리는 방법이다.』

〈군쟁편〉의 이일대로以佚待勞[1] 전술에 대한 설명이다. 준비된 시점에 준비 안 된 적을 맞이할 때 승리를 쉽게 결정지을 수 있다는 말이다.

두 번째는 힘의 집중이다. 피아간에 능력이나 힘이 어슷비슷하여 서로 견줄 만한 상태를 '필적匹敵할 만하다'라고 표현한다. 싸움은 이럴 때 성립한다. 이런 상황에서 승리를 이끄는 전략이 『나는 집중하고 상대는 분산시키는 것』이다.

我專而敵分아전이적분 〈허실편〉

상대를 분산시키려면 나의 의도와 상황은 드러나지 않게 하되, 상대의 의도와 상황은 드러나게 해야 한다. 나의 의도가 드러나지 않아야 상대는 지키는 곳이 많아지고, 상대가 지킬 곳이 많아야 나의 집중된 힘으로 분산된 적을 대하게 되므로 승리를 거둘 수 있다.

나는 집중하고 상대를 분산시키기 위해 필요한 것이 '상대의 허실에 대한 파지把持'다. 네 가지의 시도로 허실을 파악하기에 이른바 사지

---

1) 以佚待勞-편안할 일, 편히 쉬면서 피로한 적을 기다린다는 뜻

론四之論이라 한다.

첫째는 전장에서 마주하고 있는 피아 간의 실제 전력을 사전에 비교 분석하는 것이다. 이를 책지策之라 한다. 축구 경기를 예로 든다면 상대전적, 감독의 용병술, 포메이션, 출전선수, 상호 간의 강약점 분석 등이 책지에 해당한다. 싸우기 전에 득실과 공략할 수 있는 작전을 미리 세우는 것이다.

둘째는 도발하여 상대의 반응을 살피는 것으로 이를 작지作之라 한다. 경기가 진행되고 경기 초반에 몇 가지 선제 공세를 취하여 상대의 대응 태세와 실제 전력을 탐색하는 방법이다.

셋째는 아군의 진형을 바꾸어 상대의 대응과 숨겨진 의도를 간파하는 것이다. 이를 형지形之라 한다. 갑자기 포메이션을 바꾸어 상대의 진형 변화, 공수 전개, 대인 또는 지역방어 전술 등의 변화를 살피는 시도다.

넷째는 침투정찰로 적진 깊숙이 뛰어들어 내밀한 적의 허실을 간파하는 것인데, 이를 각지角[1]之라 한다. 과감한 드리블 또는 적진의 빈 공간을 파고드는 날카로운 패스로 적의 수비 망을 흔들고 승부까지 결판 지을 수 있는 공세적 전술이다.

이렇게 사지四之를 통하여 적의 허점을 찾고 힘을 분산하게 한 다음 나의 힘을 집중하여 승리를 결정짓는다.

기회 포착의 세 번째 요소는 주도권initiative의 확보다. 앞의 때와 장

---

1) 角-겨룰 각, 다툴 각

소의 선택과 힘의 집중으로 경쟁에서 주도권을 확보할 수 있고, 주도권을 확보해야 선택과 집중을 나의 의지대로 전개할 수 있다. 즉, 선택과 집중과 주도권은 유기적으로 작용하며 승리의 기회를 만들게 된다. 역시 축구를 예로 든다면 볼을 점유하는 것에서 게임의 주도권을 쥘 수 있는 것과 마찬가지다. 내가 볼을 키핑함으로써 나의 의지대로 공세를 취할 수 있게 되고, 상대는 나의 공세에 따라 수세에 처할 수밖에 없게 된다.

'공격이 곧 최선의 방어(이공위수以攻爲守)'인 것이다. 이 말은 중국의 개국공신이자 뛰어난 군인이며 외교가였던 진의陳毅원수元帥가 남긴 말이다.

〈손자병법〉에서 주도권의 확보를 이렇게 묘사하고 있다.

『전쟁을 잘하는 장수는 적을 내 의도대로 끌고 다니지 적의 의도에 끌려다니지 않는다.』

善戰者선전자 **致人而不致於人**[1]치인이불치어인 〈허실편〉

주도권을 확보하는 방법으로 세 가지를 고려할 수 있다.

첫째는 속도다. '군사 운영에 있어 귀신과 같은 신속함을 으뜸으로 한다'는 표현이 있다. 이른바 '병귀신속兵貴神速'이다. 진수陳壽가 쓴 정사 〈삼국지〉에 등장한다. 속도가 기회를 선점하는 데 중요한 변수가 되고, 같은 힘의 크기라도 속도가 힘을 배가하여 상황을 주도하는 데 기여한다.

---

1) 致-통제할 치, 조종할 치. 치인은 능동, 치어인은 피동을 뜻함

둘째는 선수先手다. 『선수를 치면 상대를 제압할 수 있고 뒤지면 상대에게 제압을 당하게 된다』하였다.

先則制人선즉제인 **後則人制**후즉인제

이 말은 〈사기 항우본기項羽本紀〉에 등장한다. 항우와 그의 숙부인 항량項梁이 거병을 할 때 이 말을 실행하여 대세를 선점했다.

셋째는 변화의 추구다. 『상황에 따라 조직의 이익을 위하여 능동적으로 변화를 도모함으로써 주도권을 확보할 수 있다.』

應形無窮응형무궁 **因利而制權**인리이제권 〈허실편〉

전쟁에는 전형과 패턴이 없다. 현대 축구에서는 4-2-4, 4-3-3, 4-2-3-1 등의 포메이션을 운영하나 한 게임 중에도 몇 번의 변화를 추구한다. 『진형 변화의 극한 추구는 무형에 이른다』고 손자는 말한다.

形兵之極형병지극 **至於無形**지어무형 〈허실편〉

그러므로 어제의 승패의 늪에 빠져 오늘을 그르치지 않아야 한다. 승패의 요인을 백지 상태에서 냉철히 분석하고 새롭고 창의적인 방법으로 상대를 제어할 수 있는 방법을 찾아야 오늘의 전장을 지배할 수 있는 법이다.

3-10

경영의 진정한 의미는
더불어 하는 것

'경영'을 동양 고전에서 처음 언급한 책은 〈시경詩經〉이다. 〈맹자〉에 그 배경과 의미를 소상히 이야기하는 대목이 있다.

『맹자가 양혜왕을 뵐 적에 왕이 연못가에서 노니는 기러기와 사슴을 돌아보며 "현자도 이것을 즐깁니까?" 하고 물었다. 맹자가 답하기를 "현자여야 즐길 수 있습니다. 어질지 못한 자는 비록 이것을 가지고 있더라도 즐거워하지 못합니다.

시경에 이르기를, '문왕이 처음 영대靈臺를 지을 계획을 세우고 일을 벌이니 백성들이 몰려와 일하는지라, 하루가 못 되어 누대가 완성되었도다.

詩云시운 經始靈臺경시영대 經之營之경지영지 庶民攻之서민공지 不日成之불일성지 〈大雅대아 靈臺영대편〉

터전을 닦고 대臺를 지으매 급히 서둘지 말라고 이르셨으나 백성들은 자식이 아버지를 돕듯이 하였도다. 왕이 영유靈囿에 있으니 사슴들이 그곳에 가만히 엎드려 있도다. 사슴들은 기름졌고 백조는 빛나도다. 왕이 영소靈沼에 있으니 아! 연못 가득히 고기들이 뛰노는구나!' 하였습니다.

문왕이 백성의 도움으로 대臺를 만들고 소沼를 만들었으나, 백성들이 그것을 만든 것을 즐거워하여 그 대를 영대라 하고, 그 소를 영소라 불렀습니다. 문왕이 그것들이 있음을 즐거워한 것은 백성들과 더불어 함께 즐길 수 있었기 때문입니다."』

古之人고지인 與民偕樂여민해락 故能樂也고능락야

맹자의 말은 거침없이 이어진다.

『"탕서湯誓[1])에 이르기를, '이 해(태양, 하夏나라 폭군 걸왕桀王을 의미함)가 언제나 없어질꼬? 내 너와 더불어 함께 망하겠다' 하였으니, 백성들이 걸왕과 더불어 망하고자 한다면 비록 높은 대와 연못과 온갖 조수鳥獸를 갖고 있은들 어찌 홀로 즐거워할 수 있겠습니까?"』

〈맹자 梁惠王章句上양혜왕장구상〉

이른바 '백성들과 함께 즐긴다'는 성구가 담긴 여민해락與民偕樂 장이다.

〈시경〉에 나온 '경영經之營之'을 글자 그대로 푼다면 '그것을 헤아리고經, 그것을 짓는다營'로 해석할 수 있다. 말 그대로 Plan&Practice다. 계획을 세우고 사업을 해 나가는 것이다. 오늘날 경영이란 용어- management, administration, operation 등의 의미가 그대로 일치하는 것을 알 수 있다. 그러나 맹자는 '경영'에 또 다른 의미가 담겨 있다고 말한다.

〈맹자〉의 다음 장을 보자.

---

1) 湯誓-〈서경書經〉 상서商書의 편명

『제선왕齊宣王이 물었다. "문왕의 동산囿[1]이 사방 70리에 이르렀다 하던데, 그랬었습니까?"

맹자가 답했다. "옛글에 그렇게 전해집니다."

"그렇게 컸습니까?"

"백성들은 오히려 작다고 여겼습니다."

"과인의 동산이 사방 40리밖에 안 되는데 백성들이 오히려 크다고 여기는 것은 어째서인가요?"

"문왕의 동산이 사방 70리에 달했지만 꼴 베고 나무하는 백성들이 그리로 가며, 꿩 잡고 토끼 잡는 백성들이 그리로 가서 백성과 더불어 함께하셨으니與民同之, 백성들이 작다고 여김이 당연하지 않습니까?"』

맹자의 말은 계속된다.

『"신臣이 처음 제의 국경에 이르렀을 때 나라에서 크게 금지하는 일을 들은 뒤에야 들어올 수 있었습니다. 그때 들으니, 교내郊內에 동산이 사방 40리인데 동산에 있는 사슴을 죽이는 자를 살인의 죄와 같이 다스린다 하였습니다. 이는 나라 한가운데 함정을 만든 것이니, 백성들이 크다고 여김이 당연하지 않습니까?"』〈양혜왕 장구하〉

맹자는 제선왕을 설궁雪宮이라 불리는 행궁에서 다시 만났다. 설궁은 아름답기로 소문난 곳이라 왕은 자랑스레 "현자도 이런 것을 즐깁니까?" 하고 물었다.

맹자는 지체없이 답했다. "그렇습니다. 백성들은 즐거움을 얻지 못

---

1) 囿-동산 유, 왕을 위한 동산으로 새와 짐승을 번식시키고 기르며 사냥하던 곳

하면 그것을 독차지한 윗사람을 비난합니다. 즐거움을 얻지 못했다 하여 윗사람을 비난하는 것도 잘못이지만, 백성의 윗사람이 되어 백성과 더불어 즐거워하지 않는 것도 잘못입니다. 백성의 즐거움을 즐거워하는 이는 백성들 또한 그 윗사람의 즐거움을 즐거워하고, 백성들의 근심을 근심하는 이는 백성들 또한 그 윗사람의 근심을 근심합니다. 즐거워하기를 더불어하고 근심하기를 함께하고도 윗사람 노릇을 못했던 적은 있지 않았습니다."〈맹자 양혜왕장구하, 대학연의大學衍義 27권〉

樂民之樂者낙민지낙자 民亦樂其樂민역낙기락 憂民之憂者우민지우자 民亦憂其憂민역우기우

대소臺沼와 조수, 동산의 크기나 궁궐의 아름다움이 중요한 게 아니다. 백성과 함께 어려움을 나누며, 그들과 더불어 즐거워하느냐가 중요하다는 말이다與民偕樂, 與民同之.

경영의 진정한 의미는 일과 사람을 헤아리고經, 일을 짓되營 사람들과 함께하는 것이다. 경영의 주체가 국가든 비즈니스 조직이든, 그 대상이 대소든 동산이든, 또 어떤 궁궐이나 사업이든 백성과 더불어, 구성원과 함께하는 것이다. 사람들과 함께 가치와 목표와 과정과 성과와 감정까지도 공유할 때, 비로소 제대로 경영을 하는 것이다.

하걸왕처럼 홀로 즐거워하고, 제선왕처럼 독차지하는 것은 아무리 훌륭한 목표와 성과라 할지라도 진정한 경영이 못 된다. 사람을 헤아리지 못한 것이고 사람들과 함께하지 않은 것이기 때문이다.

오늘날 경영이 펼쳐지는 대표적 조직이 회사會社다. 이 회사라는 말도 사람들이 모여 사람들을 위한 일을 한다는 의미이니 곧 '사람'이 회사의 중심이다. 회사의 존재 이유와 목표가 무엇이든 사람을 헤아리지 않고 사람들과 함께하려 하지 않는 회사는 결국 회사로 온전히 존재할 수 없다.

'컴퍼니'라는 말도 마찬가지다. 그 어원은 라틴어로 cum(함께)와 panis(빵)이다. '함께 빵을 나누어 먹는 사람들의 모임'이 컴퍼니다. 우리말로 '식구'라는 말이 아닌가. 이 역시 경영의 속뜻인 '함께한다'와 통하는 말이다.

경영의 본질적 의미와 회사에 담긴 본래의 뜻을 되새기면서 우리가 몸담고 있는 조직이 추구하는 바와 그 활동의 과정과 결과에 관련된 모든 사람이 동참하고 함께 꿈을 키워 가는 삶터가 되었으면 한다.

4. 경세훈 經世訓

역사를 돌아보면 국운이 흥성하고 쇠망하는 데는
분명한 원칙이 있는 것 같다.
나라의 근본을 이루는 기층민들을
진정으로 이롭게 해 주고 해를 주지 않았을 때 흥성하고,
그렇지 않을 때 쇠망의 길로 간 것을 역사는 증명한다.
그것을 오늘날 크고 작은 조직의
경세의 전범으로 삼았으면 한다.

4-1
백성의 마음을 따르는 정치를 꿈꾸다

　고대 역사의 큰 흐름은 왕조의 흥망성쇠를 중심으로 이어 왔다. 안정기에는 대부분 권력의 세습이었고 격변기에는 내란과 외환에 의해 소용돌이와 굴절을 이루고 흘렀다. 어느 경우나 무력과 권력으로 압축되는 '힘'을 장악하는 쪽으로 흥성의 기운이 일었고, 힘을 잃으면 쇠망이 찾아왔다. 신화 시대라 부르는 삼황오제三皇五帝 때는 전설만큼이나 아름다운 선양禪讓의 이야기도 전해진다. 그런 태평한 시대에는 백성들이 통치의 대상이면서 동시에 나라의 근본으로 삼고자 애썼던 흔적도 남아 있다. 맹자가 돌아가자고 그렇게도 외쳤던 왕도정치이자 노자가 꿈꿨던 소국과민小國寡民의 이상향이다.
　아주 오래전에 경세經世(세상을 다스려 이끎)의 이상을 민본民本에서 찾고자 했던 모습을 고전에서 더듬어 보자.

　'민본'이란 아름다운 표현은 〈서경書經〉에서 취한 말이다. 하夏나라를 세운 우禹임금의 유훈遺訓에서 유래했다.
　『백성은 나라의 근본이니, 근본이 굳건해야 나라가 평안하다.』

民惟邦本민유방본 **本固邦寧**본고방녕 〈夏書하서〉

대략 기원전 2천 년경에 하나라가 성립했으니, 4천 년이 더 된 옛날에 이런 정치를 표방한 것이다. 〈서경〉에는 또 "애민중민愛民重民"이란 문구도 등장한다. '백성을 사랑하고 백성을 존중한다'는 말이니 그 시대의 정치가 추구한 경세의 이상과 격조를 느낄 수 있다.

『문왕이 태공망에게 훌륭한 정치에 대해 묻자 태공망이 다음과 같이 답한다.

"천하 백성의 마음은 흐르는 물과 같습니다. 막으면 흐름을 멈추고, 터주면 흘러가며, 휘젓지 않으면 맑아집니다."』

天下之人如流水천하지인여유수 **障之則止**장지즉지 **啓之則行**계지즉행 **靜之則淸**정지즉청 〈六韜육도 文啓문계편〉

『문왕이 천하를 안정시키려면 어찌해야 하는지를 묻자 태공망이 답하길, "하늘에는 늘 변함없는 운행이 있고, 백성에게는 살고 싶은 평화로운 일상이 있습니다. 군주가 천하의 백성들과 늘 삶을 함께하면 천하는 저절로 안정됩니다. 가장 훌륭한 정치는 있는 그대로의 천지 자연의 법칙과 만백성의 마음을 따라가는 것이고, 백성을 다스려 교화시키는 것은 그다음입니다."』

與天下共其生여천하공기생 **而天下靜矣**이천하정의 **太上因之**태상인지 **其次化之**기차화지 〈문계편〉

4. 경세훈經世訓

우임금이 꿈꿨던 민본의 정치로부터 1천 년 후의 고민과 해법에 대한 이야기다. 민본이라는 샘물이 흘러 내를 이루고 하걸夏桀과 은주殷紂라는 거친 웅덩이를 넘어선 물줄기는 이미 맑은 시냇물이 아니었다.

흐르는 물과 같이 백성의 마음을 따라가는 정치를 논의한 때로부터 또 5백여 년이 흐른 후에 공자가 천하를 떠돌며 주초周初로 되돌리려 애썼지만 세상은 더욱 헝클어져 황하의 흙탕물 형국이었다. 왕도는 땅에 떨어지고 패권 다툼과 전란의 반복 속에서 백성의 마음은 뒷전이었다. 세상은 세월의 물줄기를 따라 흐르며 초기 정치의 이상에서 점점 멀어져 더욱 황폐하고 혼탁해진 모습이 되어 갔다.

그런 지경에도 몇몇 정치가와 사상가는 바른 정치를 지향하며 백성을 두려워할 줄 알아야 한다고 외쳤다.

『백성은 지극히 약하지만 힘으로 위협할 수 없고, 지극히 어리석지만 꾀로서 속일 수 없는 존재다. 대중의 마음은 성을 이루기도 하지만 그들의 입은 쇠를 녹이기도 한다.』

衆心成城중심성성 衆口鑠[1]金중구삭금 〈國語국어 周語주어〉

『백성의 입을 막는 것은 물길을 막는 것보다 더 어렵다.』

防民之口방민지구 甚於防川심어방천

정鄭나라 명재상인 자산子產의 말이다. 그 옛날에도 표현의 자유가 열려 있었고 나랏님에 대해서도 거침없이 할 말을 했던 민중과 그 말에 귀를 기울이는 훌륭한 관리가 있었다는 얘기다.

---

1) 鑠-녹일 삭

『지도자를 배라 한다면 대중은 물이다. 물은 배를 띄우기도 하지만 배를 뒤엎기도 한다.』

君子舟也군자주야 庶人者水也서인자수야 水則載舟수즉재주 水則覆舟수즉복주 〈순자 王制왕제편〉

　전국 시대의 절대 권력을 지닌 군왕을 상대로 이런 말을 할 수 있다는 것이 참으로 놀라우면서도 당시 학자의 사회적 책무와 영향력의 크기를 짐작할 수 있는 말이다.

　우리 조선의 위대한 군주 세종도 백성을 이르러 '신명神明한 존재'라고 경탄해 마지않으며 애민정책을 적극 전개했다. 큰 가뭄과 홍수가 들면 왕실 재산을 축소하여 구휼책을 폈고 백성의 고통을 함께하려 서민 음식과 움막 생활을 자청減膳避殿하였다. 사회적 약자 보호를 위해 노비 출산휴가, 노인을 위한 기로연, 장애인을 위한 직업 개척에 힘썼고, 한글 창제의 배경도 억울함을 토로하지 못하는 여민黎民들의 어려움을 덜어 주고자 한 것이었다. 또 토지 세제 개혁을 위해 십수 년을 고민하고 백성들이 투표로 의견을 내도록 했으며, 재능이 있으면 신분을 가리지 않고 등용의 길을 연 것을 보면 진정으로 백성을 사랑한 성군聖君이 아닐 수 없다.

『무왕이 태공망에게 백성을 사랑하는愛民 방법을 물었다. 태공망이 답하길, "백성을 이롭게 해 주고 해롭게 하지 않는 것입니다(利而勿害이이물해).
　백성들의 생업을 제대로 할 수 있게 해 주는 것이 백성을 이롭게 하는 것입니다. 살게 해 주고 죽게 하지 않으며, 나누어 주고 빼앗지 않아야 하며, 즐겁게 해 주고 괴롭히지 말아야 하며, 기쁘게 해 주고 화나게 하지 않아야 합니다.

애민의 방도는 이러합니다.

첫째, 죄 없는 사람을 처벌하지 않는 것이 애민입니다(不罰無罪불벌무죄). 죄 없는 사람에게 벌을 주는 것은 백성을 죽게 만드는 것입니다.

둘째, 세금을 적게 거두는 것이 애민입니다(薄賦斂박부렴). 세금을 적게 거두는 것이 백성에게 나눠 주는 길이요, 무겁게 거두는 것이 빼앗는 것입니다.

셋째, 궁궐을 높게 짓거나 공사를 크게 일으키지 않는 것이 애민입니다(儉官室臺검관실대). 나라를 위한 공사는 백성을 힘들게 만들고 괴롭히는 것입니다.

넷째, 벼슬아치가 청렴하며 가혹하게 굴지 않는 것이 애민입니다(吏淸不苛이청불가). 벼슬아치가 탐욕스럽고 거만한 것은 백성을 화나게 만드는 것입니다.

그러므로 나라를 잘 다스리는 군주는 백성을 대하면서 부모가 자식을 사랑하듯이 하고 형이 아우를 아끼듯이 합니다. 백성들이 굶주리거나 헐벗어 추위에 떠는 모습을 보면 걱정해 주고, 백성들이 힘들고 괴로워하는 모습을 보면 슬퍼하며, 상과 벌을 내릴 적에는 자기 자신에게 주는 것처럼 생각하고, 세금을 거둘 때는 자기에게 매기는 것처럼 여깁니다. 이것이 백성을 사랑하는 방법입니다."』

〈육도 國務국무편〉

3천 년도 더 된 애민의 정치를 다시 돌아보아도 여전히 이 시대를 살아가는 민초들에게 절실한 내용들이다. 권력을 유지하기 위해 호도하고 농단하면서 말만 국민을 위한다고 하며 정작 국민들의 아픔을 진심으로 헤아리지 못하는 정치인과 공직자들이 귀를 씻고 들었으면 한다.

역사를 돌아보면 국운이 흥성하고 쇠망하는 데 분명한 원칙이 있는 것 같다. 나라의 근본을 이루는 다수의 기층민들을 진정으로 이롭게 해 주고 해를 주지 않았을 때 흥성하고, 그렇지 않을 때 쇠망의 길로 간 것을 역사는 증명한다. 그것을 오늘날 크고 작은 조직의 '경세經世의 전범典範'으로 삼았으면 한다.

세상이 복잡해지고 예의염치가 옛날 같지 않아 모든 사람의 분출되는 욕구를 다 아우를 수는 없겠지만 인류가 남긴 바른 규범과 다수의 선한 마음을 따르고, 진정으로 사람을 사랑하며 미래를 밝히는 정치와 경영이 새봄의 신록처럼 온 세상에 펼쳐졌으면 한다.

4-2

경세의 으뜸은
사람답게 살게 하는 것

　요즘은 정치와 경제를 분리해서 말하지만 정치와 경제는 불가분의 관계다. 어느 하나가 잘못되면 또 한쪽이 온전할 리 없게 된다. 사실 더 정확하게 말하면 정치와 경제는 하나다. 정치는 곧 경제요, 경제를 잘하는 것이 정치의 본령이다.
　경제는 경세제민經世濟民(또는 경국제민經國濟民)의 줄임말이다. '세상 일을 잘 다스려 도탄에 빠진 백성을 구제'한다는 말이니, 안보와 더불어 이것이 정치의 추구할 바고 국가가 존재하는 근본적 이유다.
　맹자는 여러 나라를 유세하며 군주에게 왕도정치를 펼 것을 설파했다. 〈맹자〉에 그의 경세책이 일관되게 제시되어 있는데, 그 일단을 보자.
　『맹자가 제나라 선왕宣王을 뵈었을 때, 왕께서 바른 정치에 대해 가르침을 청했다.
　맹자가 왕께 말하였다. "학문을 하여 의리를 아는 선비는 비록 먹고사는 문제에 봉착하여 곤궁함을 겪더라도 당당한 마음으로 이겨 낼 것입니다. 그러나 일반 백성이라면 떳떳이 살 수 있는 생업이 없어 먹고사는 문제를 해결할 길이 없게 된다면, 사람답게 당당한 마음을 갖고 살아갈 수 없게 될 것입니다.

無恒産而有恒心者무항산이유항심자 惟士爲能유사위능

若民則無恒産약민즉무항산 因無恒心인무항심

만약 사람답고자 하는 당당한 마음이 없어진다면 당장 먹고 살기 위해 남의 것을 훔치거나 빼앗는 것도 서슴지 않게 될 것입니다. 그리하여 범죄를 저지른 후에 이들을 잡아 형벌로 다스린다면, 이것은 백성을 구렁텅이에 빠뜨린 후에 그물질하는 것입니다. 어찌 어진 분이 군주의 지위에 있으면서 백성을 그물질하는 짓을 할 수 있겠습니까?

苟[1]無恒心구무항심 放辟邪侈[2]방벽사치 無不爲已무불위이 及陷於罪然後급함어죄연후 從而刑之종이형지 是罔民[3]也시망민야 焉有仁人在位언유인인재위 罔民而可爲也망민이가위야

그러므로 현명한 군주는 백성들이 먹고살 수 있는 생업을 갖도록 해 주어 위로는 족히 부모를 섬길 만하게 하며, 아래로는 족히 처자를 먹여 살릴 만하게 하여 풍년에는 배불리 먹고 흉년에는 굶어 죽기를 면하게 하나니, 그런 뒤에야 백성들을 이끌어 선하게 살게 하며 법도를 쉽게 따르게 할 수 있는 것입니다."

是故시고 明君制民之産명군제민지산 必使仰足以事父母필사앙족이사부모 俯足以畜[4]妻子부족이휵처자 樂歲終身飽낙세종신포 凶年免於死亡흉년

---

1) 苟-만약 구, 진실로 구
2) 放辟邪侈-방탕하고 편벽하며 비뚤어지고 난잡함. 간사할 벽, 물리칠 벽, 피할 피
3) 罔民-백성을 그물질함
4) 畜-기를 휵, 아끼다, 사랑하다

면어사망 *然後驅而之善*연후구이지선 *故民之從之也輕*고민지종지야경』

〈양혜왕장구상〉

맹자는 바른 정치의 핵심을 '제민지산'이라 말하고 있다. 나라의 근거는 백성이요, 그 백성을 위해 나라가 해야 할 제1의 임무가 다름아닌 민생의 보전과 식산殖産이라는 것을 강조하는 이야기다.

『등滕나라 문공文公이 나라를 잘 다스리는 방법에 대해 물었다.

맹자가 말하였다. "백성들을 위하는 방법은 떳떳한 삶의 근거를 갖게 하여 당당한 마음을 갖고 살게 하는 것입니다. 떳떳한 삶의 근거가 있는 자는 당당한 마음을 지니게 되고, 떳떳한 삶의 근거가 없는 자는 당당한 마음을 가질 수가 없습니다."』

民之爲道也민지위도야 **有恒産者**유항산자 **有恒心**유항심 **無恒産者**무항산자 **無恒心**무항심 〈등문공장구상〉

'항산'이란 부모를 모실 수 있는 경제적 여건이자 처자식과 함께 살아갈 수 있는 삶의 기틀이다. 항산이 있어야 의식주에 대한 기초 생활의 기반을 지닐 수 있고 사람답게 살 수 있는 것이다. 그 항산이 있어야 항심을 지니고 살 수 있다.

'항심'이란 사람의 본성은 착하다는 것에 대한 믿음과 그 실천이다. 사람답게 선을 권면하며 인의와 예절의 아름다움을 따르며 살고자 하는 마음이다.

한마디로 말해서 먹고살 수 있는 기반이 있어야 사람답게 사는 것을 기대할 수 있다는 말이다.

『임금은 백성을 하늘로 삼고 백성은 먹는 것으로 하늘을 삼는다.』

王者以民人爲天왕자이민인위천 **而民人以食爲天**이민인이식위천 〈사기 酈[1]生陸賈역생육가열전〉의 명문이다.

먹고사는 것만큼 민생에 중요한 것이 없다는 말이다. 먹고사는 생업이 곧 민생의 하늘이다.

맹자가 말하는 항산은 생업에서 오고, 생업을 갖게 하는 것은 나라의 책임이라는 것이다. 백성을 살게 하는 것이 경제다. 경제는 저마다의 생업을 갖게 하는 것이다. 요즘 식으로 말하면 '일자리'다. 일자리가 있어야 항산이 되고, 항산이 되야 항심을 기대할 수 있다. 항심이 있어야 사회가 발전하고, 사회가 발전해야 일자리가 나오는 선순환 구조다.

제환공 때의 명재상 관중도 항산이 있어야 항심을 기대할 수 있다고 했다.

『창고와 곳간이 차야 예절을 알고, 입고 먹는 것이 넉넉해야 영욕을 알게 된다.』

倉廩[2]實則知禮節창름실즉지예절 **衣食足則知榮辱**의식족즉지영욕 〈관자 牧民목민편〉

역시 세사世事에 밝은 현실 정치의 대가다운 말이다.

그런데 사람의 욕망은 끝이 없어 항산에 머무르지 않고 너 많은 부를 추구하고, 항심이 흔들려 미혹에 빠져들기도 하는 것이 문제 아니

---

1) 酈-땅이름 력, 성씨 력
2) 倉-찧지 않은 곡물을 저장하는 건물, 廩-쌀을 저장하는 건물을 말함

던가? 항산과 항심의 균형과 증진은 어떻게 해야 가능할까?

이 문제의 답을 공자가 명쾌하게 제시하고 있다.

『공자가 위衛나라에 들어서며 "백성들이 참 많기도 하구나!" 했다.

수레를 몰던 염유冉有가 "이미 백성이 많으면 또 무엇을 하여야 합니까?" 하고 물으니 "백성들을 부유하게 해 주어야 한다"라고 답했다.

염유가 "이미 부유하다면 또 무엇을 하여야 합니까?" 하고 다시 묻자, "백성들을 가르쳐야 하느니라" 하였다.』

〈논어 자로편〉

이른바 선부후교先富後敎론이다.

먹고사는 게 먼저다. 그러나 사람은 더 부유하고 풍족하기를 바라는 마음을 가지고 있다. 그래서 단지 먹고사는 문제를 넘어서는 것이 다가 아니다. 더 윤택하고 풍요롭게 만드는 것이 나라의 역할이자 나라가 부강해지는 길이기도 하다.

그런데 물질만 부유해지는 것으로 그쳐서는 안 된다. 항심도 함께 커져야 한다. 항심이 함께 자라지 않으면 물질의 풍요로움이 사람답게 사는 당당한 마음을 흔들게 된다. 더욱이 그 풍요로움이 가진 자에게만 치우쳐 있거나 그 과정이 공정하지 못하다면 다수의 빈곤층이 느끼는 상대적 박탈감은 무항심을 넘어 자포자기自暴自棄[1]에 이를 수도 있다.

항산이 있어야 항심을 기대할 수 있듯이, 항심이 있어야 부유하고

---

1) 自暴自棄-自暴는 비방하고 함부로 말하는 것이고 自棄는 할 수 없다고 체념하는 것임 〈맹자 이루장구상〉

자 하는 마음을 올바로 제어할 수 있다. 항심이 없는 갑작스런 횡재나 노력 없는 소득은 오히려 재앙이 될 수도 있다.

   항심을 키우는 것이 '교육'이다. 항산이 없어도 항심을 가질 수 있는 선비는 학문을 하여 의리를 아는 사람이다. 물질의 빈곤보다 정신의 혼탁을 더 부끄럽게 여기기 때문이다. 궁핍을 벗어나기 위해 우선은 항산이 필요하지만 물질에 매이지 않는 사람답게 사는 길은 항심을 키우는 것이다. 항심을 지닐 때 개인뿐 아니라 그 집단의 품격도 반듯해진다. 항산과 더불어 항심을 함께 키워 가도록 하는 것이 나라와 조직이 추구해야 할 으뜸의 명제다. 항산과 항심이 함께 큰 나라가 선진국이고, 그런 조직이 사회로부터 존경받는 직장이다.

4-3

법질서의 반석 위에
도덕률이 넘실거리길

    춘추전국 시대의 치세의 양맥兩脈은 예치禮治와 법치法治다.

    예치는 도덕과 인의가 쇠퇴하기는 했지만 그래도 삼강三綱[1]과 사유四維[2]가 세상의 규범이라는 합의는 있었기에 예로써 옛 법도를 따르고자 했던 치세론이다. 소위 복고주의로서 공자, 맹자 그리고 초기의 순자에 이르는 유가의 인의론과 예교禮敎론을 치세의 근본원리로 삼은 것이다. 이는 주대周代의 전통을 되살리려는 지방귀족과 대부들이 중심이 되어 춘추와 전국 시대 후반까지 영향을 미쳤다. 예치는 주대 초반의 치세를 본받고자 한 측면에서 포괄적으로 덕치德治라고도 한다.

    법치는 전국칠웅戰國七雄 중에서 가장 개혁적이고 호전적인 진나라의 세력이 강화되면서 치세의 새로운 이론으로 부상해서, 결국은 진이 천하를 통일하는 데 기여한 치세론이다. 상앙商鞅, 신도愼到, 신불해申不害의 법이론과 순자의 제자인 한비韓非에 의해 집대성된 실리론實利論이다. 이는 현실 세계의 변화를 반영하고 군주의 권력 장악과

---

1) 三綱-군신, 부모·자식, 부부 사이에 지켜야 할 도리
2) 四維-나라를 유지하는 데 지켜야 할 예의염치禮義廉恥의 네 가지 원칙

통치력 강화를 위해 형벌을 활용했기에 형치刑治라고도 한다. 법치라고 했지만 사실은 권력을 지닌 실권자의 권력의 도구에 머물렀기 때문에 근대적 의미의 법치라기 보다 '권치權治'가 적절한 표현이다.

원래 주대의 예형禮刑의 규칙은 예는 서인에게 미치지 않았고, 형은 대부 이상에는 미치지 않았다. 다시 말하면 예는 귀족들 사이에서만 적용하고, 형벌은 서인들에게만 적용하는 불공정한 차별이 있었다.
〈예기 곡례曲禮편〉

禮不下庶人예불하서인 刑不上大夫형불상대부

그러던 것이 춘추전국 시대에 이르러 세상 변화와 더불어 예는 서인까지 미쳤고, 형은 대부까지 확장된 것이다. 세상의 변화가 전통적인 차별의 벽을 허문 것은 그나마 다행이랄 수 있다.

그러나 예치에서 법치로의 치세의 전환은 덕으로 배려하고 예로써 존중하는 대동사회에서, 힘으로 빼앗고 형벌로 억압하는 패권사회로의 전락이다. 이는 한마디로 세상의 잘못된 진화요, 인간성의 후퇴라 할 수 있다.

법을 통치 원리로 하여 힘으로 천하를 통일한 진은 15년 만에 멸망하고, 한漢 이후는 밖으로는 유가의 예덕을 숭상하며 안으로는 법가의 형법을 근간으로 하는 외유내법外儒內法이 치세의 큰 줄기가 되었다. 그러니 사회가 복잡해지고 현대화할수록 예덕보다는 형법에 의존하는 질서가 더욱 공고해지는 모습은 인간 세상이 역진逆進한 형국이다.

『초楚나라의 섭공葉公[1]이 공자에게 말했다. "우리 고을에 직궁直躬이라는 정직한 사람이 있는데, 그의 아버지가 양을 훔치자 이를 관청에 고발하였습니다."

이 말을 들은 공자가 말했다. "우리 고을에 정직한 사람은 그와 다릅니다. 비록 남의 것을 훔치는 일이 있더라도 아비는 자식을 위해 숨겨 주고, 자식은 아버지를 위해 감추어 줍니다. 정직함은 그 가운데 있는 것입니다."』

父爲子隱부위자은 子爲父隱자위부은 直在其中직재기중

〈논어 자로편〉의 대화다. 초나라는 법이 엄격하여 요즘 말로 연좌제나 불고지죄 같은 것이 있었나 보다. 하기야 20세기 문화대혁명 때도 가족이 서로 고발하고 비리를 까발리도록 조장하는 반사회적 풍조가 있었으니까 그 시절엔 정직하다고 자랑할 법도 했겠다.

그러나 공자는 천리와 인정에 따르는 것이 자연스런 사람의 마음이기에 정직은 그런 마음에 따르는 데 있는 것이라고 넌지시 바로잡아 주고 있다. 아버지의 잘못을 고발하여 벌을 면하거나 정직한 사람으로 은상을 받는 것보다, 비록 허물이 있지만 그것을 덮어 주고 바른길로 돌아오도록 일깨우는 것이 사람이 지닌 본래의 마음이고 그 마음을 따르는 것이 옳고 곧은 것이라고 정직의 의미를 설명한 것이다. 짧은 대화지만 법치와 덕치의 상이한 가치 판단이 충돌한다.

〈논어〉에 덕치와 법치를 비교하여 설명하는 대목이 있다.

---

1) 葉-땅이름 섭, 성씨 섭. 초나라 섭현의 수령 심제량沈諸梁

『인도하기를 법으로 하고 가지런히 하기를 형벌로 하면 백성이 형벌은 면하더라도 부끄러움은 모른다. 인도하기를 덕으로 하고 가지런히 하기를 예로써 하면 백성이 부끄러움과 도리를 알게 된다.』

道之以政도지이정 齊之以刑제지이형 民免而無恥민면이무치 道之以德도지이덕 齊之以禮제지이례 有恥且格유치차격 〈위정편〉

이러한 관점은 덕치를 추구하는 유가의 논리이지만, 덕치는 스스로를 돌아보게 하는 내적 규범이라는 점에서 외적 규제를 강제하는 법치에 비해 우선하는 것이 타당하다고 본다.

덕치는 부끄러움으로 자성케 하며 스스로를 맑히는自淨 힘을 지닌다. 반면 법치는 잘못을 외재적 요인이나 환경 탓으로 돌리고 합리화와 면피로 모면하게 한다. 덕치는 인간관계를 사회의 본질로 인정하는 데 비해 법치는 사회질서 유지를 위해 규칙에 충실할 뿐이지 관계와 맥락을 고려하지 않는다는 것이 유가의 주장이다.

법가는 유가에 비해 현실적이고 실리적인 측면에서 법치의 필요성을 강조한다. 그들은 인간의 감정이나 성정을 믿을 수 없고 그 마음은 이해利害에 따라 바뀌기 때문에 덕치를 치세의 기준으로 볼 수가 없다는 점에 주목한다. 거대한 조직을 이끌기 위해서는 원칙, 규율, 법질서 등을 확립하고 그것을 보편의 원리로 하는 것이 필요하나고 말한다. 마을 공동체 수준의 작은 규모의 조직에서, 그것도 태평세월의 안정기에서는 '인간적'이라는 점에서 일부 의미가 있겠지만 세상은 그런 이상 추구를 용납할 만한 여유를 잃은 지 오래다. 난세에 위기를 극복하고 살아남아야 하고 강력한 국가를 유지하고 질서를 확립하는 데 '법이 필수 불가결한 제도'라고 역설한다.

인간을 움직이는 것은 이익이고 과도한 이익 추구는 사회악이 될 수 있다. 자신의 이익을 위해 남을 해치는 것은 강력한 법으로 제재를 가함으로써 사회가 안정될 수 있다고 법가는 법치의 당위성을 주장한다.

사회 규모가 커지고 복잡해지면서 덕치라는 이상만으로 사회 질서를 유지할 수는 없을 것이다. 점점 법치의 의존도가 높아지고 있는 것이 현실이지만 그래도 다수의 선량한 보통 사람들은 일상의 윤리와 도덕률만으로도, 법에 구애받지 않으며 그런 법이 있는지도 모른 채 평범하게 살아가기를 바랄 것이다. 법을 악용하거나 헛점을 이용하여 세상을 어지럽히는 사람을 단죄하되, 법을 아는 사람들이 그 법을 세상을 위해서가 아니라 출세와 권력의 도구로 그들만의 이익을 추구하는 세상이 결코 좋은 세상의 모습은 아닐 것이다. 법으로 모든 것을 규정하는 것은 역설적으로 법이 인간성마저 지배하는 세상을 만들 뿐이다. 법에 의한 규제와 처단보다 양심과 도덕이라는 사람만이 만들 수 있는 내면의 질서가 우선하였으면 한다. 사람이 지닌 본래의 순선한 자정의 가치를 신뢰하고 스스로를 성장시키려는 본연의 미덕이 꽃처럼 피어나는 세상이기를 바라는 것이다.

우리가 몸담고 있는 비즈니스 조직의 질서 역시 덕과 법의 양면을 다 함께 지니고 있다. 법이 조직의 기본 질서를 유지하는 데 필요하겠지만 지나치게 전면에 드러내어 구성원의 자율과 창의를 잠식하지 않는 것이 바람직할 것이다. 법보다 도덕률이 우선할 때 더욱 성숙한 조직이 될 수 있겠고, 그 조직에 몸담고 있는 사람들간의 관계가 중시될 때 더 즐겁고 활기찬 일터가 되리라 본다.

법은 사회 안전을 위해 단단한 바탕에 머물고 그 위에 덕이 강물처럼 도도히 흘러 자유롭고 평화롭고 살맛 나는 아름다운 세상이 되었으면 좋겠다.

〈노자 80장〉의 '소국과민小國寡民'은 국가주의, 약육강식, 전란과 혹리에 매몰되어 버린 개인의 소박한 일상과 작은 공동체 사회의 평화로운 도덕적 삶의 회복을 소망한 명문이다. 오늘날 세계가 겪고 있는 물산 과잉, 인간 소외, 환경 파괴, 전염병 창궐, 전쟁과 테러 등의 공포를 내려놓고 노자의 꿈을 함께 꿀 수 있는 세상이었으면 한다.

나라는 작고 사람들은 서로 돕는 세상이면 좋겠습니다.
小國寡民소국과민
인간의 힘을 열 배, 백 배 덜어 줄 문명의 기계가 있어도
使有什佰之사유십백지
그 기계에 매이지 않는 세상 器而不用기이불용
사람들이 삶을 소중히 여겨 使民重死而시민중사이
먹고살기 위해 멀리 떠나지 않아도 되는 세상
不遠徙불원사
비록 배와 수레가 있어도 雖有舟輿수유주여

그것을 탈 바쁜 일이 없는 세상 無所乘之무소승지

비록 갑옷과 무기가 있더라도 雖有甲兵수유갑병

그것을 펼치지 않아도 되는 평화로운 세상

無所陳之무소진지

사람들은 최소한의 문자로 소통하여

使民復結繩사민부결승

지식이 권력이 되지 않는 세상 而用之이용지

내가 먹는 음식이 가장 맛있고 甘其食감기식

내가 입는 옷이 가장 예쁘고 美其服미기복

내가 사는 곳이 가장 편안하고 安其居안기거

내가 누리는 생활이 가장 즐거운 그런 세상

樂其俗낙기속

이웃 나라가 서로 바라볼 정도로 가까워

隣國相望인국상망

개 짖고 닭 우는 소리가 들려도

鷄犬之聲相聞계견지성상문

늙어 죽을 때까지 고향을 떠나 유랑하지 않아도 되는

民至老死민지노사

그런 소박하고 아름다운 세상을 꿈꿉니다

不相往來불상왕래

4-4

세상을 바로잡는 처방은 너른 사랑뿐

 춘추 말기로 갈수록 세상의 질서는 흩어져 갔다. 유가는 주초周初의 덕치 기반을 회복하려 애썼지만 정치적 변화를 이끄는데 실패하고 만다. 전국시대로 넘어가며 세상은 더욱 혼란에 빠져드는 가운데, 혼란의 원인인 침략전쟁을 반대하고 도탄에 빠진 민중을 구하려는 집단이 등장한다. 하夏나라 우禹임금의 실천궁행을 롤 모델로 삼은 묵가墨家가 현학顯學으로 떠오른 것이다.

 묵가는 제자백가 중에서 아주 독특한 면을 지니고 있다. 묵가의 '묵'은 여러 가지 의미로 해석한다. 노魯나라의 천민 출신인 묵적墨翟(墨子)의 사상을 토대로 했기 때문이기도 하고, 묵형墨刑[1]을 받은 수형자들의 집단이란 해석도 있다.

 이들은 집단 영도자인 거자鉅[2]子의 명에 목숨까지 바치는 강력한 순교적 신념을 지니고 있고, 반전을 위한 용병 활동을 펼치기도 하며 세

---

1) 墨刑-범죄자의 이마에 범죄 사실을 문신으로 새기는 형벌, 경형黥刑이라고도 함. 黥-자자刺字할 경
2) 鉅-클 거, 존귀한 사람 거

상을 구하려救世 적극적인 실천 행동에 나서 민중의 호응을 얻었다.

특히 이들의 강령에는 유가와 구분되는 공리公利적 내용과 하늘을 신격화하는 측면도 담겨 있어 청말 사상가 양계초梁啓超는 묵자를 일컬어 '작은 예수, 큰 마르크스'라고 부를 정도였다. 그 강령의 일단을 통해 묵가의 특성을 살펴보자.

첫째, 겸애兼愛와 절장節葬과 비악非樂이다. 겸애는 유가의 별애別愛에 상대되는 개념이다. 별애라 함은 사람 간의 친애의 감정에 있어 가족이 제일 강하고 혈연 관계가 엷어질수록, 왕래가 멀어질수록 소원해지는 것이 인정人情의 상궤常軌라고 본 것이다. 이에 비해 겸애는 혈연과 강역 등의 차별을 넘어서야 비로소 세상이 평화로워진다는 주장을 배경으로 한다. 남의 생명과 재산을 빼앗는 전쟁은 친애의 감정을 달리하기 때문에 발생하므로 너른 사랑兼愛(博愛)의 실천만이 그 해법이라는 견해다.

절장과 비악은 장례의식의 간소화와 사치스런 가무의 배격을 뜻한다. 예악은 유가가 중시하는 복고 전습문화의 핵심가치인데, 민중의 궁핍한 삶을 대변하는 묵가의 관점에서는 배부른 귀족들의 허례와 한가한 유희에 지나지 않는다고 보았다.

묵가의 공리와 절장을 실천한 저우언라이周恩來 중국 총리 부부의 일화는 유명하다. 저우언라이 총리의 아내 덩잉차오鄧穎超[1] 전인대全人代 상무위원이 남긴 유서는 외신을 타고 세상에 전해져 사람들에게

---

1) 鄧-나라이름 등, 穎-강이름 영

깊은 감동을 주었다. 그녀는 죽기 전에 중국 공산당 중앙에 편지를 보내 두었다. 그 내용은 다음과 같다.

『사람은 누구나 결국 죽습니다. 내가 죽은 뒤 다음과 같이 처리해 주길 당 중앙에 간절히 요구합니다.

 1) 주검은 해부실습용으로 쓴 뒤 화장할 것.
 2) 화장한 뒤 남은 유골도 납골당에 보존치 말고 뿌려 버릴 것. 이는 저 우언라이 동지와 내가 약속한 것임.
 3) 부음訃音은 알리지 말 것.
 4) 추도회도 열지 말 것.
 5) 내가 죽은 뒤 이 요구를 공표할 것.』

두 사람은 "모름지기 공당의 간부란 한 뼘의 땅조차 죽은 뒤에 차지하지 않음으로써 인민에게 부담을 주어선 안 된다"는 말을 남기기도 했다. 살아생전 인민복 한 벌로 살고, 죽어서는 묻힐 한 뼘의 땅조차 거부한 부부는 '현대의 묵자'라 할 만하다.

우리 현대사에도 공리와 절장을 몸소 실천한 어른이 있다. 우리나라 최초의 안과의사이자 한글 타자기와 한글문서 입력 컴퓨터 프로그램 등을 개발하여 시각장애인과 한글 사랑에 일생을 바친 공병우公炳禹 박사다. 그는 89세를 일기로 귀천하면서 이런 유언을 남겼다.

『나의 죽음을 세상에 알리지 말고 장례식도 치르지 마라.
 죽어서 한 평의 땅을 차지하느니 차라리 그 땅에 콩을 심어라.
 쓸 만한 장기는 다른 사람에게 이식하고 시신은 대학에 실습용으로 기증하라.

유산은 시각장애인 복지를 위해 써라.』

묵가를 논하면서 저우언라이 부부와 공병우 박사의 생애를 떠올렸지만 이들의 삶은 특정 사상을 넘어선 진정한 박애의 실천이다.

둘째, 천지天志와 명귀明鬼다. 천지란 하늘을 자연물이 아니라 의지를 지닌 주체로 보는 개념이다. 즉 하늘은 의로움을 좋아하고 불의를 미워하는 신적 존재라는 것을 인정하고, 사람은 하늘의 뜻에 따라 살아야 한다는 의미를 담고 있다. 명귀 또한 귀신은 사람의 선악에 따라 반드시 상벌을 내린다는 뜻으로, 천지의 구체적인 공능을 인정하고 신성시하는 말이다. 천지와 명귀는 하느님의 존재를 수용하고 따르려는 의미를 내포한다는 점에서 강력한 신앙성을 드러내고 있는 것이다.

묵가는 이런 독특한 집단 율법을 강조함으로써 유가와 상대할 정도로 서민대중의 마음을 파고들었으나, 전국 후기로 가면서 실세권력을 장악한 군주와 실리적인 법가의 대두로 세력이 위축되었다. 그리고 진의 천하통일과 한에 의한 재통일 이후 외유내법의 정치 질서에 밀려 현학의 지위를 상실하고 만다.

성공회대 신영복申榮福 교수 등 일부 지식인들은 묵가의 신앙적 특성이 기독사상과 유사하다는 논지를 편다. 묵가가 세상이 혼란에 빠진 근본원인으로 '사람들이 서로 사랑하지 않는 것'과 그 해법으로 '겸애'를 말하는 것도 그런 주장의 배경이다.

구체적으로〈묵자〉의 다음과 같은 내용을 들어 그 증거라 설명하고 있다.

『만약 천하의 사람들이 모두 서로 사랑하여 이웃을 네 몸같이 사랑한다면 어찌 불효가 있을 수 있겠는가? 그러므로 천하의 사람들이 서로를 사랑한다면 세상은 잘 다스려질 것이고, 서로를 미워한다면 혼란에 빠질 것이다.』

若使天下약사천하 兼相愛겸상애 愛人若愛其身애인약애기신 惡[1]施不孝오시불효 故天下兼相愛則治고천하겸상애즉치 相惡則亂상오즉란 〈겸애편〉

사실 박애 정신은 기독교만의 교리는 아니다. 공자의 인仁도 사랑이고, 석가모니의 자비도 사랑이며, 마호메트의 모든 것에 대한 차별 없는 사랑은 그 자체가 박애의 실천이다. 세상을 바르게 이끌려는 종교가 추구하는 근본원리가 곧 사랑이다. 어찌 종교에만 그칠 일일까. 공동체를 이루는 사람들 간에도 서로를 아끼는 마음이 평화를 이루고 함께 번영할 수 있는 원천이기에 우리가 논의하는 리더십에서도 사랑을 바탕으로 해야 한다고 말한 것이다. 다른 사람을 자신처럼 아낀다면 누가 다른 사람을 해칠 것인가? 다른 나라를 자신의 나라처럼 여긴다면 누가 다른 나라를 침략할 것인가? 세상의 모든 사물과 생명체를 자기의 몸처럼 아낀다면 어찌 세상이 어지러워지겠는가?

묵자의 반전논리의 근원은 겸애에 있다. 서로 사랑하지 않는 것이 전쟁의 발단이라는 주장이다. 자신을 사랑하듯 하지 않는 것이 남의

---

[1] 惡-어찌 오

것을 쉽게 취하고, 남의 고통을 자신의 것으로 받아들이지 않는 것을 폭력의 근본적 원인으로 본 것이다. 남을 해치고 남의 것을 쉽게 취하는 것이 세상의 바른 기풍을 무너뜨리고, 그 결과 서민대중의 삶은 더욱 피폐하게 되므로 겸애로 전쟁의 고통에서 벗어나자는 것이 그들의 논리다.

묵가의 논리를 오늘날 인류가 당면한 수많은 문제를 해결하는 원리로 생각해 볼 수도 있겠다. 지구온난화, 수질, 토양, 대기오염과 생태계 파괴, 식량난과 물 부족, 전염병 창궐, 폭력사태와 전쟁에 이르기까지 수다한 문제의 근본원인은 과연 무엇인가? 모든 자연과 생명체가 상호의존하고 있음에 대한 몰지각과 그것을 아끼고 서로 사랑할 줄 모르는 데서 비롯된 것이 아닌가?

지나친 상업주의도 마찬가지다. 돈이 가치 판단의 잣대가 되고 소비가 미덕이라는 구호 아래 신제품이 쏟아지고 얼마든지 쓸 수 있는 공산품이 너무 쉽게 버려져 환경을 오염시킨다. 넘치는 물산 속에 함부로 낭비하고 버리는 방만한 소비행위에 의해 근검절약하는 건전한 삶의 정신이 피폐해지는 것도 결국 생명과 자연에 대한 진정한 사랑의 결핍에서 초래되는 것이다.

전국 시대 묵자의 외침은 오늘날 인류가 봉착한 전 지구적 난제들을 타개하고 세상을 바로잡는 처방으로서 아직도 유효하다. 아니, 더욱더 절실하고 시급하게 실천했으면 한다. 그것이 하나뿐인 지구를 어리석은 인간의 자해로부터 지켜 내는 유일한 묘책이 아닐까 싶다.

4-5

이익을 좇는 인간의
실상을 파헤치다

　한비(한비자韓非子)는 한왕韓王의 서자 출신으로 이사李斯와 함께 순자荀子 문하에서 학문을 익혔다. 이사는 간지와 변설에 능한 반면, 한비는 두뇌가 명석하고 글재주가 뛰어나 학문에서 이사를 늘 앞섰으나 태생적으로 말을 심히 더듬었기에 변설력이 부족한 것이 흠이었다. 한비는 형명刑名과 법술 그리고 세론勢論에 대한 깊은 연구로 법가 이론을 일통하고 왕권 중심의 통치술인 제왕학을 완성하였다.

　그는 아버지 한왕 안安을 위해 경세의 정견을 말로 전하지 못해 10만여 자에 이르는 방대한 저술로 헌책하였으나 끝내 가납되지 못하고 말았다. 그의 책은 오히려 진왕秦王에게 전해져 한나라가 멸망하고 진이 천하를 통일하는 데 일조하는 역설로 작용했다. 그 책이 바로 〈한비자〉다.

　진왕 정政(후일의 시황始皇)이 한비의 글, 〈고분孤憤〉과 〈오두五蠹〉를 읽고 "아아, 과인이 이 사람을 만나서 교유交遊할 수 있다면 죽어도 여한이 없겠도다!" 하니, 재상인 이사가 "이는 한비가 지은 글입니다. 그를 얻으려면 한나라를 치옵소서" 하였다. 진나라가 대군을 몰아 한

나라를 급박하게 공격해 오니, 한왕은 진나라의 뜻대로 한비를 보낼 수밖에 없었다.

진왕은 그를 보고 매우 기뻐하였으나 아직 믿고 중용하지 않았다. 이사는 한비의 재능을 시기하던 바라 모해하여 고했다. "한비는 한왕의 아들입니다. 지금 대왕께서는 제후국들을 병합하고자 하시는데, 한비는 끝내 한을 위해 애쓸 뿐이지 진을 도우려 하지 않을 것입니다. 지금 대왕께서 그를 기용하지 않으시고 오랫동안 억류하다가 돌려보낸다면 필시 후일에 화근이 될 것입니다. 차라리 그를 처단함만 못합니다." 진왕도 그럴 수 있다고 여겨 옥리에게 넘겨 한비를 치죄하게 하였다. 이사는 사람을 시켜 한비에게 독약으로 자진自盡하도록 하였다. 한비는 진왕을 만나 스스로 해명하고자 하였으나 만날 길이 없었다. 진왕이 나중에 한비에 대한 조치를 후회하고 다시 찾았으나, 한비는 이미 자결한 후였다.

사마천은 〈노자한비열전〉에서 전국 시대의 혼란 속에서 부국강병을 위해 제왕의 통치 이론을 정리한 한비의 재능은 인정하지만 그가 남긴 통절한 글이 지나치게 각박하다고 평하였다. 그러나 웅대한 치세방략의 뜻을 제대로 펴 보지 못하고 모해에 의해 허망하게 죽음에 이른 것을 몹시 안타까워했다. 아마도 궁형의 치욕을 견뎌 가며 〈사기〉를 저술하던 자신의 처지와 겹쳐진 울분과 연민이었으리라.

〈한비자〉는 한비의 글과 한비의 후학들의 글을 훗날 편찬한 책이다. 그의 글 중에서 오늘날 비즈니스 리더에게 주는 몇 가지 교훈을 짚어 본다.

〈한비자〉는 철저히 '인간 불신'이란 기반 위에서 인간에 대해 냉정하고 현실적인 관점을 제시한다. 인간의 성정이나 감정은 믿을 수 없고 이해利害에 따라 변화하기에, 조직을 이끄는 리더는 원칙을 확립하고 통치력을 유지해야 한다고 역설한다. 특히 사람을 움직이는 동기는 인의도 충효도 아니고 오직 단 하나 '이익好利之性'뿐이라고 단언한다.

『수레를 만드는 장인은 사람들이 부귀해지기를 바라고, 관을 만드는 장인은 사람들이 일찍 죽기를 바란다. 수레를 만드는 장인이 착하고 관을 만드는 장인이 나빠서가 아니다. 사람이 부귀해지지 않으면 수레가 팔리지 않고 사람이 죽지 않으면 관이 팔리지 않기 때문이다.』

輿人成輿여인성여 則欲人之富貴즉욕인지부귀 匠人成棺장인성관 則欲人之夭死也즉욕인지요사야〈備內비내편〉

이 얼마나 인간 실상에 대한 통렬한 지적인가. 그는 생업의 현장뿐만 아니라 부부 간의 이해에 대해서도 거침없이 파헤친다.

『위衛나라에 어떤 부부가 복을 축수하고 있었다. 아내가 빌며 말하길, "우리에게 아무런 재난도 없게 하여 주시옵고, 비단 백 필을 얻을 수 있게 도와주소서" 하였다.

그 말을 듣고 남편이 말했다. "여보, 왜 하필 백 필이오? 기왕 비는 거 천 필이면 더 좋지 않소?" 하니,

아내가 대답하길, "아니요. 만약 천 필의 비단을 얻으면 당신은 나를 버리고 첩을 들일테니까요……"』〈내저설하편〉

평생을 함께 살고자 약속한 부부 사이에서도 인간의 마음은 이렇게

자기의 이익을 우선한다는 것을 말하는 것이다. 부부지간이 그럴진대, 하물며 신하와 군주 사이, 넓게는 모든 인간관계에서 인정이나 의리보다 이해가 먼저 작용하는 것이 세상의 이치라고 설파한다.

한비가 제시한 논설은 참으로 야박한 얘기지만 오늘날 자본주의 경제의 원천을 '이기적 욕망'으로 본 아담 스미스의 이론과 맥을 같이한다. 그는 〈국부론〉에서 "우리가 매일 먹는 빵은 빵집 주인의 자비심이 아니라 그의 이익 추구 때문"이라고 했다. 개인의 사적 이익 추구의 과정이 사회적 이익으로 작용한다는 원리를 말한 것이다. 그러나 사적 이익 추구는 사회적 이익에 반할 수 없게 '보이지 않는 손'에 의해 제어될 것임을 놓치지 않았다. 그에 비해 한비는 과도한 사적 이익의 제어를 법에 의한 다스림으로, 사회적 이익보다 군주의 이익에 초점을 맞춘 것이 한계였다. 그럼에도 당시 유가의 우원한 이상이나, 도가의 심원한 철리가 아니라 리더가 당면한 현실의 문제에서 판세를 장악하고 실리를 확보하는 방책을 직설적으로 제시한 점에서는 전국 말기의 시대 상황을 꿰뚫어 반영한 것이라 할 수 있다.

한비는 또 조직의 명운을 책임지고 있는 리더가 가장 경계해야 하는 것으로 엄정한 상벌 적용과 조직의 장악력이라 보았다.

『위혜왕이 복피卜皮라는 인물에게 물었다. "그대는 과인에 대한 평을 들었을 텐데, 대체 사람들이 뭐라고 말하던가?"

복피가 아뢨다. "신은 대왕께서 매우 자애롭다고 들었습니다."

혜왕은 흐뭇한 마음으로 다시 물었다. "그렇다면 그 자애의 효과가 어디까지 이르겠는가?"

복피가 답했다. "그 효과는 망국에 이를 것입니다."

뜻밖의 대답에 깜짝 놀라며 그 연유를 묻자, "무릇 인자한 사람은 동정하는 마음이 있으며, 은혜로운 사람은 베푸는 것을 좋아합니다. 동정하는 마음이 있으면 허물이 있는 자를 처벌하지 못하고, 베풀기를 좋아하면 공이 없어도 상을 주게 됩니다. 허물이 있어도 죄가 되지 않고, 공이 없어도 상을 받는다면 나라가 망하는 것은 당연한 일이 아니겠습니까?"』

〈내저설상편〉

한 집안을 다스리든, 조직이나 나라를 다스리든 덕과 형이 함께 해야지 그저 자애롭기만 해서는 올바로 이끌 수 없다는 치세의 요체를 말한 것이다.

『제나라의 재상 전상田常은 군주인 간공簡公의 명을 받아 백성들에게 곡물을 나누어 주었다. 줄 때는 큰 말을 쓰고 거두어 들일 때는 작은 말을 쓰니, 사람들은 모두 전상의 은혜를 칭송하였다. 이런 일이 거듭되자 간공은 끝내 민심을 잃었고 결국은 군주의 자리마저 전씨에게 넘어가고 말았다.

송나라의 대부 자한子罕[1]이 군주인 펑공平公에게 아뢨다. "사람들에게 관직을 주고 상을 내리는 것은 아랫사람들이 좋아하는 것이니 군주께서 손수 행하시옵소서. 사형에 처하거나 벌을 주는 것은 백성들이 싫어하는

---

1) 罕-드물 한

것이니 신이 행하도록 하겠나이다." 과연 사람들이 싫어하는 일은 자신이 맡고 좋아하는 일은 군주에게 돌리니 그럴듯하다고 여겨 평공은 그의 말에 동의했다. 그 결과 대신들은 자한을 두려워했고, 백성들은 그의 명을 거역하지 못했다. 모든 사람들이 형벌의 힘을 쥐고 있는 자한을 따르게 되자, 1년도 못 되어 자한은 평공을 죽이고 나라를 빼앗고 말았다.』

〈二柄이병편〉

덕을 베푸는 힘이든, 벌을 가하는 힘이든 리더가 장악하고 있어야 할 양날의 칼이다. 밑의 사람에게 넘어가지 않도록 철저하게 세를 관리하고 경계해야 조직을 제대로 이끌어 갈 수 있다는 교훈이다.

한비는 법술세의 세 지류를 종합하여 법가로 정립鼎立하였다. 법은 백성에게 공표되는 기준이고, 술은 신료를 제어하는 방책이며, 세는 통치력의 원천이자 수단이다. 한비의 사상은 이익과 불신, 변화와 힘이라는 비정함과 실리를 바탕으로 서 있으나 그것이 권력을 다투는 노골적인 실상인 것은 부인할 수 없다.

고대의 왕권 중심 권력체제에서 권력을 강화하는 도구를 오늘날 비즈니스 조직에 그대로 적용하기엔 분명 한계가 있다. 하지만 조직의 책임자가 덕능과 더불어 이 세 가지 요소에 대한 이해와 균형을 더한다면 더욱 강력한 리더십 아이템을 획득했다 할 수 있을 것이다.

특히 조직을 새롭게 구축하고 체제를 정비할 때, 또는 변화에 대응하여 위기를 극복해야 하는 비상 상황에서는 한비의 현실논리가 꽤 도움이 될 수 있을 것이다. 그럼에도 불구하고 비즈니스 조직의 바람직한 모습은 차갑고 비정한 법술의 기교에 의존하기보다 일상의 윤리와 바른 인간성을 추구하는 것이어야 한다. 왜냐면 개인의 이익보다 모두의 이익을, 불신의 어두움과 옹색함을 넘어 신뢰의 광장을 지향하며 살 만한 세상을 함께 만들어 가는 이상이 비즈니스 세계가 이끌어 가야 할 상리공생의 큰길이기 때문이다.

4-6
윗사람을 거스르지 않는 설득의 요체

한비는 윗사람의 마음을 움직일 수 있는 설득이 쉽지 않음을 토로했다. 사실史實을 든다든지 이치를 설명하는 것이 어려운 게 아니라, 윗사람의 생각을 간파하고 자기의 의견을 그에 맞추기가 어려운 것이라 했다. 아무리 좋은 의견이라 해도 듣는 사람의 마음을 움직일 수 없다면 결국 설득에는 실패할 수밖에 없는 노릇이다.

오늘날 비즈니스 리더에게도 윗사람을 설득하기 어려운 바는 매한가지다. 윗사람의 마음을 움직이는 데는 논리도 중요하지만, 윗사람의 마음을 헤아리고 공감역共感域을 확장할 수 있는 정리情理가 더욱 중요하게 작용한다는 점을 명심해야 한다.

〈한비자 세난說難편〉에 담긴 윗사람을 거스르지 않는 설득의 요체를 여덟 가지로 정리해 새겨 본다.

하나, 윗사람의 마음을 읽어라.

설득하려는 상대가 무엇을 중히 여기는지를 알아야 한다. 명분과 실리, 부와 명예, 의리와 이익은 모든 사람이 다 소중히 여기는 것이지만 어느 쪽을 더 절실히 필요로 하는지를 알아야 설득의 첫 단계를 통과할 수 있다.

『상앙은 진효공을 처음 만나 요순의 도덕과 민본정치를 말하니 효공은 졸기만 했다. 총신에게 돈을 써서 다시 만난 자리에서 인의와 왕도정치를 말했으나 효공은 관심이 없었다. 마지막이라 간청하여 세 번째 만나 패도와 부국강병의 길을 설명하자, 그제서야 효공은 무릎걸음으로 다가왔고 며칠을 얘기를 나누고도 싫증을 내지 않았다.』

〈사기 상앙열전〉

둘, 윗사람의 비밀을 누설하지 말라.

은연중의 대화라도 비밀을 말한 것이 밖으로 알려지기를 누구도 원치 않을 것이다. 하물며 최고 권력자의 비밀은 알고 있다는 것만으로도 목숨이 위태로울 수 있다. 다른 사람이 군주의 의중을 추측하여 유사한 말을 하게 되면 군주는 설득자가 누설했다고 의심할 수도 있기에 역시 위험에 빠질 수 있다.

『감무甘茂가 진혜왕의 재상이었을 때 혜왕은 공손연公孫衍을 총애하여 그와 은밀한 대화를 나누다 "과인은 장차 그대를 재상으로 삼으려 하오." 했는데, 감무의 심복이 이 말을 엿듣고 감무에게 일러 주었다.

감무는 입궐히여 왕을 알현하고 말헸다. "대왕께서 어진 재상을 얻으셨다 하기에 신이 감히 재배하여 하례 드립니다."

"과인은 나라를 그대에게 맡기고 있는데, 어찌 또 재상을 얻을 수 있겠소?"

"신은 대왕께서 공손연을 재상으로 삼으려 하신다는 말을 들었습니다."
"그대는 어디서 그런 말을 들었는가?"
"공손연이 신에게 알려 주었습니다."
왕은 공손연이 비밀을 누설한 것에 노여워하면서 곧 바로 그를 쫓아냈다.』〈외저설우상편〉

셋, 신임을 얻은 후 말하라.

설득을 하려는 자는 먼저 상대의 신임을 얻은 후 자기의 지론을 펴야 한다. 아직 신임을 얻기 전이라면 말보다 사람에 대한 믿음이 없기에 그럴듯한 의견이라 하더라도 흔쾌하게 수용하려 하지 않을 것이다.

『옛날에 이윤伊尹은 탕왕湯王에게 발탁되어 재상이 되었지만 처음에는 요리사였으며, 백리해百里奚 역시 처음에는 노예였지만 진목공秦穆公에게 발탁되어 그 지위가 재상에까지 이르렀다. 이들은 군주의 초빙을 기다리지 않고 스스로 천한 일을 하면서 먼저 신임을 얻고 등용의 때를 기다렸던 것이다.』

넷, 상대방의 의도를 알았더라도 아는 체하지 말라.

군주가 좋은 계책을 가지고 스스로 공을 세우려 하는데 아랫사람이 그 의도를 눈치채고 그 내용을 드러내면 군주의 공을 빼앗는 것이 되어 그 몸이 위태로워진다. 때로는 일부러 아랫사람의 의견을 유도하여 그를 희생양으로 삼을 수도 있음을 유의해야 한다.

『정무공鄭武公은 호胡나라를 치기 위해 먼저 자신의 딸을 호왕의 아내로 시집보내 환심을 사 놓았다. 그런 뒤에 신하들에게 묻기를, "내가 군사를 일으키려 하는데 어느 나라를 치는 것이 좋겠는가?" 하니, 대부 관기사關其思가 그 뜻을 알아차리고 호나라를 치시라고 아뢨다. 이에 무공은 크게 노하며 "호나라는 우리와 형제의 나라인데 이를 치라니!" 하고 일갈한 후 그를 참형에 처했다.

이 말을 전해 들은 호왕은 정나라와는 친밀하다 여겨 아무런 방비를 하지 않았다. 그러나 방심한 틈을 타 정나라는 호나라를 쳐 빼앗고 말았다.』

다섯, 윗사람 주변 사람들에 대한 논의를 삼가라.

군주와 더불어 대신의 단점을 평론하면 군신을 이간하는 것으로 간주할 수 있고, 미천한 자의 장점을 거론하면 군주의 권세를 팔아 사은을 베풀려 하는 것으로 오해를 살 수 있다. 또 군주가 총애하는 사람을 좋게 말하면 군주는 듣기 좋은 말로 자기에게 환심을 사려 한다고 생각할지 모르며, 군주가 미워하는 사람에 대해 논하면 자기의 속마음을 떠보기 위해서 그런 말을 꺼낸 것이라 생각할 수도 있다. 이처럼 군주의 주변 인물에 대해 먼저 말을 꺼내면 득보다 실이 더 클 수 있다.

여섯, 윗사람의 성향에 맞는 적절한 언어를 구사하라.

핵심만 빨리 듣기를 바라는 군주라면 자세한 설명을 생략하고 단도직입적으로 요점만 말해야 한다. 자세한 내용을 듣고자 하는데 이렇게 말하면 윗사람을 무시하는 것으로 오해를 살 수 있다. 핵심을 원하는 군주에게 미주알고주알 고하면 지나치게 말이 많다고 보아 언성을 높이거나 딴전을 피우게 된다.

윗사람은 살펴야 할 일도 많고 결정해야 할 일이 많기에 일반적으로 약사진의略事陳意, 즉 일의 과정은 생략하고 결론만 듣기를 좋아하는 편이다. 그러나 사안에 따라 개인적 견해도 철저히 준비하되, 윗사람이 듣고자 할 때만 조심스럽게 개진해야 한다. 윗사람도 사안의 성격과 감정의 기복에 따라 평소의 성향과 달라질 수 있음을 명심하고 설득에 나서는 나를 중심으로 할 것이 아니라 항상 윗사람이 필요로 하는 것에 초점을 맞춰야 한다.

일곱, 윗사람의 호오好惡를 살펴 호는 미화하고 오는 덮으라.

윗사람이 스스로 자랑으로 여기는 일은 은근히 찬미하고, 스스로 부끄러워하는 일은 언급조차 말고 덮는 것이 좋다. 윗사람이 반드시 하고 싶어 하는 일에 대해서는 공적으로 합당함을 설명하고 장려하는 것이 좋다. 만약 그가 결정을 내리고도 세평世評 등을 걱정하여 시행을 주저한다면, 시행의 긍정적인 측면과 용단을 칭송하여 즉각적 실행을 결심하도록 하는 것이 좋다.

윗사람은 자신의 호오를 드러내지 않는 것이 통치의 방법이지만, 설득자는 윗사람의 호오에 기민하게 반응해야 설득에 성공할 수 있음을 명심해야 한다.

여덟, 역린逆鱗을 건드리지 말라.

설득의 대상인 군주는 상상 속의 영물인 용과 같다. 무릇 용이라는 동물은 유순하여 길들이면 타고 다닐 수도 있으나, 그 턱 밑에 한 자나 되는 거꾸로 솟아난 비늘이 있어 그것을 건드리면 반드시 위험에 처하게 된다. 그러므로 설득자가 군주의 역린을 잘 이해하고 그것을 건드려 노하게만 하지 않는다면 설득에 성공할 수 있을 것이다.

한비자가 펼치는 설득의 요체는 비슷한 시기에 희랍의 아리스토텔레스가 제시한 설득의 원칙인 논리logos, 정리pathos, 신뢰ethos의 3요소와 일치함을 알 수 있다. 논리보다는 정리가, 정리보다는 신뢰가 상대를 움직인다는 비결 역시 서로 통한다. 결국 설득의 핵심은 윗사람의 믿음을 사는 것이 가장 중요하고, 윗사람의 의중을 헤아리는 것이 두 번째며, 윗사람의 판단을 도울 수 있는 이치의 설복은 가장 나중이다. 하지만 논리가 신뢰나 정리보다 상대적으로 후순위라는 말이지 중요하지 않다는 것은 아니다. 논리마저 철저하게 갖추어야 완전한 설득이 이루어질 수 있고 신임이 더욱 두터워짐은 자명한 이치다.

4. 경세훈經世訓

4-7

바른 인재가 바른 인재를 부른다

군주의 최대 임무가 용인用人과 초현招賢이라면 군주를 보필하는 대신의 중요한 역할 역시 인재와 무관할 수 없다. 훌륭한 인재를 군주에게 천거하여 바른 정사를 펴도록 하는 것은 자신의 소임을 바르게 수행하는 것보다 더욱 중요하다.

그러나 인재 천거 시 인물이 지닌 덕과 능보다 그 인물과의 친소親疎나 사적인 이해관계에 매이기 쉬운 점을 경계해야 한다. 친소나 이해에 따른 천거는 자신의 자리를 보전하기 위함이거나 파당을 지어 군주를 해치는 행위에 지나지 않을 것이다.

『송나라 대부 자어子圉가 공자를 재상에게 소개했다. 공자가 재상을 만나고 나간 뒤에 자어가 재상에게 다가가 공자의 인품이 어떠하더냐고 묻자 재상이 말하기를, "내가 지금 공자를 만나 본 뒤에 자네를 대하니 자네가 마치 벼룩이나 이같이 느껴지네 그려. 나는 장차 공자를 임금께 소개해 드리려고 하네."

자어는 공자가 자기보다 군주에게 귀하게 여겨지면 그 지위를 놓치게 되지나 않을까 두려워하여 재상에게 이렇게 말했다. "임금께서 만약 공자를 보시고 나면 장차 재상님도 역시 벼룩이나 이처럼 여겨지게 될 것이니, 그러면 재상의 지위가 위태로울 것입니다." 그러자 재상은 공자를 군주에게 소개하려는 생각을 접어 버렸다.』

〈한비자 설림상〉의 이야기다. 지난날 대통령이 되어 대통령궁에 들어가게 되면 오히려 인재를 만나기 어렵다는 현실을 그대로 보여 주는 대목이기도 하다. 근신들의 이해와 친소의 틀에 갇혀 군주의 눈과 귀를 흐리게 하는 폐단은 예나 지금이나 권력 주변에 상수로 작용하는 것 같다.

그런가 하면 다음과 같은 인재 추천의 미담도 전해지고 있다.

『진晉나라 대부인 기해祁[1]奚가 연로하여 군위軍尉의 직책을 사직하고자 도공悼公께 아뢰었다. 도공이 물었다. "그대가 맡았던 군위의 직을 누가 감당할 수 있겠소?"

기해가 대답하기를 "해호解狐가 좋겠습니다." 하였다.

도공이 의아스런 눈빛으로 "아니, 해호는 그대 가문의 원수가 아니오?"라고 하니, 기해가 "임금께서는 누가 군위의 직을 감당할 수 있겠는가를 물으셨지, 누가 저의 원수냐고 묻지 않으셨습니다."라고 대답하였다.

도공이 "훌륭하도다"라고 말하고는 마침내 해호를 군위로 등용하였더니 신하들과 백성들이 모두 잘한 일이라고 칭송하였다.

후일 해호가 세상을 뜨자 도공이 다시 기해에게 "나라에 군위 자리가 비었으니 누가 그 직책을 맡아 할 수 있겠소?" 하고 물었다.

---

1) 祁-성할 기

기해가 답하길, "오午가 좋겠습니다." 하였다.

도공이 "오라면 기오祁午를 말함이오? 기오는 그대의 아들이 아니오?"라며 반문하였다.

기해가 다시 "임금께서는 누가 그 직책을 맡아 할 수 있겠느냐고 물으셨지, 누가 저의 아들이냐고 묻지 않으셨습니다." 하고 대답하였다.

도공이 고개를 끄덕이며, "훌륭하도다"라고 말하고는 마침내 기오를 등용하였더니 신하들과 백성들이 모두 잘한 일이라고 칭찬하였다.』

〈춘추좌전春秋左傳〉에 실린 이야기다. 〈좌전〉의 저자로 알려진 좌구명左丘明은 이렇게 기해의 천거를 요약하고 있다. 『밖의 인물을 추천할 때 원수라고 피하지 않았고, 안의 인물을 추천할 때 육친이라고 피하지 않았다.』

外擧不避仇[1] 외거불피구 **內擧不避親** 내거불피친

기해의 사사로운 감정을 넘어 그 직분을 감당할 수 있는 능력만으로 인재를 천거한 자세를 기려 '기해천수祁奚薦讐'라고 하는 성어로 아름다운 이야기를 후인들에게 남긴 것이다.

인재 천거에 대한 또 하나의 가화佳話가 〈자치통감〉과 〈십팔사략十八史略〉에 담겨 있다.

『오대십국五代十國이 난립하여 40년이 넘게 혼란에 처한 중국을 평정한 인물이 조광윤趙匡胤[2]이다. 송왕조를 창업하고 태조太祖에 오른 그에게는 강직하기로 이름난 조보趙普라는 재상이 있었다.

---

1) 仇-원수 구
2) 胤-자손 윤

하루는 조보가 한 인물을 천거하였는데, 태조는 재가하지 않았다.

조보가 다음 날 다시 상주하였으나 역시 각하해 버렸다.

조보는 다음 날 세 번째로 같은 상주문을 올렸다.

화가 치민 태조는 댓바람에 상주문을 갈갈이 찢어 바닥에 던져 버렸다.

모욕을 당하고도 조보는 안색 하나 변하지 않고 찢긴 상주문을 묵묵히 주워 모아 퇴정하였다. 그리고는 그다음 날, 찢긴 서류를 말짱하게 이어 붙여 네 번째로 상주문을 올렸다.

일이 이 지경에 이르자 그토록 완강했던 태조도 마침내 그 인사를 승인하지 않을 수 없었다.』

조보도 대단하지만 태조는 더욱 훌륭했다. 황제에게 목숨을 걸고 인재를 천거한 것이고, 그토록 반대함에도 계속되는 천거에 대한 진정성을 헤아리고 황제가 한발 물러나 준 것이다.

〈관자管子〉에 관중의 인재관과 인재를 추천하는 자세를 이해할 수 있는 이야기가 등장한다.

『어느 날 제환공이 마구간을 둘러보다 그곳의 관리에게 물었다.

"마구간 일을 하며 가장 힘든 일이 무엇인가?" 갑작스런 질문에 관리가 머뭇거리자, 곁에 있던 관중이 대신 답을 하였다.

"저도 예전에 마구간을 관리했던 적이 있사온데, 말 우리를 만드는 일이 가장 어렵습니다. 처음에 굽은 나무를 쓰면, 이 굽은 나무가 다시 굽은 나무를 원하기 때문에 곧은 나무를 쓸 수 없게 됩니다. 그러나 처음에 곧은 나무를 쓰면, 이 곧은 나무가 다시 곧은 나무를 필요로 하기에 굽은 나무를 쓰려고 해도 쓸 수 없게 되는 것입니다."』

마구간의 나무만이겠는가. 곧은 나무가 곧은 나무를 부르듯, 바른 인재가 바른 인재를 부르기 마련이다.

관중이 제환공의 패업을 다섯 부문에서 펼쳐 갈 다섯 명의 인재를 천거하며 다음과 같이 아뢴다.

『조정의 의례를 밝히 알고 예절에 맞는 말과 행동을 하는 데는 신이 습붕隰朋보다 미흡합니다. 토지 개간과 백성을 늘리는 일은 신이 위衛나라 사람 영척寧戚에 못 미칩니다. 야전에서 전차를 전진시키고 삼군의 병사를 지휘하는 능력은 신이 공자 성보城父[1]보다 못합니다. 공정하게 옥사를 판결하고 무고한 사람이 벌 받지 않게 하는 일은 신보다 빈서무賓胥無가 낫습니다. 군주께 나아가 간언하고 충성을 다하며 부귀를 가벼이 여김은 신보다 동곽아東郭牙가 앞섭니다.

이 다섯 사람의 장점은 저로서는 한 가지도 그만한 것이 없습니다. 군주께서 나라를 다스리고 부국강병으로 이끄시려면 이 사람들을 중용하셔야 하옵니다.

만약 군주께서 패업을 굳건히 하려 하신다면 제가 여기에서 보좌할 뿐입니다.』

발전하는 조직은 인재가 모여든다. 좋은 인재가 좋은 인재를 깃들게 하는 것이다. 조건이 좋아서라기보다 함께 하고픈 바른 일이 있고,

---

1) 父-어른 보. 나이 많은 남자에 대한 경칭임

그것이 가능할 수 있다는 믿음이 있어서다. 조직은 결국 사람이다. 바른 인재로 초석을 다지고 바른 인재로 기둥을 세워 반듯한 조직의 기풍을 이루는 것이 성장과 발전의 추기樞機다.

4-8
잠시 칭송받기보다
오래 잊히지 않기를

　나라를 다스리는 일이나 사업을 경영하고 관리하는 일은 사람이 주체로 나서서 가지런히 하는 행위다. 질서를 잡고 체계를 세우며 소기의 성과를 만들기 위해 애를 쓴다. 앞을 내다보고 준비하고 계획해서, 역할과 임무를 나누어 실행하며, 진행과정에서 독려하고 사세 변화에 따라 대책을 마련한다. 그리고 결과에 따라 공을 논하고 과를 평가하는 모든 일들이 사람을 중심으로 이루어진다.

　유가는 이렇게 사람이 중심인 세상에서 사람들의 일을 질서 있게 다스리는 가치와 의미와 방법을 연구하고 전파한 학파다. 그러나 유가와 다른 부류도 존재했다. 세상은 사람이 주인도 중심도 아닐뿐더러 사람이 만든 질서보다 더 근원적인 우주적 질서가 존재한다고 본 사람들이다.

　그들은 세상의 근원적인 존재 양식과 내재된 질서에 따라 운행되는 것이 스스로 그러함自然의 큰 이치며 바른길이라 보았다. 사람의 삶도 우주적 질서의 한 부분에 지나지 않기에 사람이 만든 질서보다 자연의 질서에 순응하는 삶을 추구했다. 그들을 도가라 불렀으며 유가와 더불어 중국 사상의 양대맥을 이뤄 왔다.

　세상 사람들은 지배계급에 있는 사람들이 세상을 어지럽게 하는 현실을 개탄하며 도가로부터 위안을 얻기도 했고, 도탄에서 벗어나는 대안으로 삼기도 했다. 그들은 또한 지배계급에 있는 사람들이 자연의 이치에 따른 다스림을 펼치기를 바랐는데, 그 이치는 오늘날의 정치 지도자나 경영 관리자에게 또 다른 교훈으로 새길 부분이 있다. 도가의 경세관을 이해할 수 있는 내용을 〈노자老子〉의 리더론에서 배워 보자.

　노자는 리더의 차서를 네 등위로 나누어 설명한다. 〈17장〉

　먼저 4등, 최악의 리더다. 이름하여 '모지侮之'의 리더다. 사람들이 그를 업신여긴다. 리더로서 자질과 능력이 부족하여 경멸을 받으면서도 부끄러움도 모른 채 윗자리를 차지하고 있는 리더다. 나라의 비극이자 그 백성들의 불행이다. 대외적으로는 나라의 격까지 떨어뜨리니 최악이 아닐 수 없다.

　그다음은 3등, '외지畏之'의 리더다. 사람들이 그를 두려워한다. 무소불위의 권력을 휘두르고 총칼로 겁박하며 공포정치를 편다. 친위부대나 하수인을 앞세워 힘으로 압도하나, 끝내 민란을 맞거나 혁명에 의해 숙청된다.

　마키아벨리는 〈군주론〉에서 이렇게 말하고 있다. "군주로서 사랑을 받는 것과 무섭게 여겨지는 것 둘 다를 취할 수 없다면, 사랑을 받는 것보다 무섭게 여겨지는 편이 군주로서 자신을 지키는 안전한 선택이다. 왜냐면 인간은 무서운 자보다 사랑하는 자를 사정없이 해치는 성향이 있기 때문이다. 인간은 은의恩義는 이해利害에 따라 저버려도, 공포와 복수의 두려움은 쉽게 떨쳐 내지 못하는 존재다"라고 했다. 냉철한 현실주의자다운 말이나, 그런 군주는 좋은 군주로 기억되기보다 권좌를 지키기 위해 대죄를 지은 자로 역사에 기록될 것이다. 자신을 위해 나라와 백성을 희생양으로 삼은 폭군이기 때문이다.

그다음이 2등, '친이예지親而譽之'의 리더다. 사람들이 그를 친애하고 칭송하며 찬양한다. 일견 바람직한 리더로 볼 수 있으나, 권좌에 있을 때 사람들에게 떠받들여지는 것은 아부 아니면 이익과 부합하기 때문임을 잊지 않아야 한다. 그 칭찬의 요소는 언제든 비난으로 뒤바뀔 수 있으며 지지율에 매달려 선심정책을 펴다가 나라 곳간을 거덜 낼 수 있다. 임기 중에 만들고 세우고 베풀고 바꾸려 하는造立施化 조급증과 인기영합이 후인後人에게 큰 짐을 떠넘긴 것이 될 수 있기에 최고일 수 없는 것이다.

지도자는 송대의 명신 구양수歐陽脩의 진언을 가슴에 새길 필요가 있다. 『은공을 자기에게 돌리고자 한다면 원망 역시 자신이 받아들일 수 있어야 한다.』

恩欲歸己은욕귀기 **怨使誰當**원사수당 〈송명신언행록 구양수〉

은원을 모두 끌어안고 그 직을 다한 리더라면 그 자리를 떠나도 그리워지는 리더일 것이다. 그런 지도자라면 아마 1.5등은 되리라 본다.

드디어 1등, 최고의 리더는 '하지유지下知有之'의 리더다. 신료와 국민들이 지도자가 있다는 정도만 느끼게 하는 리더다. 지도자가 있다는 것만으로도 위엄과 안정과 신뢰를 주면서 간섭하거나 하중을 가해 부담을 주지 않는 리더다. 상상해 보라. 사람들이 각자의 소임을 성실히 하고 서로 협력하여 공을 이루고, "이건 우리 스스로가 해낸 거야我自然" 하며 자랑스러워할 때, 지도자는 뒤에서 빙그레 미소로 화답하는 모습을!

『최상의 덕은 덕이 없는 것처럼 그 덕을 내세우지 않는다.』

上德不德상덕부덕

〈노자 38장〉의 구절이다. 그런 지도자가 그저 존재하되 사람들은 그 존재를 의식 않고 자신에게 충실하고 서로를 아끼는 성숙함이 자연의 질서로 자리 잡은 상태가 하지유지의 세상이다.

정치든 직장이든 가장 이상적인 모습은 지도자가 있는지도 모르게 스스로 굴러가는 것이다. 지도자가 없어도 되는 세상이 되었으면 좋겠다. 국민은 부모처럼 지도자가 있어야만 살아갈 수 있는 어린아이가 아니다. 제 할 바를 각자 알아서 하게 허락해 주고 지도자는 그저 상징적인 존재로서 나라를 대표하고 화합과 미래로 가는 바른길을 열어가 주시라.

노자의 정치론, 경영 관리론을 한마디로 요약하면 '무위無爲'라 할 수 있다. 무위란 '의도적으로 삭위하지 않는다'는 말이다. 부위란 말에는 유가, 법가 등이 강조하는 인, 의, 예나 법을 만들어 다스림의 도구로 삼지 말라는 의미가 담겨 있다. 하지 않음을 함으로써 자연의 질서에 따르게 하고 본래의 천성과 자율에 의해 스스로 하도록 하는 것이다.

『도는 늘 무위하지만 이루지 못함이 없네.

道常無爲而無不爲도상무위이무불위

만약 지도자가 이 도를 지킬 수 있다면

侯王若能守之후왕약능수지

만물은 스스로 이룰 것이네.

萬物將自化만물장자화』〈37장〉

『낳고서도 낳은 것을 소유하지 않고 生而不有생이불유

짓고서도 지은 것을 자부하지 않고 爲而不恃위이불시

자라게 하고서도 자라는 것을 간섭하지 않는다면

長而不宰장이부재

이를 일컬어 끝없이 깊은 덕이라 하네

是謂玄德시위현덕』〈10장〉

『하늘은 오래되고 땅은 영원하구나. 天長地久천장지구

하늘과 땅이 오래고 영원한 것은

天地所以能長且久者천지소이능장차구자

스스로를 위해 살고 있지 않기 때문이라네.

以其不自生이기부자생

그러므로 오래 살 수 있는 것이라네.

故能長生고능장생』〈7장〉

요순시대에나 통할 수 있는 노자의 무위이화, 장이부재, 부자생을 오늘날의 복잡한 정치나 경영 상황에서 논하는 것이 시대착오라는 생각이 들지 모른다. 노자의 사상은 춘추전국시대에도 철학적 사유의 영역이지 현실과는 괴리가 있다고 평가되었다. 어디 도가뿐인가. 유가 역시 말은 맞는데 덕치德治가 이 혼란한 세상에는 어울리지 않는 '철지난 얘기'로 대접받았으니, 도가의 소위 무위지치無爲之治는 한술 더 뜬 얘기일 수밖에.

그러나 왕정 시대를 거쳐 오늘날의 민주공화 시대에 이르기 까지 수많은 정치 사조와 사회·경제 체제를 겪으며 도달한 현재, 아직도 국민은 가르치고 깨우쳐 줘야 할 백성 취급을 받는 것이 현실이다. 아직도, 아니 더 철저하게 입으로는 국민을 위한다고 하면서도 권력 다툼의 희생양은 여전히 국민이다. 과학기술이 비약적으로 발전했지만 편의를 볼모로 환경은 파괴되었고, 자본의 끝 모를 탐욕은 배금주의와 물신주의의 천박한 삶을 빚어냈다. 국가는 빅브라더가 되었고 사회는 불신으로 가득 찼고 이익집단은 제 몫만 챙기려 하며, 예측 불가능한 미래로 서민들은 죽을 때까지 먹고사는 생존권에 매달려야 하는 세상이다.

이 시대의 정치는 너무 많은 권력과 욕망을 독차지하고 있다. 그렇기에 입만 열면 상투적으로 쏟아 내는 국민과 민생은 허울좋은 수사修辭일 뿐이고 실상은 그들만의 이권 다툼에만 올인하는 모습이다. 정치에서 특권과 힘을 내려놓고 성숙한 시민의식이 작동하는 세상이 되었으면 한다. 정파의 이해를 넘어 진정 국민을 위하고 나라의 미래와 다음 세대를 위해 조용히 그리고 멀리 내다보는 정치가 펼쳐지기를 갈구한다.

노자는 말한다.

『정치가 어수룩하면 그 백성은 순박해지고, 정치가 너무 세세한 일까지 간섭하려 들면 그 백성이 이지러진다.』

其政悶悶기정민민 其民淳淳기민순순 其政察察기정찰찰 其民缺缺기민결결 〈58장〉

어수룩한 정치가 언뜻 보기에는 잘못하는 것 같지만 잘 다스려지는 것이고, 민생을 흔들고 일일이 끼어들면 겉보기에는 잘하는 것 같지만 오히려 다스림의 도를 넘어서는 것이다.

도가의 무위지치無爲之治가 그립다. 격양가擊壤歌를 부르면서 "임금의 덕이 내게 무슨 소용이냐"며 일상의 삶에서 정치를 걷어 내고 싶다. 기회 균등과 과정의 공정성과 정의로운 결과를 만들겠다는 허울 좋은 구호에 귀를 기울이지 않아도 되는 세상에 살고 싶다. 그런 구호가 사라지고 그 말의 시시비비를 가리고 따지지 않아도 되는 시절을 꿈꿔 본다. 삶을 송두리째 직장에 믿고 맡기고 일로서 인연을 맺은 사람들과 오순도순 지내며 장이부재의 상사와 함께 일하고 싶다. 스스로 민주시민의 일원으로 제 앞가림하며, 가정과 직장을 위해 성실히 일하며, 내일은 더 좋으리라는 소박한 꿈을 꾸며 살아가고 싶다.

4-9
마치 작은 생선 삶듯, 여린 나무 심듯

답답하고 기막힌 일이다. 이 글의 의도가 옛글에서 이 시대의 리더들이 가슴에 새기고 현업에서 실천하여 더 나은 세상을 만들었으면 하는 바람으로 시작한 바라 되도록 시사時事는 건드리지 않으려 했는데, 해도 해도 너무한다는 생각이 들어 그냥 지나칠 수가 없기에 하는 말이다.

지금 우리가 이 시대에 해결하지 않으면 후대에 엄청난 짐이 되거나 심지어 망국에까지 이를 국가적 당면과제가 산처럼 쌓여 있음은 주지의 일이다. 저출산 고령화, 계층-지역-남녀-세대 간 갈등, 국가-기업-가계부채 누적, 장기불황, 청년 실업, 공교육 붕괴, 수도권 편중-지방 소멸, 물가 앙등, 연금 의료 개혁……. 그뿐만 아니다. 외부로 눈을 돌리면 북핵 위협, 기후-에너지 위기, 강대국에 포위된 지정학적 외교 문제 등 당장 손에 잡히는 대로 나열해도 해결해야 할 과제가 첩첩산중인데 종국에는 난데없는 계엄과 탄핵 사태로 온 세계의 편치 않은 이목을 끌고 있다. 자칫 지난 70년 동안 피땀으로 쌓아 올린 산업화, 민주화의 공든 탑이 무너질까 걱정이 앞선다.

이 모든 문제가 정치가 풀어야 할 숙제들인데 정작 정치권은 그들만의 이권 다툼과 모든 문제를 정쟁의 도구로 삼을 뿐, 국민을 볼모로 편가르기와 모리배의 작태만 남발하고 있다. 마치 국민을 상대로 생체실험하듯 어설픈 정책을 쏟아 내고 지킬 수도 없는 법을 공산품 찍어 내듯 하고 그것도 모자라 특별법을 덕지덕지 갖다 붙인다. 머리를 맞대고 집단지성으로 난제들을 풀으려 애를 써도 모자를 판국에 눈과 귀를 가리는 거짓 약속과 포퓰리즘 정책과 조삼모사 식의 임기응변 대책만 마구잡이로 쏟아 내고 있다. 과점화된 정치 이슈는 급기야 국민을 네 편-내 편으로 가르고 상대에 대해 거친 욕설과 폭력까지 난무하게 만드는 지경에까지 이르렀다. 근본 원인은 정치가 제 역할을 못한 데 있고 그 최대 희생자는 국민, 그중에서도 다음 세대를 이어 갈 젊은이들이다.

좋은 정치는 일상생활의 기본 틀과 내일의 삶이 더 나아질 것이라는 흔들리지 않는 믿음을 갖게 하는 것이다. 정치가 그러할 때 대중은 누가 정치 지도자가 되든지, 어떤 법과 정책이 시행되든지 국가의 본질을 깊이 신뢰하고 정치를 입에 올리지 않게 된다. 〈논어〉에 이 점을 신랄하게 지적하고 있다.

『천하에 도가 있으면 서민들이 정치를 입에 올리지 않는다.』
天下有道則천하유도즉 庶人不議서인불의 〈계씨편〉

나라를 다스리는 핵심을 〈노자 60장〉에서 발견할 수 있는데, 딱 한

마디다.

『마치 작은 생선 삶듯 하라..』

治大國치대국 **若烹小鮮**약팽소선

작은 생선을 요리하는 것은 일류 요리사도 쉽지 않은 일이다. 잘못 다루면 뼈가 으깨지고 살점이 떨어져 볼품없어진다. 손댈수록 윤기를 잃고 비린내만 퍼지기에 공연히 건드리지 않아야 한다. 그래서 아주 조심스럽고 부드럽게 다뤄야 한다. 은근한 불에 올려 찬찬이 살펴가며 익기를 기다려야 한다. 센불에 급하게 서두르면 겉은 타고 속은 덜 익고, 너무 자주 뒤척이거나 오래 두면 문드러져 요리로서 가치를 잃는다.

무엇보다 요리사는 자기가 먹기 위해서가 아니라 먹어 줄 사람의 즐거움을 생각하면서 정성을 들여 소임을 다한다는 점이다. 민생에 어떤 파급을 미치고 앞날에 어떤 영향이 작용할지를 섬세하고 치밀하게 검토하고, 관련된 모든 사람들의 의견을 구하고 충분한 모의실험을 거친 후 신중하게 법령을 펴야 좋은 요리를 대하듯 국민들이 즐거워할 것이다.

한비도 〈한비자 해로解老편〉에서 약팽소선을 거론하면서『나라를 다스림에 자주 법을 바꾸면 백성이 고통스러워하므로, 훌륭한 군주는 자신을 비우고 인정을 귀하게 여겨 법을 자주 변경하지 않는다』하였다.

治大國而數變法치대국이삭변법 **則民苦之**즉민고지 **是以有道之君貴虛靜**시이유도지군귀허정 **而重變法**이중변법

〈춘추좌전〉은 한발 더 나아가 이렇게 엄중하게 경고를 한다.『장차

망하려는 나라는 법령이 번잡하게 된다.』

國將亡必多制국장망필다제〈昭公소공 6년〉

당송팔대가의 한 사람인 유종원柳宗元의 글 중에 곽탁타郭橐駝[1]라는 사람의 나무 심기種樹 비결을 통해 다스림의 이치를 설파하는 내용이 있다. 나라님뿐 아니라 모든 지도자 지위에 있는 사람에게 도움이 될 것 같아 그 일부를 소개한다.

『곽씨는 곱사등이라 낙타를 닮았다 하여 주위에서 탁타라는 별명을 붙여 주었다. 탁타는 나무 심는 일을 업으로 하였는데, 솜씨가 빼어나 사람들이 다투어 그를 찾았다. 그가 나무를 심거나 옮기는 것을 보면 살지 못하는 것이 없고, 또 크게 번성하며 열매가 아주 튼실했다. 나무 심는 사람들이 그를 엿보고 따라 해 보아도 결과는 같지 않았다.

어떤 사람이 그에게 비결을 물으니, "나는 나무를 오래 살고 또 번성하게 할 수 있는 재주가 있는 것이 아닙니다. 다만 나무의 천성에 따라 그 본질을 다하게 할 수 있을 뿐입니다. 무릇 나무의 본성이란 그 뿌리는 뻗으려고 하고 그 북돋움은 고르기를 바라며, 그 흙은 옛것을 바라고 그 다짐은 촘촘하기를 바랍니다. 그렇게 한 뒤에는 걱정하지도 건드리지도 말고 내버려둡니다. 심을 때에는 자식을 대하듯 하고 놓아둘 때에는 마치 버린 듯이 하면, 그 천성이 온전해져 스스로 살음을 얻게 됩니다."

蒔[2]也若子시야약자 置也若棄치야약기 則其天者全즉기천자전 而其性得

---

1) 橐駝-전대 탁, 낙타 타
2) 蒔-모종낼 시

矣이기성득의

"그러므로 나는 나무가 자라는 것을 해치지 않을 뿐이지 그것을 크고 무성하게 할 수 있는 것이 아니며, 그것이 열매 맺는 것을 억누르거나 손상시키지 않을 뿐이지 일찍 열매 맺고 번성하게 할 수 있는 것이 아닙니다.

나무 심는 일을 하는 다른 사람들은 뿌리가 뭉치고 흙이 바뀌며, 북돋움이 지나치거나 모자라기 십상입니다. 만약 그들이 나처럼 하더라도 나무를 너무 아끼거나 염려하여 아침에 살피고 저녁에 어루만지며, 돌보고 떠났다가 다시 돌아보고 심지어는 그 껍질을 긁어 살았는지 죽었는지를 확인하고 그 밑동을 흔들어 소밀함을 살피니, 나무의 본성에서 날이 갈수록 멀어지고 어긋나게 됩니다.

비록 사랑한다고 하지만 사실은 그것을 해치는 것이며, 비록 염려한다고 하지만 사실은 그것을 괴롭히는 것입니다. 그래서 나만 못한 것이지 내게 어찌 남다른 재주가 있겠습니까?"』〈種樹郭橐駝傳종수곽탁타전〉

스스로 생육하는 본성을 펼치게 하는 것, 그것이 다스림의 핵심이라 할 수 있다. 이를 압축하여 다스림의 도는 마치 나무를 심는 것과 같다 하여 '치약재수治若栽樹'라는 성어로 표현해도 좋겠다.

어디 나무뿐이겠는가. 씨앗 한 톨에도 우주가 담겨 있다고 하지 않는가? 그 작은 생명의 결정結晶은 태어날 때부터 이미 어떻게 싹을 틔우고 거목으로 성장하여 때맞춰 꽃 피우고 열매를 맺어 생명을 이어갈지를 알고 있다. 모든 생명체의 유전자에는 이런 우주적 삶의 질서와 지혜가 담겨 있다. 그러니 사람이 키운다는 말은 어폐語弊요, 독단이다. 정치와 경영도 다르지 않다. 생명의 본성을 펼치고 자연의 이치를 따르게 하는 정치와 경영이 되도록 하는 리더가 진정한 리더가 아니겠는가?

사마천이 제시한 정치론에서도 약팽소선과 치약재수의 이치를 최고로 꼽고 있음을 발견할 수 있다.

『최악의 정치는 그들과 다투는 것이고
最下者與之爭최하자여지쟁
그다음은 그들을 형벌로 가지런히 하는 것이고
其次整齊之기차정제지
그다음은 그들을 가르치려는 것이고
其次敎誨之기차교회지
그다음은 그들을 이익으로 이끄는 것이고
其次利道[1]之기차이도지
최고의 정치는 그들의 본성을 스스로 따르게 하는 것이다.
故善者因之고선자인지』
〈사기 화식열전貨殖列傳〉에 실린 내용이다.

무릇 생명을 지닌 모든 존재는 살기를 바라고 번영하기를 바란다. 이익을 바라고 손실을 원치 않는다. 그게 본성이다. 본성을 존중하고 공동체의 규범을 깨는 탐욕과 무질서를 조용히 다스릴 수 있는 수준 높은 정치가 아쉽다.

---

1) 道-이끌 도. 導와 동자

4-10

공자가 존경하고 사마천이 흠모한 경세의 사표

　춘추전국 시대를 통틀어 제나라는 걸출한 재상 두 사람에 의해 크게 융성할 수 있었다. 한 사람은 환공을 첫 패주로 보좌한 관중이고, 또 한 사람은 영장경공靈莊景公 3대를 보필하며 혼란 속에서도 내치와 외교를 굳건히 다진 안영晏嬰[1]이다.

　안영은 135센티미터[2] 정도의 단구였으나 박학다식하고 언행이 일치하며 매우 충의로웠다. 강직, 검소한 성품으로 백성을 자기 몸처럼 아꼈고 임금을 성심으로 보필하며 불의에는 죽음마저 불사했기에 많은 사람의 존경을 받았고 공경公卿의 사표로 추앙되었다. 〈안자춘추晏子春秋〉에 전해지는 몇 가지 일화로 그의 인품과 치세의 교훈을 새겨 본다.

면절정쟁面折廷爭 - 임금의 면전에서 잘못된 일을 고치도록 간언하다.
　영공은 궁녀에게 남자 옷을 입혀 놓고 바라보는 것을 좋아했다. 이

---
1) 晏嬰-늦을 안, 어린아이 영. 존칭으로 晏子라 함
2) 안영의 키는 6자 남짓이라 전한다. 춘추시대의 1자는 22.5cm다.

소문이 퍼져 민간에서도 여자가 남장을 하는 것이 성행하니 영공은 이를 금지시켰다. 하지만 영공의 지시는 잘 지켜지지 않았다. 영공이 언짢아하자 안영이 말했다. "임금께서는 궁궐 안 여인들에게는 여전히 남장을 시키시면서 궁궐 밖 백성에게만 금하고 계십니다. 이는 마치 밖에는 양의 머리를 걸어 놓고 실제로는 개고기를 파는 것과 같은 속임수입니다. 민간의 남장을 금하고 싶으시면 우선 궐 안 여인들의 남장부터 금지하십시오."

현명진충懸命盡忠 - 나라에 충성하며 목숨을 걸고 무도함에 항거하다.

장공은 황음무도한 군주였다. 사치와 향락에 빠져 간신을 가까이하고 충직한 재상 안영을 의심하고 미워했다. 안영은 관인을 반납하고 낙향하여 농사로 세월을 보냈다. 그러던 중 장공이 새로운 재상 최저崔杼의 아내와 사통하다 맞아 죽는 일이 벌어졌다. 최저는 전권을 장악하고 경공을 임금으로 세워 무력을 휘둘렀다.

장공의 시해 소식을 들은 안영은 지체없이 문상을 결정했다. 그는 장공의 피살은 동정하지 않았지만 국군을 시해한 최저의 행동 또한 의롭지 못하다고 생각했다. 최저는 안영이 조정에 들어서자 당장 죽일 것처럼 겁박했으나, 안영은 태연하게 "나는 대부로서 국상의 예를 표하려 왔소. 나의 생사는 애당초 관심없는 일이오." 하며 문상의 이치를 말하고 통곡으로 예의를 다했다. 최저의 일당은 안영을 죽이고 싶었지만 그의 정의로운 행동과 그를 향한 온 백성의 신뢰와 지지를 무시할 순 없었다.

최저는 자신의 권세를 다지기 위해 또 다른 음모를 꾸몄다. 모든 신료로 하여금 태공 사당에서 희생의 피를 마시며 자신에게 충성을 맹세케 한 것이다. 맹세를 거부하는 신료는 그 자리에서 목숨을 거두었다.

안영도 불려 갔다. 많은 사람들이 안영이 어떤 식으로 맹세를 하는지 한시도 눈을 떼지 못하고 있었다. 안영은 차분하게 피가 든 술잔을 들고 하늘을 우러러 탄식하며 "원통하구나! 최저가 극악무도하게 임금을 시해하다니! 힘을 믿고 날뛰는 놈이나 폭군을 도와 포악한 짓을 하는 자들은 모두 제 명에 죽지 못했도다!"라고 외쳤다. 말을 마치자 안영은 혈주를 단숨에 들이킨 다음 분이 덜 풀린 듯 최저를 노려보았다. 기가 질린 최저는 검을 뽑아 안영의 가슴을 겨누고는 다시 맹세하라고 명령했다. 그러나 안영은 전혀 두려움 없이 "창칼 앞에 뜻을 바꾸는 자는 용감한 자가 아니다. 위협을 받는다고 나라를 배반하는 것은 의롭지 못한 자들이 하는 짓이다. 머리가 잘리고 가슴에 칼이 파고들지언정 나 안영은 절대 최저에게 굴복하지 않을 것이다"라고 크게 외친 다음 고개를 치켜들었다. 시퍼런 칼날 앞에서도 뜻을 굽히지 않는 의기는 '불강지어백인不降志於白刃'이란 성어로 전해지고 있다.

화가 난 최저가 안영을 죽이려 하자 측근이 만류하며 "장공을 죽인 것은 그가 무도한 짓을 했기 때문입니다. 백성들은 장공의 죽음을 슬퍼하지 않지만 안영의 죽음은 결코 묵과하지 않을 것입니다" 하였다.

우직지계迂直之計 - 돌아가더라도 문제의 근원을 해결하다.

안영은 백성을 위한 어진 정치를 꾀하였다. 그는 귀족들의 사치와 관리들의 착취를 반대했다. 백성을 자기 몸처럼 아끼고 그들의 고통을 따뜻한 마음으로 어루만져 주었다. 어느 해 경공이 궁궐을 축조하려 대규모의 공사를 벌였다. 몇 해째 재난이 들어 백성들은 추위와 굶주림에 지쳐 있는 상황이라 안영은 한사코 반대하면서 국고를 열어 백성들을 구제하는 것이 먼저라고 진언했으나 소용없었다.

안영은 고민 끝에 이 문제를 해결할 기발한 방법을 찾아내고 경공에게 아뢨다. "폐하, 제가 직접 궁궐 공사를 책임지겠습니다."

경공은 재상이 극구 반대했던 일이라 깜짝 놀랐으나 스스로 나선 일이니 흔쾌히 허락하고 안영이 요청한 증액된 건설 비용도 내주었다. 안영은 공사를 명분으로 삼아 창고를 열어 재난에 시달리는 백성들을 돕고자 한 것이다.

안영은 우선 건설에 동원된 인부들의 임금을 올려 지급하게 하였다. 방만했던 공사 일정을 앞당기고 인부를 정기적으로 교체하도록 조치했다. 그리고 재난을 당한 백성들을 공사에 투입하여 그 임금으로 생계를 유지할 수 있도록 하였다. 궁전은 예정된 시일 내에 완공되어 경공을 기쁘게 한 동시에 백성들도 공사 덕분에 재난의 후유증을 무사히 극복할 수 있었다.

지상매괴指桑罵槐 - 뽕나무를 가리키며 홰나무를 꾸짖다.

어느 날 경공이 아끼는 새들이 모두 도망가 버리고 말았다. 경공은 몹시 화가 나 새를 돌보는 관리를 당장 사형에 처하라고 명했다. 이를 본 안영은 "그 관리에게는 세 개의 죄목이 있습니다. 제가 그 관리의 죄를 지적한 다음 죽이도록 윤허해 주십시오"라고 청했고 경공은 그렇게 하도록 허락했다.

안영은 죄인을 향해 목소리를 높였다. "듣거라. 너는 죽을 죄를 세 가지나 범했다. 첫째는 관리를 소홀히 하여 새들을 날려보낸 죄고, 둘째는 우리 임금께서 새 때문에 사람을 죽이게 만든 죄다. 이 일을 사람들이 알게 되면 임금을 원망하고 다른 나라 제후들이 제나라 군주는 사람보다 새를 중히 여긴다고 생각하여 우리 임금을 업신여기게 될 것이고, 나아가 이웃 나라가 우리를 멸시할 빌미를 주었으니 이것이 세 번째 죽을 죄다."

안영의 논죄에 자신의 잘못을 뉘우친 경공은 이렇게 말하였다. "용서하라. 나의 덕을 해치지 말라."

안영호구晏嬰狐裘 - 호구 한 벌로 삼십 년을 입는 청빈한 생활을 하다.

안영은 재상의 높은 신분에 오른 뒤에도 밥상에 고기 반찬을 제한했고 식솔에게는 비단옷을 입지 못하게 하였다. 경공은 안영이 재상의 격에 맞지 않게 시장 근처에서 남루하게 살고 있는 것을 못마땅하게 여겨 집을 크게 지어 주고자 했으나 안영은 한사코 거절했다.

어느 날 안영이 진晉에 외교사신의 임무를 띠고 간 사이, 경공은 안영의 집과 그 이웃의 집들을 허물고 높고 큰 집을 짓게 하였다. 사신의 임무를 성공적으로 마치고 귀국하여 성문을 통과할 때 출영 나온 가재를 통해 그 사실을 알게 되었으나, 경공에게 복명하면서 집에 대해 한 마디도 대화를 나누지 않았다.

공궁에서 물러난 안영은 막 준공한 집 앞에 서서 가재를 불러 엄하게 명했다. "이 집을 허물라. 예전 집과 같이 되돌리고 이웃 집도 본래의 것과 같이 세워서 이웃 사람들을 불러들여라."

다음 날, 은혜에 감복하는 찬사를 기대한 경공에게 아뢨다. "폐하, 저는 높고 큰 집의 편안함보다 좋은 이웃이 억울하게 쫓겨난 것이 더 불편합니다."

촌철살인寸鐵殺人 - 날카로운 경구로 상대편의 급소를 찌르다.

안영이 어느 날 초나라에 사신으로 갔다. 초나라 영왕靈王은 제나라를 무시하고 사신의 기를 꺾으려 궐문을 걸어 잠그고 개구멍으로 들라는 짓궂은 영을 내렸다. 개구멍으로 기어들면 나라 망신이 되고, 안 들면 임무 수행을 못 할 판이었다.

안영은 우렁찬 목소리로 외쳤다. "제나라 사신이 초나라가 아니라 개나라에 사신으로 왔나 봅니다. 개나라에 사신으로 온 사람은 개구멍으로 들어갑니다. 제가 이 구멍으로 들어가도 되겠습니까? "

이 말을 전해 들은 영왕은 하는 수 없이 궐문을 열라고 말했다.

응구첩대應口輒[1]對 - 묻는 대로 지체 없이 바른말을 하여 입을 다물게 하다.

초영왕은 키도 작고 볼품없는 안영이 외교사절로 온 것을 못마땅해 하며 말했다. "제나라에는 사람이 그렇게 없소? 어찌 경卿과 같은 사

---

1) 輒-문득 첩

람을 우리 강대국에 사신으로 보냈단 말이오?"

안영이 태연하게 대답했다. "사실 저의 나라에서 사신을 보낼 때 상대방 나라의 규모에 맞게 사람을 골라 보내는 관례가 있습니다. 즉 작은 나라에는 작은 사람을 보내고 큰 나라에는 큰 사람을 보내는데, 저는 그중에서도 가장 작은 편에 속하므로 초나라로 오게 된 것이옵니다."

안영의 말솜씨에 영왕은 화가 치밀었다. 때마침 그 앞으로 초나라 관리가 제나라 출신의 죄인을 끌고 가고 있었다. 영왕은 안영이 들으라고 큰 소리로 그 죄인이 어느 나라 죄인이며 무슨 죄를 지었는지 묻고는, "제나라 사람은 원래 도둑질을 잘하오?" 하며 안영에게 모욕을 주었다.

안영은 바로 응수했다. "제가 듣기로 귤橘이 회수淮水 이남에서 나면 원래 귤이 되지만, 회수 이북으로 건너가 자라면 탱자枳가 된다 하였습니다.

이런 까닭은 풍토가 다르기 때문입니다. 원래 백성들이 제나라에서 나고 자라면 도둑질이 뭔지도 모르고 사는데, 그가 초나라에 들어와서 죄를 지은 것을 보면 역시 초나라의 풍토 때문인 줄 압니다."

안영은 정치의 요체를 이렇게 말한 바 있다. 『뜻은 백성을 아끼는 일보다 더 높은 것이 없고, 행동은 백성을 즐겁게 하는 것보다 더 두터운 것이 없다.』

意莫高於愛民의막고어애민 行莫厚於樂民행막후어낙민

공자는 안영을 존경하여 말하기를,

『안평중平仲(안영의 시호)은 남과 사귐을 잘하였다. 상대방과 오래 사귀어도 공경의 마음을 놓지 않았다』하였다.

子曰자왈 安平仲善與人안평중선여인 交久而敬之교구이경지 〈논어 公冶長공야장편〉

사마천도 〈사기〉에서,

『오늘날 안자가 살아 있다면 나는 그를 위해 채찍을 드는 마부가 되어도 좋을 만큼 흠모한다』하였다.

假令晏子而在가령안자이재 余雖爲之執鞭여수위지집편

所忻慕焉소흔모언 〈管晏列傳관안열전〉

5. 통찰훈 洞察訓

두 개의 통찰 혜안과 변혁의 실천력으로 무장하고
리더의 길을 나서야 한다
시대의 요구와 구성원의 열망을 이해하고
조직과 개인이 함께 성장하면서
미래로 나아갈 수 있도록,
환경을 능동적으로 변화시키고
사고와 인식의 틀을 끊임없이 혁파해야 한다.

5-1

세상이 바뀌어도 변하지 않을
리더십의 원천과 가치

    이 글을 시작하면서 '리더란 어떤 사람인가'를 언급한 바 있다. 상기하면 '리더란 구성원을 따르게 하여 세상에 이로운 일을 이루는 사람'이라 하였다. 이로운 일을 통하여 더 나은 세상을 만드는 것은 인류의 이상이자 모든 조직이 실현하고자 하는 미래의 가치다. 이제 마지막 장에서는 이로운 일을 이루기 위해 리더가 당면한 현상에 대응하는 혜안을 밝히고, 더 나은 미래로 나아가기 위해 변혁을 이끄는 '리더십의 실천'에 대해 탐구하고자 한다.

    리더십 연구가 스톡딜Ralph. M. Stogdill은 리더십을 '조직화한 집단이 목표를 달성하기 위해 영향을 미치는 과정'이라 설명하고 있다. 영향의 주체는 리더이고 대상은 집단의 구성원이며, 영향의 내용은 바람직한 변화라고 할 수 있다. 물론 변화만이 능사는 아니다. 변화 이전에 항상恒常의 바탕이 먼저다. 견고한 항恒 위에 변變이어야 한다. 세변世變이 빠를수록 변화에 앞서 변화의 격랑에 흔들리지 않아야 할 가치부터 바로 세워야 한다. 변화는 항상에서 시작하여 항상을 뛰어넘는 것變勝恒이기 때문이다. 그런 변화를 바람직한 변화라 한다. 바람직한 변화를 만드는 원천은 무엇일까? 우리의 논의를 여기서부터 시작해 보자.

철학자 버트란트 러셀은 그의 저서 〈power〉에서 물리학의 기초개념을 '에너지'라 한다면 사회학의 기초개념은 '힘'이라고 했다. 리더십이라는 사회현상 역시 '힘'을 배경으로 바람직한 변화를 만들어 가는 것이다.

리더십과 관련한 힘에는 두 종류가 있다. 하나는 드러내는 힘이요, 또 하나는 잠재된 힘이다. 이상적인 리더십은 드러내는 힘보다 잠재된 힘을 더 중시하고 활용한다.

공자의 체구는 역사力士급이라고 전한다. 그 우람한 몸집으로 힘을 드러낸 것은 단 한 차례, 위난을 당하여 성문의 빗장 기둥을 뽑아낸 일이라 한다. 묵자는 뛰어난 병법의 소유자였지만 공수반公輸般의 공격을 막아 내는 시범만 보였을 뿐이다. 공자는 힘을 드러내어 역사로 유명해지려 하지 않았고, 묵자는 병법으로 이름을 날리려 하지 않았다.〈열자 설부편〉

그들은 지혜와 이치의 잠재된 힘으로 인재 수천 명을 마음으로 따르게 하여 혼란한 세상을 구하려 하였기에 위대한 인물로 추앙받는 것이다.

드러내는 힘은 상대를 위압하거나 밀어붙여 하지 않을 수 없게 하는 데는 유용할지 모르나 마음으로 따르게 하는 데는 한계가 있다. 잠재된 힘의 인지만으로 스스로 따르게 하거나 자발적으로 이루도록 하는 것이 진정한 리더십이 추구할 바다.

〈노자 33장〉에 다음의 구절이 있다.

『남을 아는 사람은 지혜롭다 할지 모르나 자신을 아는 자야말로 명철한 사람이다. 남을 이기는 사람을 힘이 있다 할지 모르나 자신을 이기는 자야말로 진정 강한 사람이다.』

知人者智지인자지 **自知者明**자지자명

勝人者有力승인자유력 **自勝者强**자승자강

남을 안다는 것은 타인을 이해하는 것에 그치지만 자신을 안다는 것은 궁극의 앎을 추구하는 것이다. 지혜로움은 스스로를 이롭게 할 뿐이지만 명철함은 세상을 이롭게 한다. 자신을 깊이 알수록 세상과 불가분의 관계임을 깨닫게 되고 그 밝음은 타인을 무명에서 깨어나게 하며 나아가 세상을 밝게 비추는 데까지 미칠 것이기에 이롭다는 것이다.

남을 이기는 것은 상대적으로 더 힘이 세다는 것이지만 자신을 이긴다는 것은 궁극의 힘을 추구하는 것이다. 남을 제압하는 힘은 드러내는 힘, 표면의 힘, 완력으로 밀어붙이는 힘이지만 자신을 이기는 힘은 축적된 힘, 내재된 힘, 순리를 충실히 따르는 힘이기에 더 위대한 것이다.

〈노자 52장〉에 밝음과 강함을 이렇게 표현하고 있다.

『작은 것을 볼 수 있음을 밝다고 하고 부드러움을 지킬 수 있음을 강하다고 한다.』

見小曰明견소왈명 守柔曰強수유왈강

밝음은 은미隱微한 우주의 이치를 관조하는 능력이자 작은 조짐으로 그 귀결까지 내다보는 명철함이다. 강함은 유약柔弱한 듯 운행되는 자연의 순리이자 안으로 힘을 간직하고 스스로 이루게 하는 충실함이다. 그러기에 바람직한 리더십은 외력으로 남을 제압하는 것이 아니라 잠재된 힘에 감화되어 사람들이 스스로 따르고 능동적으로 이루게 하는 것이다.

변화를 만드는 힘이라 하면 '추진력'이라는 이미지가 먼저 떠오를 수 있다. 추진력은 목표를 이루기 위해 밀고 나가는 힘이다. 추진력은 또한 리더가 구성원에게 행동의 변화를 요구하는 실제적인 힘의 행사이기도 하다. 힘이 작용하면 그 힘에 대응하는 반작용이 일어나고, 작용의 크기에 비례하여 반작용 역시 증가하게 마련이다. 리더는 추진력의 증가로 반작용을 증가시키는 변화보다 반작용의 기저를 없애는 접근을 추구할 필요가 있다. 즉, 리더가 행사하는 추진력에 의한 변화가 아니라 '저항력'을 일으키는 요인을 줄여 주는 것을 통해 자발적인 변화로 유도하는 것이 바람직하다는 의미다. 사람들은 변화를 싫어하는 것이 아니라 자신의 의지와 상관없이 외력에 의해 변화되는 것을 기부힐 뿐이다.

구체적인 예를 들면 변화를 촉구하는 외부의 압력이나 리더의 강압적 드라이브보다 교육과 상담, 정보 공유, 동기 유발, 역할의 존중과 배려 등이 구성원의 주도성과 의욕을 높이는 데 더 유효할 수 있다.

이는 외력에 의한 것이 아니라 상황의 공유와 내면의 욕구가 만드는 자발적이고 주체적인 변화이기 때문이다.

리더십의 원천에 이어 리더십이 추구해야 할 가치에 대해 생각해 보자.

어느 시대, 어떤 국면에서든 리더십에 기대하는 불변의 가치가 있다. 그것은 크게 두 가지로 압축된다.

첫째는 리더의 책임의지와 자기희생이다. 힘을 행사할 수 있는 높고 무거운 자리에서 그 역할에 대한 중압감을 느끼지 않는다면 그것은 제대로 된 리더가 아니다. '모든 것은 내가 책임진다The buck stops here', '내가 최후의 보루'라는 책임감이 리더십의 절대 가치다. 그리고 권한의 향유가 아니라 자기를 던져 대의를 이루려는 희생의 숭고함을 실천하는 것이 리더십의 본질이다.

둘째는 통찰과 변혁이다. 상황을 제대로 읽고 나아갈 올바른 방향을 설정하여 미래를 창조하는 길로 이끌어 가는 것이다. 통찰과 변혁은 각기 두 가지의 뜻이 있다.

통찰은 전체를 폭넓게 조망한다는 의미의 通察과, 깊이 꿰뚫어 탐구한다는 의미의 洞[1]察로 나눈다. 과거-현재-미래를 통시적 역사관으로 이해하고 멀리 내다보는 관조觀照와, 현상의 이면과 배경까지 헤아려 이화理化의 세계를 추구하는 투철한 살핌이다. 이 둘은 현상을 다루는 폭과 깊이 그리고 정조精粗에서 차원을 달리하는 접근이지만 함

---

1) 洞-밝을 통, 꿰뚫을 통

께할 때 보완과 균형을 이룬 온전한 혜안이 될 수 있다.

변혁은 변화와 혁신을 함께 아우르는 말이다. 넓은 의미로는 혁신을 변화의 특별한 양태로 보기도 한다. 좁은 의미로 굳이 구분한다면 변화는 천지운행과 생명현상에 따른 시공간의 달라짐인 데 비해 혁신은 예외적이고 돌발적이며 의도적인 변화라 할 수 있다. 변화는 일상적이고 예측 가능하고 비의도적이고 점진적으로 전개된다. 반면에 혁신은 내면의 에너지로 촉발되어 짧은 시간에 근원적인 달라짐을 추구하는 것이다.

변화와 혁신은 대척을 이루는 개념이 아니다. 혁신은 자연의 이치를 거스르는 것이 아니라 변화의 항상성을 기반으로 하면서 그 항상성을 스스로 깨뜨리고 넘어서려는 강렬한 의지의 구현이다. 개인의 이해를 초월해 공동체의 가치를 높이고 세상을 발전시키려는 숭덕崇德과 광업廣業의 노력이 혁신이다. 리더는 변화의 섭리를 깨닫되 혁신의 횃불로 공동체가 나아갈 길을 밝히는 변혁 마인드를 지녀야 한다.

두 개의 통찰, 혜안과 양날의 변혁, 역량으로 무장하고 리더의 길을 나서야 한다. 시대의 요구와 구성원의 열망을 이해하고 조직과 개인이 함께 성장하면서 번영의 미래로 나아갈 수 있도록, 환경을 능동적으로 변화시키고 사고와 인식의 틀을 끊임없이 혁파해야 한다. 때론 장애와 혼란과 의혹으로 흔들릴 수도 있고, 자원의 제약과 강력한 반대에 부딪혀 가로막힐 수도 있다. 그러나 뜻을 옳은 데 두고 함께 그것을 이루어 가자는 진정성이 통한다면 길은 다시 찾을 수 있고 막힘은 반드시 뚫을 수 있을 것이다. 곤란과 난관은 리더십을 연단하는 작은 시련일 뿐이다.

5-2

어제의 성취를 내려놓고 새날을 맞이하라

후한 말기의 삼국 시대, 오吳나라 여몽呂蒙은 가난한 집안에서 태어나 제대로 된 교육을 받지 못한 채, 어려서 매부인 등당鄧當을 따라 손책孫策 휘하에 몸을 의탁했다. 십 대의 나이로 전장에서 잔뼈가 굵은 그는 무예를 스스로 익혀 손권 대에 이르러서는 많은 전공을 세워 장군의 지위에 올랐다. 그러나 학식이 부족하면 나라의 큰일을 맡을 수 없으니 학문을 깨우치라는 손권의 충고를 듣고, 그는 크게 분발하여 전장에서도 부지런히 병법과 경서를 독파했다.

얼마 후 평소 여몽을 별 볼 일 없는 사람으로 경시했던 재상 노숙魯肅이 여몽을 만났을 때 예전과는 완전히 딴사람이 되어 있는 것을 보곤 깜짝 놀랐다. 학식이 풍부해졌을 뿐만 아니라 인상마저 온화하게 변모한 것이었다. 노숙의 솔직한 평에 여몽이 다음과 같이 말했다.

『신비라면 사흘을 떨어져 있다 만났을 때는 눈을 비비고 다시 대해야 할 정도로 달라져 있어야 하는 법입니다.』

士別三日사별삼일 則當刮目相對즉당괄목상대 〈삼국지 吳志오지 여몽전 裵松之注배송지주〉

5. 통찰훈洞察訓

'괄목상대'라는 성어의 배경이다. 무공과 문덕을 쌓은 여몽은 훗날 적벽대전을 완승으로 이끈 주유周瑜와 노숙이 역임했던 대도독大都督의 지위까지 올랐다.

전국 말기, 연나라 명장 악의樂毅에 의해 제나라는 70여 개의 성을 잃고 민왕湣王마저 살해당했다. 나라의 멸망을 눈앞에 둔 위기 상황에서 제나라의 마지막 보루인 즉묵卽墨 땅을 지키던 전단田單 장군은 악의와 연나라 혜왕惠王을 이간시켜 악의를 상장군에서 물러나게 하는 지략을 펼쳤다. 필사즉생의 각오로 병사들을 단결시키고 화우계火牛計의 기발한 병법으로 단숨에 70개 성을 탈환하여 제나라를 기사회생시키고 천하에 그 이름을 떨쳤다.

연나라를 격파한 전단은 그 공로를 인정받아 안평군安平君에 봉해졌으며, 일인지하 만인지상의 상국相國 지위에까지 올랐다. 전단은 그 기세를 몰아 국경을 자주 침탈했던 오랑캐 적인狄人 정벌에 나섰다. 제나라의 현인으로 불리는 노중련魯仲連은 전단이 전장으로 떠날 때, 주변 사람에게 적인을 굴복시키지 못할 것이라고 예언했다. 아니나 다를까, 전단은 석 달이 지나도록 적인을 이기지 못하고 교착 상태에 빠졌다.

이에 전단은 노중련을 찾아가 자신이 이기지 못할 것을 어떻게 알았는지 묻자 노중련이 말하길, "즉묵에서 풍전등화에 처한 나라를 구할 때 장군은 몸소 삽을 들고 삼태기를 매며 사졸들과 함께 죽을 각오로 싸움에 임했었소. 그때 장군은 '종묘가 망하고 사직도 다 잃었다.

우리가 지면 이젠 뼈를 묻을 곳조차 없으니 목숨을 던져 이 땅을 지키자'고 사생결단하였기에 가능했던 것이오. 그러나 지금 장군에게는 안평에 기름진 봉토가 있고, 상국이란 높은 지위가 있으니 어찌 죽을 각오로 싸우려 하겠소? 그러니 이길 수 없다 한 것이오."

전단은 깊이 깨달은 바가 있어 이튿날 날이 밝자 진두에 서서 적의 화살과 돌팔매를 무릅쓰고 북을 울리며 군사들을 격려하였다. 필사의 독전督戰으로 적인성을 공략하니 해가 지기 전에 적인은 항복하고 말았다. 〈사기 전단열전〉과 〈전국책〉의 이야기다.

모든 것을 다 걸고 죽을 각오로 나라를 지켜 냈으나, 부귀해 지자 다짐이 무뎌지고 자만에 빠진 것이다. 이기고 지는 것은 이처럼 상대의 강하고 약함에 달려 있는 게 아니다. 어제의 영광을 잊고 새날엔 새 각오로 전장에 나서야 한다.

현대 중국에도 놀라운 변신의 주역이 있다. 북경 주재 특파원을 지낸 중앙일보 예영준 논설위원의 글에 소개된 내용이다.

『처음엔 동명이인이려니 했다. 14억 인구 중에 같은 이름인 사람들로 줄을 세워도 끝이 안 보일 테니 말이다. 사회자는 단상에 선 연사를 '검색엔진 기업 지커卽刻닷컴의 CEO이자 중국의 올림픽 영웅'이라고 소개했다. 바로 그녀, 올림픽과 세계대회에서 무려 18개의 금메달을 목에 걸었던 탁구 마녀 덩야핑鄧亞萍이었다. 얼마 전 중국 인민일보 주최로 열린 '아시아 미디어 협력 포럼'에서 덩야핑은 주최측을 대표해 기조연설을 했다.

옆에 앉았던 그의 부하직원이 혀를 내두르며 인생 스토리를 들려줬다.

"대학 입학 때만 해도 영어 알파벳을 몰랐대요. 그런 그가 영국의 최고 명문대학에 유학을 가 박사학위를 따 왔으니……" 탁구선수로서 더 이상 오를 나무가 없던 1997년, 그는 라켓을 내려놓고 영어사전을 잡았다. 스물넷 나이에 칭화淸華대 영문과에 특별전형으로 입학한 것이다. 당시 덩야핑은 알파벳의 A부터 Z까지, 대문자와 소문자를 온전하게 알지 못했다. 아버지의 손에 이끌려 다섯 살 때 라켓을 쥐었고 열세 살에 국가대표가 되었으니 그럴 만도 했다. 그것도 설렁설렁한 게 아니라 남들 1년 신는 운동화를 한 달 만에 갈아치울 정도였다.

그런 그가 4년 뒤 베이징 올림픽 유치 대사로 나서 세계인이 지켜보는 가운데 영어 연설을 했다. 평창 올림픽을 딸 때의 김연아처럼 말이다. 그는 하루 14시간 학업에 매달렸다. '빨래집게 옆에 놓고 A 자도 몰랐던' 그가 케임브리지대 경제학 박사가 된 것은 선수 시절 몸에 밴 집념과 노력과 도전정신의 결과일 것이다.

회의 일정 마지막 날 그의 사무실을 방문할 기회가 있었다. 그는 인민일보의 뉴스 검색 사이트를 중국에서 속도가 가장 빠른 범용 검색 엔진으로 탈바꿈시켰다. 엔지니어가 대다수인 직원 190여 명을 이끄는 CEO가 된 지 일 년 만이다. 네티즌의 눈동자 움직임을 감지해 사이트의 어떤 항목을 보고 있는지를 자동으로 집계하는 기술을 그는 열정적으로 설명했다.

그녀에게 청춘 콘서트라도 여는 셈치고 물어보았다. 당신과 겨뤘던 한국의 젊은이들은 어땠느냐고. "그때 현정화를 비롯한 한국 선수들은 기술보다는 정신력과 투지가 대단했다. 하지만 지금은 그렇지 못한 것 같다." 그런 게 어찌 탁구뿐이랴. 다시 물었다. "탁구와 박사학위, 그리고 비즈니스 가운데 무엇이 당신에게 가장 쉽고, 무엇이 가장 어려운 일인가." 그랬더니 이런 대답이 돌아왔다. 평범한 대답이었지만 나는 감동했다. "세상에 쉬운 일은 하나도 없다. 하지만 안 되는 일도 없다."』

성공한 사람이 갖는 공통적 특성의 하나가 역경을 스스로 극복하고 현상에 만족하지 않고 끊임없이 성장을 추구하는 것이다. 물론 재능, 성실성, 친화력, 가문이나 운 등도 현실적 요인으로 작용하겠으나, 핵심 중의 핵심은 '강인한 성장의 의지'가 근원적 요인이라는 점에 많은 성공인들이 동의한다. 이는 마치 벼랑 끝에서 모진 풍상에 시달리면서도 더욱 강인하게 바위를 움켜잡고 의연히 생명을 이어 가는 솔바위의 모습이다.

영국의 커뮤니케이션 이론가 폴 스톨츠Paul G. Stoltz는 성공한 사람의 공통점으로 역경지수Adversity Quotient : AQ가 높다는 것을 꼽았는데, 이는 난관에도 굴하지 않고 더욱 당당하고 결연하게 목표에 도전하는 능력을 의미한다.

온실 속의 분재처럼 좋은 환경 속에서 어려움을 겪지 않고 높은 뜻을 이뤘다면 그것은 진정한 성공이 아니다. 어쩌면 좋은 여건이라는 게 치열한 내면의 열정을 잠재우게 하고 안온한 삶에 적당히 타협하고 주저앉게 만드는 함정일 수도 있다. 내돈 상처도 입어 봐야 강인한 삶의 굳은살이 잡히고, 시련도 겪어봐야 성취의 희열과 보람도 갖게 되는 게 인생 아닌가.

또한 미국의 경영 컨설턴트 로버트 아이칭어Robert Eichinger는 리더의 성패를 결정짓는 중대요소로 학습지수Learning Quotient : LQ를 꼽았는데, 이는 학구열과 현상 타파로 스스로를 갱신하려는 도전 정신을 의미한다. 때론 과거의 작은 성공이 더 큰 성공을 가로막는 걸림돌이 되기도 하고, 한 번 성공했던 방식에 갇혀 더 좋은 성공의 문을 스스로 닫아걸 수도 있다. 그래서 늘 세상을 향해 생각의 문이 열려 있어야 하고 변화에 능동적이고 유연하게 대처할 수 있어야 한다.

과거의 성공과 실패가 현재의 기회와 미래의 가능성을 망치게 하지 말라. 실패 없이 진정한 성공도 없고 역경 없이 탄탄한 성장도 없다. 리더는 어제의 성패에 갇히지 않는 사람이다. 실패와 역경에서 더욱 강해지고 성공에서 더 큰 목표에 도전하기 위해 부단히 배우고 더 원대한 꿈을 펼쳐야 한다.

휴렛 팩커드의 CEO 칼리 피오리나Carly Piorina는 이런 명연설을 남겼다. "우리는 월계관을 쓰고도 쉴 수가 없습니다. 역사가 미래를 보장해 주지 않기 때문입니다. 역사란 미래를 향해 나아갈 때 반드시 떨치고 일어나야 하는 앉았던 자리에 불과합니다."

어제의 영광과 성공으로 얻은 선지식先知識과 몸에 익은 관성마저 떨쳐 내고 또다시 낯선 세계에 뛰어드는 배움의 리더가 조직과 구성원을 성장시킨다. 어제의 영욕과 성패를 비망록에 남겨 놓고 새날을 도전과 배움의 자세로 맞이하라.

5-3

시세 추이를 간파하고 먼저 변화하라

『송나라의 어떤 사람이 밭을 갈고 있었는데 그 밭 가운데에는 나무 그루터기가 있었다. 어느 날 산에서 토끼 한 마리가 달려오더니 그 그루터기에 부딪쳐 목이 부러져 죽었다. 이 광경을 본 농부는 쟁기를 버리고 그 그루터기를 지키면서 다시 토끼가 달려와 부딪쳐 죽기를 바라고 있었다. 그러나 토끼를 다시는 얻지 못하였으니 그 농부는 사람들의 웃음거리가 되고 말았다……

지금 만약 선왕先王이 정치한 방법으로 현세의 민중을 다스리려고 생각한다면 그것은 모두 그루터기를 지키는 송나라 사람의 어리석음과 같지 않겠는가?』〈한비자 五蠹오두편〉

'수주대토守株待兎'의 출전이다. 중국 고전을 보면 어리석은 사람에 대한 이야기에 송나라 사람이 자주 등장한다. 아마도 '송양지인宋襄之仁(초나라와의 전쟁에서 예를 앞세우고 인을 베풀다가 대패하여 목숨까지 잃은 송나라 양공襄公의 고사)'에서 비롯되지 않았나 싶다. 죽고 사는 전장에서 패덕覇德의 헛된 욕망으로 어짊을 편 것에 후손들이 두고두고 놀림을 받는 것이다.

아무튼 이 이야기의 핵심은 시대가 바뀌고 상황이 바뀌었음에도 성왕聖王 시절의 도의만을 강조하는 비현실적인 학설을 비판하는 우화다. 한비자의 이야기를 하나 더 들어 보자.

『위衛나라에 미자하彌子瑕라는 폐인嬖人[1]이 있었는데 영공靈公의 총애를 받고 있었다. 어느 날 미자하의 어머니가 병이 나자 어떤 사람이 몰래 밤에 찾아와 미자하에게 그 소식을 전했다. 이에 미자하는 어머니가 걱정되어 임금의 명이라 속이고 임금의 수레를 몰아 어머니를 찾아갔다. 위나라의 법에는 허락 없이 임금의 수레를 타면 월형刖刑[2]에 처하도록 되어 있었다. 임금이 이 말을 전해 듣고 칭찬하여 말하기를, "효성스럽도다! 어미를 걱정한 나머지 발꿈치가 잘리는 형벌도 잊었구나!" 하였다.

그 뒤 어느 날 미자하는 임금을 따라 과수원을 노닐다가 복숭아를 따 먹었는데 그 맛이 너무 좋아 먹던 것을 임금에게 바쳤다. 이에 임금이 칭찬하며 말하기를, "네가 나를 매우 사랑하는구나! 그 맛있는 것을 참고 내게 주다니!" 하였다.

그런 후 세월이 흘러 미자하의 용모가 쇠하여 총애가 식었을 때 임금은 말하기를, "이놈은 지난날 몰래 과인의 수레를 훔쳐 탔고, 먹다 남은 복숭아를 과인에게 먹게 한일이 있었다" 하였다.

미자하의 임금에 대한 행동은 변한 것이 없었다. 다만 폐인을 아끼는 영공의 마음이 변하였을 뿐이다.』〈한비자 세난편〉

이른바 '여도지죄餘桃之罪'의 출전이다.

---

1) 嬖-사랑할 폐. 嬖人은 임금을 가까이서 모시는 남자
2) 刖-벨 월. 刖刑은 발꿈치를 베는 형벌

이 두 이야기는 변화에 대한 한비자의 시철학時哲學을 담고 있다. 앞장에서 언급한 바 있듯이 춘추전국 시대 치세의 큰 흐름은 유가의 예덕에서 법가의 형법으로 기울어 갔다. 예덕은 마땅한 도리지만 전설시대의 이상을 꿈꾸는 것이고, 전국 상황에서 국가권력을 장악하고 천하로 펼치기 위해서는 강력한 형법에 의한 만인통치가 현실적으로 필요함을 역설한 논리가 시철학이다. 세사世事는 한결같지 않아 늘 변하기 마련이다. 이미 흘러가 버린 물처럼 되돌릴 수 없는 주나라의 종법宗法에 매여 시세時勢를 놓치지 말고 때 맞춰 스스로 변화하라는 것이 시철학의 요지다.

변화는 변變과 화化를 아우른 말이다. 변은 정체성 안에서의 달라짐을 의미한다. 이전 상태와는 다르나 물리적인 성질은 유지하면서 모양과 상태가 바뀌는 것이다. 상대적으로 화는 정체성의 근원적 달라짐이다. 화학적인 변성으로 성질이 불가역적으로 바뀜을 뜻하는 것이다. 양적인 변을 넘어 질적인 화에 까지 이르러야 진정한 달라짐을 이룬 것이다.

〈회남자〉에 이르기를 『자연의 이치에는 늘 변화가 있는데, 변화의 끝에 이르면 돌이키고 차면 이지러진다』하였다.

天下之道천하지도 **極則反**극즉반 **盈則損**영즉손 〈**泰族訓**태족훈〉

인생도 마찬가지다. 늘 오르막만 있지도 않고 늘 내리막만 있지도 않는 것이 세상살이다. 올라갈 때 내려올 것을 생각해야 하고 기울 때 다시 차오를 날을 내다볼 줄 알아야 한다.

또 〈역경易經〉에 '역'에 대해 다음과 같이 설명하고 있다.

『역이라 함은 궁극에 이르면 변하는 것이고, 변하면 통할 수 있게 된다. 통할 수 있을 때에야 오래갈 수 있다.』

易역 窮則變궁즉변 變則通변즉통 通則久통즉구 〈繫辭下傳계사하전 2장〉

세상에 영원한 것은 없다. 사물의 변화가 궁극에 이르면, 즉 양적 변화가 극에 달하면 질적 변화가 일어난다. 그리고 진정한 변화는 새로운 돌파구를 열어 막힌 것을 통하게 하고, 그렇게 서로 연결된 상황은 부단히 새로움을 만든다. 그러기에 오래갈 수 있는 것이라는 의미다. 〈주역〉의 핵심사상인 변화와 순환의 이치를 간명하고 설득력 있게 표현한 명문이다.

사마천은 〈화식열전〉에서 '부자가 되는 세 가지 비결'을 밝힌 바 있다.

첫째, 무재작력無財作力이다. 재물이 없는 사람은 힘써 일해 밑천을 만들라.

둘째, 소유투지小有鬪智다. 재물을 모았다면 지혜롭게 투자처를 찾아라.

셋째, 기요쟁시旣饒爭時다. 이미 부자가 됐다면 시기를 놓치지 말라. 큰 부자는 힘이나 지혜보다 변화의 시기를 잘 타서 이룬다는 말이다.

변화는 시간과 함께한다. 시간이 변을 만들고 화에 이르게도 하지만 변화를 감지하고 대응하려는 사람에 의해 지연되거나 촉발될 수 있다. 사람은 천지와 함께 우주 조화에 참여할 수 있는 능동적 존재이기 때문이다. 세사의 움직임 속에서 변화의 조짐을 예견하고 변화의 물결에 대응하는 사람이 세상을 앞서 이끄는 선각자다.

〈한비자 오두편〉에 다음과 같은 구절이 있다.

『위대한 지도자는 옛 방식을 따를 것을 바라지 않고 옛 제도를 지킬 것을 권하지 않는다. 지금의 세상문제를 해결하기 위해 고민하고 그에 따른 대비책을 강구하는 것이 진정한 지도자의 할 바이다.』

聖人不期脩[1]성인불기수고 不法常可불법상가 論世之事논세지사 因爲之備인위지비

우리는 참으로 복잡하면서도 모든 것이 너무도 빠르게 바뀌는 격변의 시대를 살아가고 있다. 변화가 빠르고 크다는 것은 지켜야 할 것보다 바꾸고 새롭게 배우고 대비해야 할 것이 많다는 의미다. 마치 전국시대 말기와 같은 치열한 다툼 속에서 강자만이 살아남고 승자만이 독식하는 정글을 헤쳐 나가는 형국이다. 그래서 한비자의 때를 헤아려 스스로 변화하라는 시철학이 절실한 의미로 다가온다.

다만, 시세 변화에 대비하는 것에서만 그쳐서는 안 될 일이다. 변화의 현상을 정확히 헤아리고 대비하되, 세상이 옳은 방향을 향해 갈 수 있도록 이상사회의 본질인 인간성, 도덕성도 함께 추구해야 할 것이다. 그것이 진정한 리더가 가야 할 바른길이다.

변회에 당면해 이상과 현실 사이에서 갈등하는 리너를 위한 금언이다. 가슴 깊이 새겨 두었으면 한다.

『이상을 말하고 현실을 논하지 않는다면 변화하는 세상과 더불어 살아

---

1) 脩-닦을 수

갈 수 없고, 현실을 생각하되 이상을 품지 않으면 세상의 변화에 마냥 떠밀려 갈 수밖에 없다.』

　言道而不言事언도이불언사 則無以與世浮沈즉무이여세부침
　言事而不言道언사이불언도 則無以與化游息즉무이여화유식
　〈회남자 要略요략〉

5-4

세파에 휘둘리지 않는 국량을 키워라

조직 생활을 하다 보면 늘 좋은 일만 있지 않다. 실적에 심한 압박도 느끼고, 인사 명령에 실망하기도 하며, 인간관계에서 크게 상심하기도 한다. 때론 밤을 하얗게 새우며 퇴직을 결심했다가도 식솔을 먹여 살리는 현실의 벽에 막혀 뜨거운 침 한 번 삼키고 접고 마는 때도 있다. 한동안 마음을 추스리지 못하고 스스로가 초라해져 자괴감에 시달리다 어찌어찌 시간이라는 묘약에 힘입어 벗어나곤 한다. 그러면서 진한 나이테가 박혀 가는 게 많은 직장인이 살아가며 겪는 다반사의 모습이다.

이런 디프레스의 해법으로 여러 가지를 권할 수 있을 것이다. 때론 술이, 친구와의 토로가, 격렬한 운동이나 여행, 신앙의 힘 등 십인십색의 처방이 있을 법하다. 나는 고전의 한 구절을 읽기를 권한다. 특히 〈장자〉의 이야기를 읽다 보면 그렇게도 무겁게 머리를 짓누르던 세상사가 '참 별것 아닌 걸 갖고 공연한 씨름을 했구나' 하고 대범하게 받아들일 수 있는 힘을 얻게 된다.

〈장자〉 중의 몇 대목을 보자.

『북쪽 끝 바다 어두운 곳에 물고기가 있는데 그 이름을 곤鯤이라 한다. 곤의 크기는 몇천 리나 되는지 알 수 없다. 곤이 변하여 새가 되면 그 이름을 붕鵬이라 하는데 그 등의 길이가 몇천 리나 되는지 모른다. 붕이 떨치고 날아오르면 그 날개는 마치 하늘에 드리운 구름과도 같다. 붕새는 태풍이 바다 위에 불면 비로소 날아올라 남쪽으로 가는데, 물을 쳐서 삼천 리나 튀게 하고 구만 리나 올라가며 반년을 난 뒤에야 한숨을 쉰다……

초나라 남쪽에 명령冥靈이란 나무는 오백 년을 한 봄으로 삼고 오백 년을 한 가을로 삼았다. 먼 옛날 대춘大椿이란 나무는 팔천 년을 한 봄으로 삼고 팔천 년을 한 가을로 삼았다……』〈장자 內篇내편 逍遙遊소요유〉

『위魏 혜왕惠王이 제齊 위왕威王과 맹약을 맺었는데 위왕이 이를 배반하였다. 혜왕은 크게 노하여 위왕을 벌하고자 여러 중신들에게 방책을 물었으나 주전과 주화파로 나뉘어 의견만 분분하였다. 이때 대진인戴晉人이라는 현인이 나서서 혜왕에게 말했다.

"폐하는 달팽이를 알고 계시온지요?" "알고 있소."

"달팽이 왼쪽 뿔에는 촉觸이라는 나라가 있고 오른쪽 뿔에는 만蠻이라는 나라가 있었습니다. 그런데 이 두 나라가 영토를 서로 빼앗으려고 전쟁을 벌였습니다. 죽어 넘어진 시체가 수만 명에 이르렀고, 패퇴하는 자를 추격하여 보름 만에야 겨우 회군하였다 하옵니다." "에잇, 농담이 심하구료. 어찌 그런 일이 있겠소."

"결코 농담이 아닙니다. 이제부터 드리는 말씀을 잘 들어 보시옵소서. 폐하는 우주천지의 끝이 있다고 여기시는지요?" "……끝이 없겠지."

"그러면 자신의 마음을 이 끝없는 경지에 노닐게 하는 자가 있어, 이 세상의 나라를 본다면 거의 있는지 없는지도 모를 존재라고 하지 않겠습니까?" "그럴 수 있겠지."

"그 나라들 중에 위나라가 있고 그 가운데 양梁이라는 도읍이 있고 그 도읍에 폐하가 계십니다. 그렇게 보면 폐하와 달팽이 뿔 위의 만왕은 얼마나 차이가 있을까요?" "으음, 별로 다를 바가 없겠지."』〈雜篇잡편 則陽칙양〉

장자의 발상은 경이롭다. 상상할 수 없는 극미와 극대의 시공으로 독자를 이끈다. 시간은 찰나刹那[1]에서 겁劫[2]까지, 공간은 와각지쟁蝸角之爭에서 우주붕정宇宙鵬程에 이른다. 이 이야기에 등장하는 곤, 붕, 명령, 대춘 그리고 달팽이 뿔 위의 촉과 만은 가공架空의 존재들이다. 허황된 이야기에 지나지 않겠지만 그 발상의 스케일과 묘사가 상상의 한계를 뛰어넘는다. 시공의 극한을 오가는 별천지의 이야기는 현실 세계의 작은 문제에 옹졸해졌던 마음을 툭툭 털어 버리게 만드는 힘이 있다.

〈장자〉를 읽다 보면 일상의 작은 이해득실에 갇혀 스스로를 옭아맸던 인식의 옹졸함을 돌아보게 된다. 우화와 같은 황당한 이야기를 통해 시비곡직是非曲直, 교졸현우巧拙賢愚를 구분하고 따지느라 헛힘 빼지 말고, 생명의 본질적 가치에 충실한 삶을 자유롭게 살아가라고 장자는 권한다.

---

1) 刹那-극히 짧은 시간. 1찰나는 75분의 1초
2) 劫-하늘과 땅이 한 번 개벽한 때부터 다음 개벽할 때까지의 동안. 1겁은 43억 2천만 년

붕이나 대춘의 이야기를 통해 참새와 느릅나무 같은 우리의 일상에 갇힌 삶을 돌아보라는 것이다. 작은 시공에 갇혀 새가슴으로 관목 가지 사이를 오가면서 고귀한 삶을 허비하지 말고 큰 세계를 향해 대붕의 날개를 펴라는 메시지다.

대진인의 이야기도 그렇다. 나라를 다스리는 군주가 개인 감정을 앞세워 전쟁이라는 중대사를 벌여 수많은 백성들의 희생과 국고를 탕진하여 얻고자 하는 것이 무엇인가? 설령 전쟁에서 이긴다 한들 골수에 사무치는 원한을 품은 상대편은 또다시 전쟁으로 보복하는 악순환이 불 보듯 뻔한 일이 아닌가? 광대무변의 대우주의 관점으로 이 땅에서 일어나는 일을 보면 한 점 티끌에 지나지 않는다. 달팽이 뿔 위의 다툼처럼 부질없는 일에 국력과 다스림의 도를 낭비하지 말고, 맑고 텅 빈 마음으로 백성을 위한 정치에 오롯이 힘쓰라는 교훈이다.

장자의 시공을 초월한 발상의 모티프를 시제詩題로 다룬 시인이 있다. 당시唐詩의 4대 거성巨星[1]의 하나인 백거이의 대주對酒 연작시에 특히 많다. 그중 한 수를 감상해 보자.

『달팽이 뿔 위에서 무엇을 다투는가
부싯돌 번쩍하듯 찰나에 부친 이 몸
부귀도 빈천도 그저 그대로 즐길 일
입 벌려 크게 웃을 줄 모르면 바보라네』

---

1) 이두한백李杜韓白을 일컬음. 李白, 杜甫, 韓愈, 白居易(白樂天)

蝸牛角上爭何事와우각상쟁하사
石火光中寄此身석화광중기차신
隨富隨貧且歡樂수부수빈차환락
不開口笑是癡人불개구소시치인 〈對酒대주 二이〉

아마도 장자의 도에 대한 깊은 흠숭欽崇이 그의 시에 배어 있는 듯하다.

또 그의 이름은 〈중용〉의 '거이사명居易俟命(평온한 삶에서 천명을 기다린다)'에서 취한 것이고, 자字 樂天은 〈주역〉의 '낙천지명樂天知命(천명을 즐기고 알기에 근심하지 않는다)'에서 취한 것을 보면 그의 삶의 지향과 시풍詩風이 짐작된다.

『공자가 노나라 동산[1]에 올라가 노나라를 작게 여겼고, 태산[2]에 올라서서 천하를 작게 여겼다.』

孔子登東山而小魯공자등동산이소노 登泰山而小天下등태산이소천하

〈맹자 진심장구상〉의 구절이다. 높은 곳에 올라서서 내려다 보면 평지에서 크게 보이던 것도 작아 보인다. 더 큰 것을 본 사람은 작은 것에 연연하지 않게 된다는 말이다. 공자와 같은 성인의 경지까지는 아니라도 좋다. 물러나 돌아보면 사소한 일이고, 높은 뜻을 가진 사람이 눈앞이 세상살이를 보면 범연한 일일뿐이다.

---

1) 東山-노나라 도읍인 곡부曲阜 동쪽의 높은 산
2) 泰山-중국의 오악五嶽 중 으뜸으로 치는 영산, 산동성에 있으며 동악東岳이라고도 함

살아 있는 모든 것은 맥동脈動처럼 늘 흔들림이 있다. 직장 생활도 마찬가지다. 살아 숨 쉬고 있다는 반증처럼 출렁이는 세파에 희비애환은 항상 따르기 마련이다. 그 흔들리는 물결 위에 올라타 함께 일렁이지 말고 한발 물러나서 그냥 지그시 관조하는 여유를 배워 보자. 눈앞에서 전개되는 현상과 들려오는 소리에 맥없이 흔들리지 말고 자신의 본질을 밝게 헤아리는 지혜를 더욱 키워 보자.

그래서 지도자로서 마땅한 국량局量(기국器局과 도량度量)의 근육을 키우고 근심도 기쁨도 내면의 평안함으로 녹여 낼 수 있는 인생의 품과 깊이를 함께 키워 가길 권면한다.

5-5

더 큰 세상과 진리를 만나려면
나를 버려야

장자는 노자를 이어받아 도가 사상을 발전시켰다고 한다. 그러나 철학시哲學詩인 〈노자〉보다 더욱 구체적이고 생동감이 있다. 〈장자〉 사상의 특징을 몇 개의 키워드로 간략히 말한다면 앞 절에서 언급한 생명, 자유, 초월과 더불어 탈정脫井, 상아喪我, 유세遊世, 자쾌自快를 꼽을 수 있다. 유세와 자쾌에 대해서는 다음 절에서 소개하도록 하고 여기서는 탈정과 상아를 배워 보자. 사실 탈정과 상아는 인과로 서로 연결된 개념이다. 그 내용을 알아보기 위해 우선 〈장자〉의 또 다른 이야기 속으로 들어가 보자.

『황하의 신 하백河伯이 큰 비로 불어난 물을 바라보며 매우 흡족해했다. 넓어진 물길을 따라 흘러가다 보니 북해까지 이르렀는데, 끝이 안 보이는 바다를 보곤 큰 충격에 빠지고 말았다. 하백은 북해의 신 약若을 우러러보고 탄식하며 말했다. "속담에 '작은 도리를 알고는 자기만큼 아는 자기 없다고 자랑한다' 했는데, 나를 두고 한 말임을 이제야 알겠습니다. 그동안의 나의 좁은 소견이 부끄럽군요."

이에 약이 말하길, "우물 안의 개구리에게 바다를 말해 줄 수 없는 것은 작은 공간에 매여 있기 때문이고, 여름 벌레에게 얼음을 말해 줄 수 없는 것은 시간에 묶여 있기 때문이오. 비뚤어진 선비에게 진리를 말해 줄 수 없는 것은 알고 있는 것에 갇혀 있기 때문이지요. 그래도 그대는 강가를 벗어나 바다를 보고서 자신의 부족함을 깨우쳤으니 이제는 큰 도리를 알 수 있게 된 것이오. 나는 가뭄도 홍수도 모르지만 내가 위대하다고 생각해 본 적도 없소. 끝도 없는 천지에 비하면 나는 아무것도 아닌 존재일 뿐이오."』

井蛙不可以語海者정와불가이어해자 拘於虛也구어허야
夏蟲不可以語氷者하충불가이어빙자 篤[1]於時也독어시야
曲士不可以語道者곡사불가이어도자 束於敎也속어교야

〈외편 秋水추수〉

세상은 참으로 넓고 앎의 세계는 무한하다. 하백은 자신을 세상에서 가장 넓은 물이라고 생각하여 자랑스러워했지만 바다를 보고서야 자신의 한계를 비로소 깨달았다. 하백이 뒤늦게나마 부끄러워하고 개전改悛할 줄 알았기에 약은 그를 용납하고 진리와 겸허함에 대해 일깨운 것이다.

이 이야기는 우리에게 우물안 개구리처럼 자기 한계에 갇히지 말라는 교훈을 주고 있다. 끊임없이 유동하는 세상 속에서 한 줌 밖에 안 되는 선지식과 좁은 식견에 매이지 말고 스스로 힘쓰고 정진하라는 메시지다.

우물에서 벗어나려면脫# 우선 자기가 경험한 공간, 시간, 지식 등

---

[1] 篤-얽매일 독

의 한계를 인정하는 것에서 출발해야 한다. 그리고는 자기의 것이라 생각했던 것을 버려야喪我 한다. 그래야 더 넓은 세상, 더 큰 진리를 받아들일 수가 있다. 한마디로 자신의 무지를 인정해야 탈정과 상아에 다가갈 수 있다는 말이다. 그렇게 폐기한 그 빈자리에 자신의 내면을 새롭게 확충하기 위해 부단히 배우고 끊임없이 한계의 벽을 깨뜨려 가야 한다. 그것이 생동하는 바른 지성의 모습이다.

　장자는 〈추수〉에서 『사람들이 알고 있는 것을 헤아려 보면 사람들이 알지 못하는 것에 비길 바가 못 된다』고 했다.

計人之所知계인지소지 不若其所不知불약기소부지

　아이작 뉴턴도 "우리의 기지旣知를 한 방울의 물이라면 미지의 세계는 대양과 같다What we know is a drop, what we do not know is an ocean"고 묘사했다.

　또 〈양생주養生主〉에서는 『우리의 삶은 유한하지만 앎에는 끝이 없다』고도 했다.

吾生也有涯오생야유애 而知也無涯이지야무애

　이 말도 왠지 낯설지 않게 느껴지는 문구 아닌가? 서양 의학의 아버지라 불리는 고대 그리스의 히포크라테스가 그의 잠언집에 남긴 '인생은 짧고 지식은 길다'라는 말의 다른 표현임을 바로 알 수 있다. 개인의 유한한 삶을 넘어 인류의 유산으로 이어 가는 지식의 중요성을 말한 것이면서 동시에 유한한 삶을 자잘한 곁가지에 집착하여 인생을 낭비하지 말고 겸허한 마음으로 큰 깨달음을 추구하라는 경구이기도 하다. 시대의 고금과 양의 동서를 넘어 선각자들의 창발적 지성이 서로 통한 것이 놀랍다.

이렇듯 세상을 넓게 보고 더 큰 진리를 추구하는 리더는 앎에 대해 겸손하고 배움에 정진해야 한다. 많이 알고 있는 것이 중요한 게 아니다. 보다 중요한 것은 알고 싶어 하는 열의를 놓지 않는 것이다. 자기가 구축한 성취를 벗어날 우물로 인식하고 과거의 자신을 스스로 장사 지내고 새로 태어나려는 마음을 지녀야 한다.

이야기 한 토막을 더 보자.
『어느 때, 남해의 제왕 숙儵[1]과 북해의 제왕 홀忽이 중앙의 제왕 혼돈渾沌의 땅에서 만나게 되었다. 혼돈은 이들을 극진히 대접했다.

숙과 홀은 혼돈의 은덕에 보답할 방법을 의논했다. "사람들은 모두 일곱 개의 구멍을 가지고 있지요. 그것으로 보고 듣고 먹고 숨을 쉬는데, 혼돈은 유독 구멍을 가지고 있지 않소. 그러니 우리가 그에게도 구멍을 뚫어 줍시다."

그들은 하루에 하나씩 혼돈의 몸에 구멍을 뚫어 나갔다. 그런데 이레째 되던 날, 혼돈은 그만 죽고 말았다.』
〈내편 應帝王응제왕〉

혼돈이란 카오스chaos, 즉 하늘과 땅이 나뉘기 전의 상태를 말한다. 남북의 제왕은 혼돈 이후의 세상인 천지나 유무일 수도 있고, 음양이나 말 그대로 남북일 수도 있다. 중앙의 혼돈이 서로 다른 남북해의 제왕을 매우 흡족하게 대접했다는 것은 이들을 구별 없이 있는 그대

---

1) 儵-빠를 숙

로를 인정하고 존중했고, 더욱이 혼돈만의 자기 방식을 고집하지도 않았을 것이다.

　그런 환대에 감동한 남북해 제왕이 선의로 베푼 감각의 구멍, 그것도 각기 자기 방식으로 뚫은 구멍은 혼돈의 본성을 파괴하고 급기야 죽음에 이르게 만든 것이다. 혼돈의 본성은 태초의 무명無明과 무형無形 그 자체임을 남북 제왕은 자기 세상에 갇혀 몰랐던 것이다. 자기의 가치를 근거로, 또는 자기의 모습을 기준으로 인위의 구멍을 뚫은 것은 자기를 버리지 못한 데 원인이 있다.

　무지한 자의 신념, 그것도 큰 권력과 책임을 지닌 자의 맹목적 자기 확신보다 위험한 흉기는 없다. 선한 의도가 나쁜 귀결이 되고만 경우가 어찌 이뿐이겠는가. 책임이 큰 사람은 우물 안에서 좁은 하늘을 바라보고 있지는 않은지, 익숙하고 완고한 자기 껍질에 갇혀 제 방식만 고집하고 있는 것은 아닌지 늘 자신을 돌아보고 자성해야 한다.

5-6

거닐듯 노닐듯 살아가는 것이
최고의 삶

    오래전 학창 시절의 기억이다. 소요산逍遙山이라는 이름이 주는 느긋함과 서경덕, 김시습 등 당대 명사들이 찾아 거닐던, 경관이 아주 빼어난 산이 동두천에 있다는 얘기를 들었다. 바로 가 봐야겠다는 생각이 든 것은 장자의 소요유逍遙遊가 떠올라서였다. 그래서 초겨울 날씨에 별 준비 없이 가볍게 나섰다가 거친 산세와 기상 악화로 혼쭐이 난 적이 있다. 이름처럼 슬렁슬렁 걸을 만하리라 오해를 하고 산을 얕본 탓이었지만, 그때 소요유의 의미가 눈에 보이는 현실이 아닌 그 너머의 이상을 향한 자유의지를 말한 것임을 제대로 깨달았다. 어쨌든 지금도 소요유逍遙遊를 생각하면 '이름의 배반'으로 소요산이 떠오르곤 한다.

    장자의 사상을 한 마디로 압축한 말이 '소요유'다. 앞서 말한 7개의 키워드를 아우른 것이지만 장자가 바라보는 가장 멋진 삶의 모습을 표현한 것이라 생각한다. 소요유를 구체적으로 설명하는 의미가 '유세遊世'라 할 수 있다.

    〈장자〉의 묘미는 역시 스토리텔링이니, 우선 이야기 한 토막을 읽어 보자.

『여러 대의 배를 나란히 하고 황하를 건널 적에 만약 빈 배가 떠내려와서 자기 배에 부딪혔다면 비록 마음이 좁은 사람이라 하더라도 화를 내진 않을 것이다. 그런데 만약 그 배에 사람이 타고 있었다면 곧 소리쳐 배를 비켜가라고 할 것이다. 한 번 소리쳐 듣지 못하면 두 번 소리치고, 그래도 계속 배를 비키지 않으면 세 번째는 더욱 크게 소리칠 법한데 거기엔 험한 표정과 거친 욕설이 뒤따를지도 모른다.

처음에는 화를 내지 않다가 나중에는 화를 내는 까닭은 아까는 빈 배였고, 지금은 사람이 타고 있기 때문이다. 사람이 모두 빈 배를 대하듯 자기를 비우고 세상을 유람하듯 인생의 강을 흘러간다면, 누가 그 사람을 해칠 수 있겠는가?』

人能虛己以遊世인능허기이유세 其孰能害之기숙능해지
〈외편 山木산목〉

'거닐듯 노닐듯 한다'는 소요유는 세속에 매이지 않고 자신의 본성에 충실한 삶을 추구한다는 의미다. 장자의 참된 자유의지를 극대화한 표현인데, 이의 실천이 마지막 문장에 잘 드러나 있다. 높은 지위, 많은 재산, 큰 명예 등 재난의 근원으로부터 빈 배처럼 자기를 비우고 세상을 유람하듯 살라고 권한다. 이러한 삶을 '허기유세虛己遊世'라 줄여서 말한다. 이는 유유자적하는 삶의 자세를 함축한 성어로, 장자가 권하는 삶을 따라 살고자 하는 풍류객이나 맑은 선비들이 '유세', '허유' 또는 '허주虛舟'로 줄여 아호雅號로 삼던 모티프이기도 하다.

'놀 유'라는 대표 훈음을 지닌 '遊'는 〈장자〉에서 상당한 빈도로 등장한다. 백 번 넘게 언급됐다고 하는데, 이는 〈논어〉의 '인'이나 '군자'의 정도에 비견된다. 그런 의미에서 장자가 말하고자 하는 바를 이 한 글자에서 유추해 볼 수도 있다. '유'에 담긴 뜻이 참 다양하다.

우선 '논다'는 의미다. 놀이는 호모 루덴스Homo Ludens라는 표현대로 가장 원초적인 인간 욕망의 하나다. 인간은 원래 일보다 놀이를 할 때 자연스런 감정의 즐거움을 지니는 존재다. 놀 때 더 창의적이고 자율적이 될 뿐만 아니라 함께 놀면서 공감능력과 사회성을 배운다. 무언가에 몰입해서 놀다가 더 잘하고 싶어져서 누가 시키지 않아도 배우고 익히려 할 때 진정한 성장을 이룰 수 있고 자기만의 천재성도 꽃피울 수 있을 것이다. 원래 학교의 어원을 그리스어로 스콜레schole라 하는데 이 말은 '자유롭게 논다'는 의미다. 놀면서 사회와 지식을 배우고 노는 가운데 자연스럽게 몸과 마음을 키워 가는 곳이 학교의 본래 의미가 아닐까 싶다.

그러나 세상살이는 놀이하듯 배우는 학창 시절만으로 그치지 않는다. 원하는 상급학교에 가기 위해 학력으로 경쟁해야 하고, 졸업 후에는 치열한 삶의 현장에서 조직의 목표와 상사의 명에 따라 원치 않는 직무와 역할을 수행해야 할 때가 부지기수다.

〈내편 인간세〉에 초나라 섭공이 왕명을 받고 제나라로 사신을 떠나면서 공자에게 처신을 묻는 대목이 나온다. 막중한 임무의 성패 여부에 따라 자칫 목숨을 잃을 수도 있는 크나큰 운명의 시련이다. 이때 공자는 이렇게 말한다.

『일의 성패를 초월하여 상황의 흐름을 타고 마음을 노닐게 하십시오. 어쩔 수 없는 상황이라면 되어 가는 대로 맡겨 두고 평정심을 기르는 것이 최선의 길입니다.』

乘物以遊心승물이유심 託不得已養中至矣탁부득이양중지의

미리 조바심으로 애태우지 말고 마음을 흐름에 맡기고 주어진 소임에 진력을 다하라는 조언이다. 살면서 물결처럼 출렁이는 상황에 얽매어 노심초사하는 일이 얼마나 많은가. 그래서 정작 귀중한 삶을 사물과 세태에 빼앗겨 주객이 전도되는 우를 범하지 말라는 가르침일 것이다.

둘째, '유'에는 공부한다는 의미가 있다. 타지에 가서 공부하는 것을 보통 유학留學이라 하는데, 유학遊學이라고도 한다. 자훈字訓 그대로 보면 가서 머물고 오는 것보다, 그곳 사람들과 만나서 삶을 나누고 그 땅의 기운을 호흡하며 생생한 현장을 놀면서 배운다는 후자의 의미가 유학의 본뜻에 더 가까운 것이 아닐까 싶다.

셋째, 여행한다는 의미도 담겨 있다. 여행은 다른 세상과의 만남을 통해 낯선 문물과 풍광을 체험하므로 즐거움과 더불어 삶의 폭과 깊이를 더해 주는 계기가 된다. 여행旅行의 어원적 의미가 '깃빌을 따라 행진'하는 것인데, 가이드의 깃발을 따라 투어하는 패키지형의 단체여행 장면이 그대로 오버랩된다. 반면 여유旅遊나 유람은 두루 살피면서 여유餘裕롭게 즐긴다는 뜻으로 해석할 수 있으니 스케줄이나 루트에 쫓기지 않는 프라이빗형의 자유여행에 가깝다고 하겠다. 여행이든 여유든 일상을 벗어나 새로운 세상을 만나는 가슴 설레는 기대와 현장체험이 담겨 있는 것이 여旅라는 표현이다. 어쩌면 사람이 한 세상을 살아간다는 것은 매일 매 순간이 다르고, 마주하는 장면, 장면이 새로우니 인생이 곧 여행이라 해도 과언이 아닐 것이다.

넷째, '한가하다'는 의미도 있다. 가장으로서의 임무를 마치고 퇴직 후에 한가롭게 취미생활의 여유를 즐기는 것을 한유閑遊라 하는데, 이 단어가 주는 몸과 마음의 느긋함이 '남창南窓의 겨울 햇살'처럼 포근하게 느껴진다. 사실 인생의 사계절 중에서 이 소추素秋의 여백이 가장 아름답고 낭만적이다. 정신없이 달려온 주하朱夏의 열기를 내려놓고 소박하면서도 온전히 자신에게 충실할 수 있는 선물 같은 시간이기 때문이다.

다섯째, '사귄다'는 의미도 들어 있다. 교유交遊한다는 말은 다방면의 사회적 인사들과 서로 왕래하며 지식과 예술과 시담時談을 나누는 것을 말한다. 서양의 살롱에 해당하는 사랑방이나 정자에 모여 앉아 뜻과 정을 나누는 모습이 그려지는 단어다.

여섯째, '유'에는 뜻을 편다는 의미도 있다. 요즘은 선거철에만 들을 수 있는 유세遊說라는 말에서 그 흔적을 찾을 수 있다. 전국 시대의 소진蘇秦과 장의張儀 같은 세객들이 열국을 다니며 펼쳤던 경세지론의 변설만이 아니라, 사람들을 모아 자신의 뜻을 조리 있게 펴 설득하는 것을 통칭한다.

'유' 자에 담겨 있는 뜻대로 놀며 공부도 하며 한가하게 여유를 갖기도 하고 또 길을 나서 낯선 세상으로 여행도 즐기며 명사들과 교유도 나누면서 자신의 뜻을 펼칠 수 있는 삶을 살 수 있다면 얼마나 멋진 인생일까?

명말의 문인이자 화가이며 서예가인 동기창董其昌이 좋은 그림을 그리는 비방으로 제시한 말이 있다. 『만 권의 책을 읽고 만 리 길을 여행하라(讀萬卷書독만권서 行萬里路행만리로).』

깊이 있고 다양한 분야에 걸친 지식의 섭렵과 넓은 세상을 유람하며 곳곳의 진면목을 체험하고 느끼라는 의미다. 그러려면 시간도, 돈도, 건강도, 함께할 친구도 있을 법하다. 그뿐이겠는가. 그런 다채로운 삶의 과정에서 체험으로 터득한 지혜와 견문까지 두루 갖췄을 테니 이 정도면 좋은 그림을 넘어 모든 것을 다 이룬 최고의 인생이라 할 수 있지 않겠는가. 당연히 소요유와 더불어 멋진 삶의 정점頂點으로 꼽을 만하다.

5-7

외물에 미혹됨 없이 참되게 살라

먼저 〈장자〉의 이야기 속으로 들어가 보자. 짧은 우화에 담긴 강렬한 페이소스는 한 질의 책보다 큰 울림을 준다.

『노나라 임금이 안합顔闔이란 사람이 도를 터득하였다는 말을 듣고 사신에게 폐물幣物을 들고 찾아가 보도록 하였다. 안합은 누추한 집에 살면서 삼베 옷을 입고 소를 먹이고 있었다. 사신이 찾아오자 안합은 몸소 그를 맞이하였다.

사신이 폐물을 바치자 안합이 말하였다. "아마도 임금께서 잘못 알고 폐물을 보내신 듯하군요. 죄가 되는지도 모르니 한 번 더 여쭙는 것이 좋겠습니다."

사신이 돌아가 재차 확인을 하고 다시 와서 그를 찾았더니, 이미 안합은 떠나가 버려 종적을 찾을 수가 없었다……

지금 세속의 사람들은 자신을 위험에 빠뜨리고 생을 버리면서까지 순물殉物을 추구하고 있으니 참으로 슬픈 일이다. 이는 수후隋侯의 구슬(수나라 제후가 지녔다는 진귀한 은황색의 진주)로써 천길 높이의 참새를 쏘아 잡으려는 것隋珠彈雀과 같으니 세상 사람들은 반드시 그를 비웃을 것이다. 하물며 사람의 삶이 어찌 수주의 귀함보다 못하겠는가?』

〈잡편 讓王양왕〉

『장자가 복수濮水에서 낚시를 즐기고 있는데 초나라 중신 두 사람이 찾아와 임금의 뜻을 전하였다. "선생께서 부디 우리나라의 재상이 되어 주십시오. 폐하의 간절한 청입니다."

장자는 낚시를 드리운 채 뒤도 돌아보지 않고 이렇게 말했다. "내가 듣자니 초나라에는 죽은 지 3천 년이 지난 영험한 거북이 있다더군요. 임금은 그것을 비단으로 싸고 상자에 넣어 소중히 모신다고 합디다. 그런데 그 거북은 죽어서 그렇게 떠받들여지는 것과, 살아서 흙탕물에 꼬리를 끌고 다니는 것 중 어느 쪽이 낫다고 할 것 같소?"

"그야 살아서 꼬리를 끌고 다니려 하겠지요."

장자는 "자, 이제 돌아가시오. 나도 흙탕물 속에서 꼬리를 끌며 살고 싶소."』〈외편 秋水추수〉

이 이야기는 비슷한 시기, 대제국의 정복자 알렉산더가 가난한 철학자 디오게네스를 찾아가 "소원을 말하면 다 들어주겠노라"고 했을 때, "비켜 주시오. 햇빛을 가리고 있으니"라고 답했던 일화를 떠올리게 한다.

세상에 권세와 부귀와 명리名利를 마다할 사람은 많지 않을 것이다. 인생이 길다 한들 천시에 비교하면 부싯돌 반짝하듯 한순간에 지나지 않는 것이 이승의 삶이니 말이다. 딱 한 번뿐인 인생을 살면서 갖고 싶고 누리고픈 것들을 들라면 한도 끝도 없을 것이다. 그러나 욕심의 결과는 재앙과 짝을 이루어 오는 게 세상의 이치다. 지나친 권세는 가문과 목숨을 위태롭게 하고 스스로 일구지 않은 부귀는 재난이 되기 쉬우며 헛된 명리 추구는 욕됨과 더 큰 손실로 되돌아오게 마련이다. 장자는 '흰 말이 문틈 사이로 지나치듯' 짧디짧은 인생을 허망한 욕심과 허위와 격식에 매어 낭비하지 말고 자유인으로 자기의 삶을 온전하게 살라고 권한다. 마치 흙탕물 속에서도 유유자적 꼬리를 끌며 생명을 구가하는 거북처럼 말이다. 이를 '예미도중曳尾塗[1]中'이란 성어로 표현한다. 장자의 독특한 생명사상을 상징하는 뜻에서 '예미의 철학'이라고도 한다.

    장자는 자족自足을 넘어 자쾌自快의 삶을 추구하라고 말한다. 자족은 과욕을 버리되 현실을 수용하고 내면의 평온을 얻고자하는 소극적 자세인 데 비해, 자쾌는 미망迷妄을 떨쳐 내고 자유와 본질에 충실한 삶을 적극적으로 추구하는 것이다. 같은 도가이면서도 노장의 미묘한 차이를 보여 주는 표현이다.

    삶이란 삶 그 자체로서 최고의 것이다. 삶의 유일한 목적이 있다면 살아가는 것 그 자체다. 삶이 어떤 다른 목적의 수단이 되어서는 안 되는 이유다. 마치 여행의 목적이 목적지에 닿는 것이 아니라 여행 그 자체이듯이 말이다. 미셸 몽테뉴도 자신이 체험한 삶을 정리한 〈수상록〉에서 이 점을 분명히 밝히고 있다. 그는 "진정 잘 산다는 것은 삶

---

1) 塗-진흙탕 도

을 수단이 아닌 목적으로 삼는 삶이다" 하였다. 남의 삶을 기웃거리며 남의 평가에 자신의 귀한 삶을 의탁하지 말라. 오로지 내면의 양심과 자신의 본질에 충실하며 생명의 불꽃을 온전히 태우는 삶, 그러한 삶을 '참된 삶'이라 부를 수 있다.

'어떻게 살 것인가'라는 화두는 모든 살아 있는 자의 근원적 물음이어야 한다. 많은 현인들이 이 점에 대해 다양한 의견을 피력했는데, 놀라운 공통점을 발견할 수 있다. 우리의 삶에 바람직한 좌표로 삼을 만하기에 몇 가지를 정리해 소개한다.

먼저 석가모니다. "지혜로운 사람은 지나간 과거를 슬퍼하지 않고 오지 않은 미래를 걱정하지 않는다. 오직 지금 해야 할 일에만 전념한다. 어리석은 사람은 지나간 과거를 슬퍼하고 후회하며 오지 않은 미래를 두려워하고 걱정한다. 그러므로 현재 직면한 삶을 즐겁고 행복하게 사는 것이 참된 삶이다." 하였다. 이를 현법낙주現法樂住라 한다.

중국 당대의 선승 임제선사臨濟禪師는 『머무는 곳마다 스스로 주인이 되면, 서 있는 그곳이 진리의 세계(隨處作主수처작주 立處皆眞입처개진)』라 하였다.

어디서든 주인 된 마음으로 임하면 서 있는 그곳이 곧 깨달음을 얻는 도량이라는 의미로 해석할 수 있다.

합천 해인사海印寺의 법보전法寶殿 주련柱聯 글귀도 바른 삶의 자세를 일깨운다. 『완전한 깨달음의 도량, 그런 이상향은 어디에 있는가. 바로 생사가 있는 이곳, 지금 이 순간(圓覺道場何處원각도량하처 現今生死卽

是현금생사즉시).』

삶의 모든 순간은 첫 순간이자 마지막 순간이고 유일한 것이니 지금 살아 있는 이 순간, 여기에 충실하라는 가르침이다.

이왕에 불가의 말씀으로 시작했으니 즉문즉설로 대중불사하는 법륜 스님의 인생론도 살펴보자. "삶은 그냥 주어진 것이고 때가 되면 멈추는 것이다. 기왕 주어진 삶이라면 즐겁게 만족하며 지금을 살아야 한다. 왜냐면 인생의 황금기는 바로 지금이니까. 행복으로 가는 길은 마음이 희로애락에 따라 바뀌는 줄 알고 그 변화에 구애받지 않으며 평온하게 살아가는 것이다."

〈중용 14장〉 또한 바른 삶의 자세를 일깨운다. 1장 5절에서 자득장自得章이라 소개했던 명문이다.

『군자는 현재의 위치에 따라 행하고 그 밖의 것을 원하지 않는다. 부귀에 처해서는 부귀한 대로 행하고 빈천에 처해서는 빈천한 대로 행하며 환난에 처해서는 환난대로 행하니, 있는 곳마다 스스로 만족하지 않음이 없다. 위로는 하늘을 원망하지 않으며 아래로는 사람을 원망하지 않는다. 그러므로 군자는 평범한 일상의 삶을 살면서 자신에게 다가오는 운명이 어떤 것이든 담담하게 기다렸다가 그 운명에 맞는 최적의 삶을 살아간다.』

君子素其位而行군자소기위이행 不願乎其外불원호기외 素富貴行乎富貴소부귀행호부귀 素貧賤行乎貧賤소빈천행호빈천 素夷狄行乎夷狄소이적행호이적 素患難行乎患難소환난행호환난 君子無入而不自得焉군자무입이부자득언

이러한 삶을 거이사명居易俟命[1]이라 하며, 그 반대의 삶을 행험요행 行險徼幸 즉, 인생을 도박하듯이 위험한 짓을 함부로 행하고 한 방의 행운에 인생을 거는 삶을 말한다.

고대 로마 시인 오라테우스의 시구로 널리 알려진 '카르페 디엠carpe diem'이나, 독일 철학자 니체가 말한 '아모르 파티amore fati'도 지금 여기의 모든 것을 있는 그대로 사랑하라는 메시지다.

이렇듯 수많은 현인들의 '어떻게 살 것인가'라는 질문에 대한 집약된 답은 '귀중한 삶을 외물에 얽매여 수단으로 희생치 말고, 지금 여기에 충실하며 즐겁게 살라'는 것이다. 헛된 욕망과 남의 기준이나 평가에 매달려 떠돌지 말고 여유로운 산책이자 자기만의 빛과 향을 탐험하는 즐거운 여행으로 삶을 채워 가라는 교훈이다. 그렇게 자신에게 주어진 충실한 삶을 살면서 별처럼 세상에 한 점 밝은 빛과 꽃처럼 한 움큼 고운 향을 남길 수 있다면 무엇을 더 바랄 게 있으랴!

---

[1] 俟-기다릴 사. 현재의 상황에 따라 평온하게 살며 천명을 따름

5-8

족함을 알고 그칠 줄 알면 삶이 평화롭다

중국 역사에서 최초 통일 왕조인 진秦 이후 83개의 왕조가 명멸했다. 그 가운데 200년 이상 장수했던 나라는 후한, 당, 송, 명, 청 5개 왕조뿐이었다. 60년 이상을 존립했던 나라로 봐도 14개에 불과하다. 단 두 세대를 넘기지 못하고 사라진 나라가 8할이 넘는다는 얘기다.

역사의 큰 줄기가 나라와 왕권을 중심으로 조명되고 평가되는 영광스런 기준이라는 점을 감안하더라도 권좌는 이렇듯 극단적 부침이 구름같이 일었다 스러지는 참으로 허망한 자리임을 알 수 있다. 외세에 의한 계절흥망繼絶興亡만이 아니다. 왕권을 둘러싼 로열 패밀리 안에서의 암투는 부처 간도, 형제는 물론 부모, 자식 간에도 피를 뿌리며 권좌에 집착했음을 역사는 증명한다. 뿐만 아니다. 권좌의 안위에 따라 또는 그 임자의 변심에 따라 수많은 대신들과 그 일가 권속들의 생사와 영욕은 또 얼마나 크게 요동쳤던가.

꼭 권력을 탐해서만이 아니다. 지위가 높아질수록 거센 바람이 불기 마련이고 질시와 모함의 덫에 빠질 수도 있는 것이 세상살이다. 그래서 권력 가까이에 몸이 다가갈수록 더욱 어깨를 낮추고 스스로를 경계하는 마음가짐이 필요하다. 그런 의미에서 선현들이 남긴 호신부護身符와 같은 잠언을 가슴 깊이 새겨 보고자 한다.

먼저 〈노자〉의 지족장知足章이라 불리는 몇 구를 음미해 본다.

족함을 아는 자라야 부유하고

知足者富지족자부

행함을 관철하는 자가 뜻이 있는 것이다.

強行者有志강행자유지

바름을 잃지 않는 자라야 오래가고

不失其所者久불실기소자구

죽어도 잊히지 않는 자가 오래 사는 것이다.

死而不亡者壽사이불망자수

〈33장〉 후반의 내용이다. 만족할 줄 아는 사람은 넉넉한 마음으로 세상을 대한다. 난관이 있어도 굳은 의지로 정진해야 뜻을 이룰 수 있다. 정당한 자리에 몸을 두어야 오래 보전할 수 있고 육신은 죽어도 의기義氣는 오래 기억되기에 오래 살 수 있는 것이다. 어떤 자세로 삶과 일을 대해야 하는가를 일깨우는 구절이다.

명성과 목숨 중 어느 것이 가까운 것인가.

名與身孰親명여신숙친

목숨과 재산 중 어느 것이 소중한 것인가.

身與貨孰多신여화숙다

얻음과 잃음 중 어느 것이 괴로운 것인가.

得與亡孰病득여망숙병

그러므로 심히 아끼면 크게 소모하고

是故甚愛必大費시고심애필대비

너무 많이 쌓아 두면 반드시 크게 잃는다.

多藏必厚亡다장필후망

족함을 알면 욕됨이 없고

知足不辱지족불욕

그칠 줄 알면 위태롭지 않다.

知止不殆지지불태

그렇게 함으로써 오랠 수 있는 것이다.

可以長久가이장구

〈44장〉의 내용이다. 탐욕은 만족할 줄 모르는 것이다. 자연에는 탐욕이란 것이 존재하지 않는다. 오로지 사람의 만족을 모르는 어리석음에만 따르는 것이다. 지족은 탐욕을 버리라는 말이다. 넘치면 결국 부끄럽고 추한 결과가 기다린다. 절제하고 멈출 줄 알 때 몸도 지키고 뜻도 간직할 수 있는 법이다. 그것은 세상의 질서와 이치에 부합되기에 오래 보전할 수 있다는 깨우침이다.

세상에 도가 행하여지면

天下有道천하유도

군마軍馬를 돌려 농사에 쓰게 되지만

却走馬以糞각주마이분

세상에 도가 행하여지지 않으면

天下無道천하무도

농사에 쓰일 말이 군마로 동원된다.

戎馬生於郊융마생어교

한사코 욕심을 부리는 것보다 더 큰 죄가 없고

罪莫大於可欲죄막대어가욕

족함을 모르는 것보다 더 큰 화는 없으며

禍莫大於不知足화막대어부지족

얻기만 바라는 것보다 더 큰 허물이 없으니

咎莫大於欲得구막대어욕득

족한 줄을 알면 늘 만족할 수 있다.

故知足之足常足矣고지족지족상족의

〈46장〉의 내용이다. 만족할 줄 모르면 제 아무리 큰 부자라 해도 마음은 항상 쪼들리는 가난뱅이일 수밖에 없다. 비록 빠듯한 서민의 살림살이지만 만족할 줄 알면 평생 마음의 궁핍을 모르고 살 수 있는 것이다.

경주 최씨의 가훈은 절제와 베풂의 훌륭한 모범이라 할 만 하다. 시조 최치원부터 조선 말 수운 최제우와 현대에 이르기까지 1천3백 년이나 이어 온 명문가다. 특히 조선 중·후기의 정치·사회적 혼란기에도 3백 년 이상 12대에 걸쳐 만석농으로 존경과 명성을 이어 올 수 있었던 것은 부와 권세에 대한 지족지계知足之戒의 실천뿐 아니라 이웃에 대한 너른 사랑의 보답이라 할 만하다.

가훈이자 집안을 다스리는 여섯 가지 지침은 아주 간명하지만 구체적이다.

첫째, 과거를 보되 진사 이상의 벼슬은 하지 말라.
둘째, 재산은 만 석 이상 갖지 말라.
셋째, 과객을 후하게 대접하라.
넷째, 흉년에는 남의 땅을 사지 말라.
다섯째, 주변 1백 리 안에 굶어 죽는 사람이 없게 하라.
여섯째, 며느리들은 시집온 후 3년 동안 무명옷을 입어라.

족함을 알았기에 존경이 따랐고 멈출 줄 알았기에 오랠 수 있었던 것이다.

지족과 지지는 가진 자에게만 필요한 것이 아니다. 뜻하지 않은 난관에 봉착하거나 환난에 처했을 때 마음을 다스리고 오히려 전화위복으로 삼는 데도 도움이 된다. 〈사재집思齋集〉에 담긴 일화를 소개한다.

조선 전기의 문신 김정국金正國은 기묘사화로 삭탈관직을 당하고 낙향하여 조촐히 살면서 한가함 속에서 오히려 삶의 참 즐거움을 얻었다고 말한다. 그는 소소한 일상의 즐거움을 이렇게 읊었다.

나의 밭이 비록 넓지 않아도
한 배 채우기에 넉넉하네
나의 집이 비록 좁고 누추하여도
이 한 몸은 항상 편안하다네
밝은 창에 아침 햇살 떠오르면
베개에 기대어 고서를 읽는다네
술이 있어 스스로 따라 마시니

영예도 쇠락도 나와 무관하다네
내가 무료하리라 생각지 말게나
진정한 즐거움은 한가한 삶에 있다네

행복한 삶은 가진 것의 많고 적음의 문제가 아니다. 욕심을 내려놓고 너그러운 눈으로 삶을 관조하는 여유에서 얻을 수 있는 것이다. 지금 여기에 충실하며 즐겁게 살기에는 짊어진 것이 적을수록 좋지 않을까?

5-9

바른 결정을 하려면 넓고 깊게 봐야

『정나라 대부 자산子産은 어진 재상으로 이름이 나 있었다. 그가 진수溱水와 유수洧水를 지나다가 백성들이 물을 건너느라 고생하는 것을 보고 측은히 여겨 자기의 수레에 함께 타고 건너게 해 주었다. 이는 백성을 사랑하는 어진 마음에서 비롯된 행동이었다.

그러나 맹자는 자산의 이야기를 듣고 다음과 같이 평가하였다.

"자산은 은혜롭기는 하나 정치를 할 줄 모른다.

惠而不知爲政혜이부지위정

동짓달에 사람들이 건널 수 있는 작은 다리를 놓고, 섣달에 수레가 지나다닐 수 있는 큰 다리를 놓으면 백성들이 물을 건너는데 근심하지 않게 될 것이다. 어떻게 모든 사람을 일일이 수레로 건너게 해 줄 수 있겠는가? 위정자가 모든 사람을 기쁘게 해 주려면 날이 부족한 법이다"』

爲政者每人而悅之위정자매인이열지 日亦不足矣일역부족의

〈맹자 이루장구하〉

정치하는 사람은 작은 은혜를 베푸는 일에 정력을 낭비하기보다 넓고 깊은 안목으로 정치의 원칙을 세우고 근본적인 해결책을 찾아 백성의 생활이 편리하도록 이끌어 주어야 한다. 재상이라는 높은 지위의 정치 책임자로서 대범한 근원대책을 준비하는 통찰력의 미흡함을 지적한 것이다.

『추鄒나라의 목공穆公은 오리와 기러기를 좋아하여 궁전 뜰에서 이들을 먹여 길렀다.

목공이 관리들에게 명을 내렸다. "오리와 기러기에게는 곡식을 주지 말고 등겨를 먹이도록 하라."

먹이를 주다 보니 창고에 등겨가 떨어졌다. 관리들이 등겨를 구하려는데 등겨가 귀한 철이라 곡식 두 섬을 주어야 등겨 한 섬을 살 수가 있었다. 관리들은 이를 손해라 생각하여 오리와 기러기에게 차라리 곡식을 먹이자고 임금께 아뢨다. 그랬더니 목공이 고개를 저으며 말했다. "너희들은 나의 뜻을 모르는 구나. 곡식은 사람이 먹는 음식이다. 어찌 곡식으로 새를 먹인단 말인가?"

목공이 이어서 말했다. "그대들은 작은 계산은 할 줄 알지만 큰 계산은 할 줄 모르는 게야. 나는 백성을 아끼는 사람이다. 창고의 곡식을 백성들에게 준다고 하여 그것이 어찌 내 곡식이 아니란 말인가? 새들에게 등겨를 먹이기 위해 창고의 곡식을 등겨와 바꾸더라도 그 곡식은 결국 백성들에게 돌아갈 것이다. 사정이 이러한데 내가 어느 쪽을 택하겠는가?"』

〈劉向유향 新序신서〉

관리들은 손익계산은 있었으나 목공의 백성을 위하는 마음은 헤아리지 못한 것이다.

조나라 한단邯鄲의 한 백성이 정월 초하루 아침에 임금인 간자簡子에게 비둘기를 바쳤다. 간자는 크게 기뻐하면서 그에게 후한 상을 내렸다. 손님이 그 까닭을 물으니 간자가 설명했다. "정월 초하루 아침에 산 것을 놓아 줌으로써 은혜가 있다는 것을 보이는 것입니다."

이에 손님이 말했다. "백성들이 임금님께서 그것을 놓아 주려한다는 것을 알면 다투어 비둘기를 잡느라고 오히려 죽이는 경우도 많을 것입니다. 진정으로 비둘기를 살려 주시는 은혜를 베푸시려면 백성들에게 비둘기를 잡지 못하도록 하시는 게 좋을 것입니다. 이미 잡았다가 놓아주는 것은 은혜보다 폐해가 더욱 큰 것입니다." 임금은 그 말뜻을 알아듣고 고개를 끄덕였다. 〈열자 설부편〉

방생放生이 은혜로운 행위지만 이미 짐승을 잡는 과정의 잘못을 지적하며 본질을 살펴야 함을 깨우친 것이다.

조선 중기의 명재상 이원익李元翼 대감의 깊은 헤아림에 대한 일화도 있다.

대감이 연못가를 지나고 있을 때였다. 어린아이가 연못에 동전을 빠뜨리고 찾지 못해 울고 있었다. 대감은 사람들을 시켜 연못의 물을 퍼내고 잃어버린 동전 한 닢을 찾아 그 아이에게 줘여 주었다.

그리고 물을 퍼내며 동전을 찾느라 수고했던 사람들에게 품삯으로 열 닢의 동전을 주었다.

시종하던 하인이 대감에게 물었다. "한 닢 동전을 찾기 위해 열 닢을 쓰셨으니 손해가 아닌지요?"

대감이 웃으며 말했다. "한 닢의 돈일지라도 연못에 빠져 있으면 나랏돈 가운데 그만큼이 없어진 게 된 거네. 하지만 열 닢을 들여서라도 한 닢을 건져 내면 결국 사람들에게 쓰일 것 아니겠느냐?"

이원익 대감의 아이를 측은해하는 넓은 마음도 아름답지만 나라를 생각하는 깊은 충심에는 절로 고개가 숙여진다. 참으로 지도자다운 모습이다.

전국 시대, 제나라 재상에 오른 맹상군孟嘗君이 초나라를 순방하였을 때의 일이다. 초나라 조정은 상아로 장식한 평상을 선물로 준비하여 등도登徒라는 관리를 시켜 맹상군 처소에 전하라고 지시했다.

등도는 그 화려하고 정교하게 장식된 보물을 운반하는 일이 걱정이 되어 맹상군의 문객인 공손수公孫戌를 찾아 갔다. "저는 이번에 재상님께 드릴 상아 평상을 실어 나르는 책임을 맡았는데, 이 평상의 값은 천금이나 된답니다. 그런데 수레에 싣고 오는 도중에 흠집이라도 나게 된다면 제 집과 처자를 다 팔아도 감당이 안 되고 저는 목숨마저 잃게 될 겁니다. 당신이 이 책임을 나에게서 면하게만 해 준다면 저의 조상 대대로 내려오는 보검을 사례로 드리겠습니다."

공손수는 보검보다도 딱한 등도의 사정을 헤아려 맹상군께 말씀드려 보겠노라 약조했다. 공손수가 맹상군에게 아뢨다. "제가 듣기로 초나라에서 재상님께 상아로 장식한 화려한 평상을 선물로 준비하여 보낸다 합니다. 설마 그 보물을 받지는 않으실 테지요? 재상님이 초나라에 드린 빙물聘物에 비해 터무니없이 넘치는 선물입니다. 그런 선물은 선물이 아니라 올무가 되기 십상입니다. 그리고 무엇보다 재상님이 다음에 방문하실 소국들에 큰 부담이 될 것입니다. 소국들이 재상님을 우러러 존경하는 것은 청렴함을 믿기 때문인데, 넘치는 선물을 받으시면 재물을 탐하는 분으로 오해를 사실 수도 있지 않겠습니까?"

이치를 들은 맹상군이 초나라 조정에 완곡하게 사절의 뜻을 전하라고 하자 공손수는 무척 기뻐하며 뛰어 나갔다. 맹상군은 공손수의 행동이 수상쩍어 그를 급히 불러 연유를 캐물었다. 공손수는 보검 얘기까지 숨김없이 이실직고하며 보검을 받지 않겠노라고 했다. 이야기를 다 들은 맹상군은 "아니다. 어서 가서 사정을 얘기하고 보검을 받도록 하여라" 하고 명했다.

공손수가 등도에게 가보인 보검을 받아 맹상군의 거처로 돌아오자 대문간에는 다음과 같은 문판門板이 내걸려 있었다.

문(文 : 맹상군의 이름)의 명성을 높여 주고 문의 잘못을 막아 주면서 사사로이 밖에서 보물을 얻을 수 있는 자는 속히 들어와 간언諫言하라.

〈전국책〉

공손수의 설득력과 충성심도 훌륭하지만 재상의 품격과 구현求賢을 추구하는 맹상군의 넓은 도량과 인품을 짐작케 한다.

지도자가 일에 임하고 처리함에 있어 가장 큰 어려움은 올바른 판단을 내리는 것이다. 올바른 판단을 위해 두 개의 통찰로써 사세事勢를 살펴야 한다. 넓게 봐야 전체를 헤아릴 수 있고 더 멀리 내다볼 수 있다. 그리고 깊게 봐야 본질을 제대로 알 수 있으며 대책을 바르게 세울 수 있게 된다. 이렇게 두 개의 통찰을 겸비해야 심모원려深謀遠慮의 균형 있는 식견을 지닐 수 있고 또한 바른 결정을 내릴 수가 있다.

5-10

지도자를 지도자답게 하는
세 가지 보물

　지도자로서 항상 가슴에 새겨 늘 자신을 비추어 볼 세 개의 단어가 있다. 수다한 이야기를 했으니 새길 것이 세 가지에 그치지 않겠지만 가장 강조하고 싶은 것을 담아 보자는 의미다. 그 세 가지는 학습과 지성至誠과 역사다.

　첫째, 학습은 〈논어〉 첫머리에 등장하는 단어로 익히 기억하리라 믿는다. 리더와 학습은 불가분의 관계다. 우리의 삶을 한마디로 한다면 '성장'이다. 스스로를 성장시키고 사람들과 함께 일도, 조직도, 세상도 번성해 가는 모습이 아름답다. 그 성장을 이루게 하는 근원이 학습이다. 배우고 익히고 내면의 즐거움을 부단히 추구해야 한다. 덕을 키우고 능력을 향상시키는 것을 게을리 할 수 없는 사람이 지도자다. 지도자는 그렇게 부단한 학습으로 자신을 성장시킬 뿐만 아니라 사람들을 성장하게 하여 그 주어진 소임을 훌륭히 이루어 가는 사람이다.

　둘째는 지성이다. 지성은 〈중용〉의 언어다. 천지의 도는 곧 성誠이다. 지극한 정성은 자연의 이치이자 사람이 살아가는 도리다. 리더는 자연의 이치를 본받고 사람의 도리로 일과 사람에 임해야 한다.

『君子以人治人군자이인치인』〈중용 13장〉

세상이 워낙 빠르고 크게 바뀌어 가는데 기껏 '성실'인가 하는 말을 할 수도 있다. 그러나 세상이 아무리 바뀌어도 인간의 근본이 무너지면 명석한 머리와 뛰어난 재주와 넘치는 용기가 세상을 더욱 어지럽히는 흉기로 쓰일 뿐이다.

정성은 만물의 시작이요, 끝이다. 성실함이 없으면 어떤 것도 존재할 수 없으며 어떤 일도 온전히 이룰 수 없다.

『誠者物之始終성자물지시종 不誠無物불성무물』〈중용 25장〉

자연의 이치는 지극함이다. 우주의 질서는 잠시도 성실하지 않은 바가 없다. 생명을 받고 화육하고 이어 가며 번성함은 지성을 바탕으로 이루어지는 것이다.

훌륭한 리더는 작은 일도 지극한 마음으로 해야 하며 작은 인연에도 정성을 다해야 한다. 지극한 정성이 사람을 모이게 하고 조직을 움직이며 세상을 아름답게 만든다.

셋째는 역사다. 더 정확하게 말하면 리더의 역사관이요, 역사의식이다. 리더는 역사를 거울로 삼아야 한다. 리더는 옳고 그름을 역사에 비추어 보고 언행이 곧 역사가 될 수 있음을 명심하고 미래의 평가를 두려워할 줄 알아야 한다. 자기를 넘어서서 보편의 상식과 객관의 기준을 우선해야 올바름을 지향할 수 있고 후인들에게 떳떳할 수 있다.

여기 역사의 무서움을 일깨우는 두 가지 일화를 소개한다.

제나라는 강씨의 제나라에서 역성혁명으로 인해 전씨의 제나라로 넘어간다. 강제姜齊에서 전제田齊로 넘어가는 과도기에 장공莊公과 간공簡公이 시해되는 사건이 발생하며 엄청난 혼란에 빠진다. 그 상황을 근본적으로 되돌릴 수는 없었지만 그래도 급격한 변화의 충격을 조율했던 인물의 역사적 처신이 훌륭한 교훈으로 전해지고 있다.

『춘추 말기, 제나라 장공莊公(25대 제후, 이름은 광光)을 시해하고 장공의 이복 형제인 경공景公을 군주에 올린 최저崔杼의 무도함은 극에 달했다. 군주인 경공은 장식품에 지나지 않았고 신하들은 최저의 무소불위 권력에 부복하고 떨고만 있었다.

그런데 조정에 붉은 글씨로 "최저가 그 군주 광을 시해했다崔杼弑其君光"는 글이 선명하게 고시되었다. 조정에 고시된 내용은 제나라 사서史書에 기재되고, 그 사건이 세상의 비난을 받아 마땅한 경우라면 붉은 글씨로 기록이 남게 된다.

최저는 격분하여 사관의 최고위인 태사太史 백伯을 불러 들여 겁을 주며 명령했다. "게시물을 떼어 내고 학질에 걸려 죽었다고 다시 써라." 그러나 태사는 황공해하는 빛을 보이지 않고 분명히 대답했다. "할 수 없습니다."

최저는 다시 말했다. "나는 시해한 것이 아니라 죄인을 벌한 것이다. 고쳐 써라." 태사는 더욱 또렷한 목소리로 답했다. "시해한 것이 사실이라 고쳐 쓸 수 없습니다." 최저는 사법관에 명령하여 태사의 목을 베고 게시물을 떼어냈다.

그런데 이튿날 아침, 같은 글의 고시가 조정에 붙여져 있었다. 최저의 노성怒聲에 의해 한 남자가 끌려 나왔다. 태사의 동생 중仲이었다. "너도 죽고 싶은 모양이구나."

그러나 동생이 처형된 다음 날 아침, 최저는 자기의 눈을 의심했다. 붉은 글씨로 똑같은 내용이 나붙어 있었던 것이다. 최저도 많은 것을 묻지 않고 게시를 가리키며 "죽여라" 했다. 살해된 사람은 태사의 둘째 동생 숙叔이었다.

다음 날 아침, 똑같은 여섯 글자가 다시 내걸렸다. 막냇동생 계季가 쓴 것이다. 최저는 그 기록을 보고 기가 막혀 태사 계에게 말했다. "네 형 셋이 다 죽었는데 너 또한 생명이 아깝지 않구나. 내가 시키는 대로 쓰면 너를 살려 주마." 하니, "사실을 바른대로 기록하는 것이 사관의 직분입니다. 자기 직분을 잃고 사느니 차라리 죽는 편이 낫습니다. 아무리 막강한 권력이라도 사실史實은 맘대로 할 수 없는 것입니다. 오늘 내가 쓰지 않더라도 반드시 이 사실을 전하는 사람이 있을 것이니, 죄를 감출 수는 없습니다. 그러니 죽이든 살리든 맘대로 하십시오." 하며 목을 내밀었다. 최저는 차마 말을 하지 못하고 깊이 탄식했다.

태사 계가 목숨을 보전하고 돌아가는 길에 저편에서 오는 사관 남사씨南史氏를 만났다. "무슨 일로 이리 급히 오시오?"

남사씨가 말하길, "나는 태사의 형제가 디 죽임을 당했다는 소문을 듣고 시해사건이 후세에 전해지지 못할까 염려하여 붉은 글씨를 써 가지고 오는 길이오."』

〈춘추좌전春秋左傳〉에 실려 있는 내용이다.

『제나라의 대부 진항陳恒이 제후인 간공簡公(29대)을 시해하는 사건이 일어났다.

군위를 찬탈한 진항은 명분과 백성들의 지지를 얻기 위해 자연서子淵棲의 도움이 절실했다. 자연서는 제나라 백성들과 관리들이 존경해 마지않던 학식과 덕망이 높은 군자다.

진항은 기골이 장대하고 무섭게 중무장한 병사들을 대동하고 자연서를 찾아가 말하였다. "내가 임금을 죽인 것은 썩은 사직을 바로 잡고 나라를 부흥시키려는 일념이었소. 그러니 나를 지지하여 주시오."

이에 자연서는 조금도 동요하지 않고 대답하였다.

"당신은 나에게 무엇을 바라는가? 나를 지혜롭다고 생각하는가?

신하가 그 임금을 시해하는 것을 지혜로운 사람은 지지하지 않는다.

또 당신은 나를 어질다고 생각하는가? 자신의 이익을 위해서 그 임금을 배반하는 것을 어진 사람은 싫어한다.

당신은 나를 용감한 사람이라고 생각하는가? 무력으로 나를 위협하고 겁주어서 내가 당신에게 굴복한다면 나는 용감한 자가 아니다.

나에게 지인용 세 가지의 덕이 없다면 내가 당신에게 무슨 도움이 되겠는가? 반면에 내가 이 세 가지 덕을 지녔다면 내가 어찌 당신을 따를 수 있겠는가?"

이에 진항은 할 말을 잃고 물러서 돌아올 수밖에 없었다.』

〈유향 신서〉

초아의 역사관, 일과 사람에 대한 지극한 정성, 성장을 위한 부단한 학습. 이 세 가지는 리더를 리더답게 하는 세 개의 보물이다.

리더의 지위가 높아질 수록 결정의 압박은 엄청날 수밖에 없다. 그것은 당연하다. 그 결정이 역사가 되기 때문이다. 그것이 지도자가 쓴 영광의 월계관이자 어깨에 짊어진 멍에다. 그래서 쉼없이 학습에 정진할 수 있도록 스스로 경계하고, 매사에 소홀함 없이 정성을 다하고, 모든 생각과 언행을 역사로 인식하는 마음가짐을 간직하기를 충심으로 바란다.

리더 訓

ⓒ 김홍국, 2025

초판 1쇄 발행 2025년 4월 5일

지은이	김홍국
펴낸이	이기봉
편집	좋은땅 편집팀
펴낸곳	도서출판 좋은땅
주소	서울특별시 마포구 양화로12길 26 지월드빌딩 (서교동 395-7)
전화	02)374-8616~7
팩스	02)374-8614
이메일	gworldbook@naver.com
홈페이지	www.g-world.co.kr

ISBN 979-11-388-4138-2 (03150)

- 가격은 뒤표지에 있습니다.
- 이 책은 저작권법에 의하여 보호를 받는 저작물이므로 무단 전재와 복제를 금합니다.
- 파본은 구입하신 서점에서 교환해 드립니다.